KB038749

왜 우리는 더 불평등해지는가

왜 우리는 더 불평등해지는가

피케티가 말하지 않았거나 말하지 못한 것들

김공회 외 지음

바다출판사

피케티를 급진화하라

이 책을 집어든 당신은 경제학도일 수도 있고, 평소 불평등 문제에 관심이 많았던 보통 시민일 수도 있고, 장안의 화제가 된 한 책에 대한 순수한 관심의 소유자일 수도 있다. 어쨌든 당신을 위해 굳이 우리가 여기서 '피케티 열풍'에 대해 장황하게 설명할 필요는 없을 것 같다. 그는 분명 엄청난 대작을 냈고, 오늘 우리에게 절실하게 필요한 토론의 불을 지폈으며, 이 세계가 좀더 살 만한 곳이 되길 바라는 이들에게 큰 힘과 희망을 주었다. 우리도 마찬가지다.

우리는 비판적 사회과학을 공부하는 젊은 학자들이다. 우리는 마르크스와 그로부터 영향받은 지난 100여 년간의 어떤 지적 흐름들 안에서 사색하고 연구한다. 따라서 '불평등'은 우리가 평소 다루는 가장 중요한 주제다. 우리가 토마 피케티의《21세기 자본》을 요모조모 뜯어보기로 한 것은 바로 그래서다. 우리는 매우 방대한 분량의 이 저작을 먼저 설명하기도 하고, 다양한 방식으로 분석하고 호되게 비판하기도 할 것이다. 그러나 마냥 오해는 하지 않으시길 빈다. 모든 글이 "체제를 바꿔야지"로 귀결되지는 않을 것이기 때문이다. 다시 말하지만, 우리는 방대한 자료를 분석해 《21세기 자본》이란 책을 완성한 피케티에게, 또한 좌우 가릴 것 없이 불평등 문제에 대해 열띠게 논의할 수 있는 장을 마련했다는 점에서 그에게 순전한 마음으로 박수를 보내고 있다.

이 책은 8장으로 이루어져 있다. 사실 '장'이란 말은 크게 의미가 없다. 주제별로 배치된 글들이기 때문이다.

1장 〈99%를 위한 경제학인가, 9%를 위한 경제학인가〉에서는 《21세기 자본》을 아직 안 읽어본 독자들을 위해 이 책의 핵심 내용과 주장을 요약해 담았다. 아울러 이 책이 지니는 의의와 다른 불평등 논의들과의 차별점을 열거한 다음, 몇 가지의 비판적인 질문을 제기해보았다. 그럼으로써 궁극적으로는 피케티를 급진화하는 것만이 그의 논의들을 현실화할 수 있는 유일한 길임을 역설한다.

2장 〈불평등인가, 착취인가〉에서는 마르크스주의적 관점에서 피케티의 이론적 한계를 점검하면서, 피케티의 불평등 이론이 자본주의 사회 특유의 착취와 불평등의 현실을 인식하는 데 실패하고 있음을 지적한다. 비판의 쟁점은 크게 두 가지다. 피케티가 부와 자본의 개념을 구분하지 않는다는 것, 그리고 불평등을 계급적 관점에서 접근하지 않는다는 것이다. 피케티는 부의 분배에만 초점을 맞춤으로써 경제적 불평등이 자본주의 생산양식 고유의 착취와 지배의 생산수단과 노동력의 분리, 생산적 노동에 대한 잉여가치의 착취 결과라는 사실을 간과한다. 또한 불평등을 상위층으로의 소득 집중과 격차의 확대라는 양적인 차이로만 이해함으로써 생산수단에 대한 독점적 통제권을 둘러싼 자본과 노동자계급의 사회적 관계를 통해 파악하지 못하고 있다. 자본주의적 생산양식의 역사적 특수성에 대한 몰이해는 자본주의 체제는 유지하면서 국가 개입을 통한 부의 재분배로 불평등을 완화하겠다는, 보수파들의 공세와 달리 그다지 급진적이랄 것 없는 정치적 전망으로 귀결되고 있다.

3장 〈피케티의 자본주의〉에서는 피케티가 소득불평등의 근본 원인이 자본주의 체제에 구조화되어 있다고는 말했지만, 정작 피케티가 제시한 자본주의의 근본법칙들은 실제로 자본주의의 동학을 제대로 설명하지 못하고 있음을 지적한다. 예를 들어 피케티가 제시한 자본수익률은 실제로 자본 투자가 이루어지는 것을 촉진하거나 나타내는 지표가 되지 못한다. 결국 자본주의 동학을 파악하려면 피케티가 아니라 마르크스의 자본, 경쟁, 축적에 대한 설명으로 돌아가야 한다고 지적한다.

4장 〈누가 자본의 목에 방울을 달 것인가〉에서는 '불평등의 증대가 민주주의를 저해'하기 때문에 자본에 대한 누진적 과세가 필요하다는 《21세기 자본》의 정치적 대안을 비판한다. 피케티의 논의에서는 정책을 실현하기 위한 주체와 권력의 문제의식을 찾아보기 어렵다. 이는 상대적으로 불평등이 완화되었던 20세기 서구 선진 자본주의 국가의 역사에서 노동자계급이 수행한 역할과 성과를 간과하고 있기 때문이다. 아울러 피케티에게 민주주의는 능력주의로 해석되는데, 이는 불평등과 민주주의에 관해 대중과 집단의 정치보다 개인적 해법을 강조하는 논의로 사실상 귀결된다는 한계를 지닌다.

5장 〈세계적 불평등의 뿌리는 무엇인가〉에서는 대륙 간 격차나 국가 간 불평등이 수렴 현상을 보이고 있다는 지적에 의문을 제기한다. 또한 피케티가 세계적 불평등 구조 원인에 대해서 통찰하지 못하고 있음도 지적한다.

6장 〈세금으로 '고르디우스의 매듭'을 끊을 수 있을까〉에서는 피케티가 내놓는 세제 중심의 20세기 역사 해석에 문제를 제기하고, 나아가 오늘날 불평등 심화에 대응하려면 자본에 대한 좀 더 직접적인 투쟁이 더 중요하다고 역설한다. 피케티의 20세기 역사 해석에서 특히 중요한 변수는 자본수익률이었다. 즉 강력한 세제가 이를 낮췄고 결과적으로 불평등 완화에도 기여했으므로, 향후 불평등에 대항할 때에도 세제가 가장 핵심적인 변수라는 것이다. 그러나 이러한 결과는 피케티가 자료를 가공하는 방식 때문에 발생한 환상임이 이 글에서 드러날 것이다. 결국 다수 대중의 자본에 대한 직접적인 투쟁, 곧 임금 인상을 위한 투쟁, 안정적인 주거를 위한 투쟁, 살인적인 대부이자율 규제를

위한 투쟁이야말로 자본수익률을 낮추고 불평등을 완화하는 가
장 효과적인 수단이다.

7장 〈글로벌 자본세라는 상상〉에서는 피케티가 대안으로 제
시한 글로벌 자본세는 아주 매력적이지만, 조세제도 개선이 실
제로 세습자본주의의 실질적인 교정 수단이 될 수 있는지 묻는
다.

8장 〈피케티는 누구인가〉에서는 피케티에 주목한다. 2012년
대선 직전 사회당과 피케티가 '조세 혁명'을 키워드로 하는 정
책 자료집과 단행본을 발표하고, 2012년 2월 올랑드가 소위
'75% 부유세'를 발표하면서 피케티는 사회당 조세정책의 이론
가로 평가됐다. 그러나 여러 유사성에도 불구하고 '75% 부유세'
와 피케티 조세안 사이에는 상당한 차이가 있다. 피케티는 사
회당 조세 개혁의 비효율성을 지속적으로 비판해왔으나, 명목
상의 부유세 정책을 유지하면서 신자유주의 경제 노선으로 선
회한 사회당의 본질적 한계를 지적하기에는 역부족이다. 사민
주의 노선을 상당 부분 포기한 사회당 정부의 현실은 부분적인
'부자 통제'와 '신자유주의 지속 발전'이 동시에 진행될 수 있다
는 것을 보여주는 사례다.

이 책이 모쪼록 불평등에 관한 논의를 더 풍성하게 하는 데
도움이 되길 빈다.

차례

1장

99%를 위한 경제학인가, 9%를 위한 경제학인가

김공회

김공회

서울과 런던에서 경제학을 공부하고 현재 국민대에서 강의한다. 당인리대안정책발전소 연구위원이기도 하다. 자본주의 세계경제의 성립과 발달에 관한 이론적 탐구를 하고 있으며, 이러한 관심을 지역 차원에서 좀더 구체화하려 노력 중이다. 경제사상의 발달사 및 사회과학에서 경제학의 위상에 대해서도 관심이 많다. 〈World Economy〉〈리카도적 틀을 넘어서: 가치이론적 국제경제이론의 개요〉〈경제위기와 복지국가〉〈인지자본주의론의 가치이론 이해 비판: '비물질노동'의 개념화와 측정을 중심으로〉 등의 논문을 썼고,《한국의 좌파 경제학자들》을 함께 썼다.

*이 글은 김공회(2014)의 몇몇 부분을 수정·보완한 것이다.

《21세기 자본》은 제목이 암시하듯 자본에 관한 책이다. 또한 동시에 불평등에 관한 책이기도 하다. 피케티는 줄잡아 1970년대 이후 불평등이 빠르게 진행되고 있다는 데 문제를 느끼고, 그 원인을 규명하고 적절한 처방을 내놓는 데 이 책을 바치고 있다. 책의 제목이 '21세기 자본'인 것은, 그가 오늘의 불평등 문제를 그가 독특하게 정의하는 '자본'과 관련짓기 때문이다. 즉 자본 소유의 불평등 및 그에 따른 소득 분배의 왜곡이 현재 진행 중인 불평등 심화의 핵심 원인이고, 따라서 이를 완화하려면 무엇보다 자본에 대한 과세를 강화해야만 한다는 것이다.

그러나 불평등이라니! 그것은 결코 낯선 주제가 아니다. 우리는 실로 '신자유주의'가 세계경제를 뒤바꿔놓기 시작한 지 30년이 넘었고, '양극화'가 시대를 규정하는 열쇠말로 자리 잡은 시대에 살고 있다. 불평등과 양극화가 심화되고 있다는 것을 누가 모르는가? 이를 제어하기 위해 자본에 재갈을 물리자는 주장을 어디 피케티만 했던가? 이를테면, 자본이 국경을 가로지를 때 일종의 거래세를 매겨 그 투기적 성격을 제어하자는 취지의 토빈세가 좋은 예다. 이는 2007-2008년 경제위기 이후의 개혁 논의에서 단골 메뉴였으나, 지금은 거의 시들해지지 않았는가? 사람들이 그 당위성에는 두루 공감하지만 그 현실성에는 고개를 젓기 때문이다.

피케티에 대해서도 마찬가지였다. 《21세기 자본》이 출간된 직후부터, 그의 불평등 분석에 대해서는 엄청난 찬사가 쏟아졌던 반면, 폴 크루그먼 같은 가장 열렬한 지지자조차도 그가 내놓은 정책 처방에 대해서는 100% 수긍하지는 않고 있다. 그럼에도 불구하고 《21세기 자본》은 우리가 목격한 대로 일단은 대성공을 거두고 있다. 과연 이러한 지지를 발판 삼아 《21세기 자본》은 그것이 내세우는 처방들을 실현시키고, 나아가 오늘날 빠른 속도로 진행되는 불평등을 완화시켜 마침내 자본주의를 위기에서 구해낼 수 있을까? 이러한 질문에 대한 답변은 무엇보다 피케티의 불평등 분석이 얼마나 적절한가, 그리고 이 분석과 그의 정책 처방이 얼마나 긴밀히 연결되는가에 의존할 것이다. 따라서 이 글에서는 《21세기 자본》의 핵심 주장을 요약한 다음 이에 대한 비판적인 평가를 시도해보겠다. 또한 《21세기 자본》의 의의를 좀더 쉽게 부각하기 위해, 이 책이 우리에게 친숙한 여타의 불평등 논의들과 어떻게 같거나 다른지를 설명하고자 한다.

핵심 주장들

불평등 = 소득불평등

먼저, 《21세기 자본》의 핵심 주장부터 알아보자. 첫째, 피케티가 말하는 불평등이란 기본적으로 소득불평등(income inequality)을 가리킨다. 어떤 소득 분배 상태가 불평등하다고, 또는 상이한 두 소득 분배 상태를 비교해 어느 쪽이 더 불평등하다고 할 수 있으려면, 먼저 불평등을 재는 일정한 '지표'가 필요하다. 지니(Gini)계수는 그중 가장 흔히 쓰이는 것으로, 0부터 1 사이의 값을 갖는다. 지니계수를 구하기 위해서는 모든 사람에게 두 개의 숫자를 부여해야 한다. 하나는 전체 소득자 중에서 그의 상대적 위치('소득 하위 몇 %'라는 식)이고, 다른 하나는 소득이 가장 낮은 사람부터 그 사람까지가 전체 소득에서 차지하는 비중이다. 이제 이들은 소득 순위를 가로축으로 하고 소득 비중을 세로축으로 하는 평면에서 하나의 점으로 나타날 텐데, 이 점들을 이었을 때 나오는 곡선을 로렌츠(Lorenz) 곡선이라고 한다. 이를 그림으로 나타내면 〈그림1〉과 같다. 여기서 지니계수는 A/(A+B)의 값과 같다. 소득 분배가 평등할수록 로렌츠 곡선은 45도 선에 가까워질 것이고, 가장 평등할 때 곧 모든 사람의 소득이 같을 때 45도 선과 완전히 포개져 A 부분의 면적이 0이 되어 지니계수도 0의 값을 갖는다. 반대의 경우엔 B가 줄어들 것이고 마침내 가장 불평등한 상태(한 사람이 모든 소득을 갖고 나머지는 소득이 없을 때)에서는 B=0이 되어 지니계수도 1의 값을 갖는다.

  피케티는 이러한 지니계수가 사회 전체의 소득 분배 현황을 제대로 나타내지 못한다면서, 그 나름대로 새로운 기준을 내세운다. 먼저 소득액을 기준으로 개인들을 줄 세우는 것은 같은데, 피케티는 그 다음 이들을 일정하게 묶는다. 가장 가난한 집단 50%, 중간 집단 40%, 가장 부유한 집단 10%로 나누는 것이다. 그리고 가장 부유한 집단에 대해서만은 최상위 1%를 따로 분류한다. 이렇게 사람들을 나눈 다음, 각 집단이 전체 소득 중 얼마만큼을 가져가는지를 보고 불평등의 정도를 판별한다.

  《21세기 자본》에서 피케티는 방대한 자료를 분석해 현재까지 존재했던 소득불평등의 상태를 셋으로 구분하고, 여기에 더해

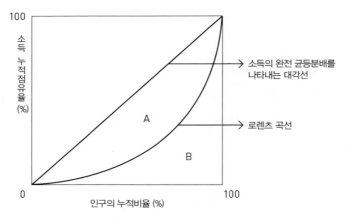

그림1. 로렌츠 곡선과 지니계수

왜 우리는 더 불평등해지는가

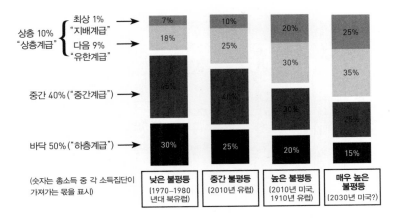

상층 10%
"상층계급"
{
최상 1%
"지배계급" →
다음 9%
"유한계급" →
}

중간 40% ("중간계급") →

바닥 50% ("하층계급") →

(숫자는 총소득 중 각 소득집단이
가져가는 몫을 표시)

	낮은 불평등 (1970–1980 년대 북유럽)	중간 불평등 (2010년 유럽)	높은 불평등 (2010년 미국, 1910년 유럽)	매우 높은 불평등 (2030년 미국?)
최상 1%	7%	10%	20%	25%
다음 9%	18%	25%	30%	35%
중간 40%	45%	40%	30%	25%
바닥 50%	30%	25%	20%	15%

표1. 합산소득(근로+자본소득)의 불평등 양상[1]

현재의 불평등 양상이 지속될 경우 앞으로 닥칠 수 있는 극심한
불평등 상태를 제시한다. 이를 요약한 게 〈표1〉이다. 이에 따르
면 현재 미국에서는 가장 잘사는 10%가 전체 소득의 절반을 차
지할 정도로 불평등이 극심하다. 이는 역사상 불평등이 가장 낮
았던 1970년대 북유럽에서 최상위 10%가 총소득의 25%만을 가
져간 것과 극적으로 대비된다.

이 표에서 보다시피 피케티의 방식은 불평등의 변화 양상을
일목요연하게 보여준다는 장점이 있다. 특히 여기에서는 상위
10%, 특히 최상위 1%의 소득 몫의 추이가 전체적인 불평등 양
상을 대표하는 것으로 보인다는 점이 이색적이다. 실제로 피케
티도 책 전체를 통틀어 '최상위 1%'의 동향에 주의를 집중한다.

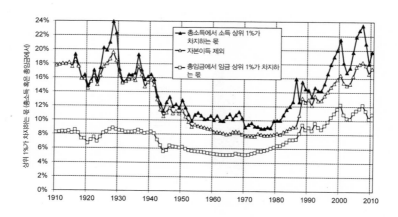

표2. 미국 상위 1%의 소득 몫 추이[2]
자료 출처: piketty.pse.ens.fr/capital21c

한편, 피케티는 소득의 구성에도 관심을 기울인다. 보통 한 개인의 소득은 크게 노동소득과 자본소득으로 나뉜다. 과세당국에서 특히 그런 분류를 쓴다. 전자에는 임금이나 상여금, 각종 노동 관련 보상들이 포함되고, 후자에는 이윤, 이자, 배당금, 각종 임대료 등이 포함된다. 그런데 이를 〈표1〉과 관련지어 보면, 대체로 아래쪽에 속한 사람들은 거의 모든 소득이 그가 직접 행한 노동과 관련해 주어지는 반면, 위로 올라갈수록 자본소득의 비중이 커질 것임을 쉽게 짐작할 수 있다. 어쨌든 이렇게 소득을 두 범주로 나누는 이상, 오늘날 소득불평등의 심화 원인도 노동소득과 자본소득 양 측면에서 각각 구할 수 있게 된다.

왜 우리는 더 불평등해지는가

불평등의 주원인은 자산 소유 불평등

둘째, 피케티는 불평등 심화의 가장 중요한 원인으로 자산 소유의 불평등을 꼽는다. 이것은 무엇보다 자산이 극히 일부에게 집중되어 있기 때문이다. 다른 조건이 같다면 자산을 소유한 사람이, 자산 없이 노동소득만 거두는 사람보다 더 많은 소득을 거두는 게 당연하다. 이런 상황이 지속되면 자산을 소유한 집단과 그렇지 못한 집단 간의 소득 격차는 점차 커질 수밖에 없다. 더구나 자산을 매우 많이 가진 사람들은 보통의 임금소득과는 비교할 수 없을 만큼 큰 연간소득을 거둘 것이므로, 사실상 노동을 하지 않고 가만히 있어도 부의 위계에서 그의 위치는 높아질 수도 있다.

만약 그렇다면 불평등은 항상적인 조건이어야 할 텐데, 왜 유독 최근에 불평등이 심화되고 있는 것처럼 느껴지는 것인가? 여기엔 역사적 고찰이 필요하다. 실제로 인류 역사를 통틀어 자산은 사회의 극히 일부에 의해 독점돼왔다. 20세기 초만 해도 가장 부유한 10%가 사회 대부분의 자산을 소유하고 있었다. 그러나 두 차례의 세계대전을 거치면서 상당한 자산이 파괴되었다. 특히 서유럽의 경우 그 정도가 심했는데 말 그대로 잿더미에서 다시 시작할 수밖에 없었다. 바로 이러한 재건 과정에서 자산의 소유가 다소 분산되어, 피케티가 '세습중산층'이라 부르는 새로운 계층이 출현하기에 이른다. 즉 그가 상정하는 소득 위계에서 중간에 속하는 40%가 자산을 갖게 됐다는 것이다. 결국 현재 불평등의 심화 과정은 곧 이러한 '세습중산층'이 파괴되어가는 과정, 곧 그들의 손에서 상위 10% 또는 1%로 자산이 '재분배'되는 과정이라고 볼 수 있다. 이동의 규모가 크기 때문에 변화 양상도 아찔해 보이는 것이다.

다른 한편, 노동소득 면에서도 불평등은 자산소득 정도는 아니지만 더 심해지고 있다. 이를 가장 잘 보여주는 것이 1980년대 이후 등장한 이른바 '슈퍼경영자'에 대한 천문학적인 보상이다. 경제학은 보통 한 개인의 임금은 그의 생산성을 반영한다고 가르치는데, 이에 입각해서는 같은 회사의 평직원 보수의 수백 배를 가져가는 대기업 임원들의 보수를 설명할 길이 없다. 어쨌든 이들의 등장은 분명 오늘날 불평등의 한 축을 이룬다.

자본주의의 핵심 모순 드러내는 r>g

셋째, 자산이 상위 소득자에게 편중되어 있는 상황에서 불평등이 심화되는 것은 자본주의의 필연적인 논리에 따른다는 주장이다. 엄밀히 말하면 자산을 가지고 있다고 해서 무조건 더 부유해지는 것은 아니다. 예컨대 자산의 관리 비용이 거기에서 나오는 수익보다 크다면, 자산 소유자의 총소득은 점점 줄어들 것이고 상대적으로 하층에 속한 이들과의 소득 격차도 줄어들 것이다. 그런데 피케티에 따르면, 자본주의에는 그러한 가능성을 원천적으로 차단하는 메커니즘이 내장되어 있다. 그는 이를

왜 우리는 더 불평등해지는가

'r>g'라는 부등식으로 요약하는데, 여기서 r은 자본수익률, g는 경제성장률을 가리킨다. 그는 이 부등식을 보통의 경제학자의 방식대로 모형을 세우고 '증명'하는 대신, 이를 일컬어 자본이 존재했던 고대 이래 모든 시기에 꾸준히 관철되는 역사적 법칙이라고 말한다. 그의 주장대로 r>g라면 자본의 증가 속도가 경제의 성장 속도보다 빨라 자본 소유자 쪽으로 소득이 점차 쏠리게 된다. 사태를 좀더 현실적으로 보면, 자산 관리를 좀더 효율적으로 할 수 있는 대자산가가 그렇지 못한 소자산가에 비해 더 높은 수익을 거둘 것이다. 요컨대, r>g 부등식의 작동 결과 비자본 소유자보다는 자본 소유자가, 소자본 소유자보다는 대자본 소유자가 경제 과정이 진행됨에 따라 점점 더 이득을 보고, 이는 곧 불평등 심화로 나타난다. 이런 메커니즘을 요약하고 있는 r>g 부등식을 피케티는 자본주의의 핵심 모순(the central contradiction of capitalism)이라고 부른다.[3]

피케티는 r>g는 매우 강력하고 장기적으로 관철돼온 힘임에는 틀림없지만, 무조건 관철되어야 하는 필연 법칙은 아니라고 강조한다. 왜냐하면 경제란 그 자체적인 논리뿐 아니라 정치, 사회, 역사적 조건들과 결정들 속에서 진행되는 복합적인 과정이기 때문이다. 실제로 그는 1913년부터 20세기 내내 자본수익률이 경제성장률보다 낮았다면서, 그 결과 이 기간 동안 불평등이 오히려 줄었음을 강조한다. 이렇게 된 원인으로 그는 전쟁이라는 이례적인 충격과 (부분적으로는 그 결과인) 강력한 조세제

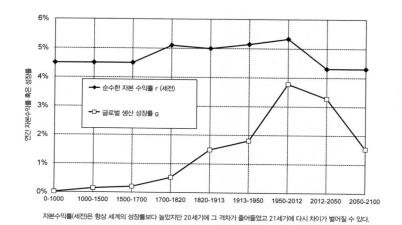

자본수익률(세전)은 항상 세계의 성장률보다 높았지만 20세기에 그 격차가 줄어들었고 21세기에 다시 차이가 벌어질 수 있다.

표3. 자본수익률과 성장률 비교(세전) [4]
자료 출처: piketty.pse.ens.fr/capital21c

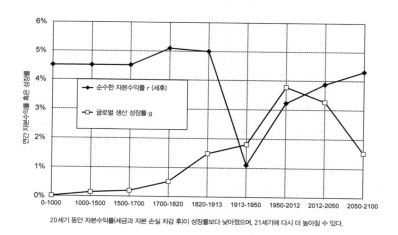

20세기 동안 자본수익률(세금과 자본 손실 차감 후)이 성장률보다 낮아졌으며, 21세기에 다시 더 높아질 수 있다.

표4. 자본수익률과 성장률 비교(세후) [5]
자료 출처: piketty.pse.ens.fr/capital21c

왜 우리는 더 불평등해지는가

도를 든다. 특히 20세기 후반기에는 전후 재건과 신흥국의 부상 덕분에 세계적으로 g가 사상 최대치를 기록했다고 한다. 그러나 21세기 초입에 있는 현재 세계는 국가 간 조세 경쟁에 따른 세율 인하, 인구 증가 둔화와 그로 인한 경제성장 저하 등으로 다시금 r과 g의 기존 관계가 회복되는 중이다. 그 결과 불평등이 다시금 극심해져, 이 추세대로 가다가는 우리는 1913년 이전의 자본주의, 곧 19세기 식의 '세습자본주의(patrimonial capitalism)'로 돌아갈 수 있다고 피케티는 경고한다.

불평등 퇴치 방안, 소득세의 누진성 강화와 글로벌 자본세 도입

끝으로, 이상과 같은 분석을 통해 피케티는 오늘날 관찰되는 불평등 심화를 제어하기 위해서는 무엇보다 r>g라는 부등식을 역전시키는 게 긴요하다는 결론을 내린다. 특히 지금처럼 경제의 저성장이 고착화된 것처럼 보이는 시기엔 (g를 높이기보다는) r을 낮춤으로써만 부등호의 방향을 바꿀 수 있으며, 역사적으로 우리가 얻은 교훈에 따르면 조세정책만이 이를 위한 가장 실효성 있는 정책이라는 것이다.

그렇다면 어떤 조세정책을 말하는가? 피케티가 소득불평등의 심화를 노동소득 불평등과 자본소득 불평등에서 찾는 만큼, 조세정책도 이 두 측면과 관련이 있다. 첫째, 노동소득의 불평등을 줄이려면 소득세의 누진제를 강화해야 한다는 주장이다. 특히 불평등의 정점에 있는, 대기업 임원들에게 지급되는 것과 같은 불합리하게 높은 임금을 제어하기 위해 초고소득자에게 거의 '몰수' 수준의 최고소득세율을 적용한다. 피케티는 구체적으로 80%라는 수치까지 내놓는다. 하지만 그에 따르면 이러한 최고소득세율 도입은 대기업 임원들의 보수 자체를 줄어들게 할 것이므로 세수 확보에는 도움이 안 될 것이다. 어찌되었든 이러한 조치는 최고소득을 낮춤으로써 불평등 완화에 기여할 것이다.

둘째로, 자본소득과 관련해서는 범지구적 차원의 자본보유세를 제안한다. 자본소득의 불평등은 자본 소유의 불평등에서 비롯되는 것이므로, 단순히 자본의 운용을 통해 얻는 수입에만 과세해서는 불평등이 해소되지 않는다. 따라서 자본의 소유 자체에 대해 과세할 필요가 있고, 소유 자본의 규모에 따른 차등과세가 필요하다. 일례로 100만 유로 미만의 재산에 대해서는 0.1–0.5%, 100만–500만 유로에 대해서는 1%, 500만–1000만 유로에는 2%, 그 이상에 대해서는 5–10%를 부과할 수 있겠다. 다른 한편, 자본의 소유는 주로 상속에 의해 주어지므로, 상속이나 증여에 대해서도 누진적인 세제를 강력하게 설계해둘 필요가 있다. 소득세 분야에서 보편성과 누진성을 도입한 것이 20세기의 중요한 성과라면, 이를 더 밀어붙여 자본보유에 대해서돈 적용하자는 것이다.

이상 두 가지 형태 즉, 누진소득세와 자본보유세 모두 오늘날 불평등을 완화하는 데 긴요한 세제지만, 피케티에 따르면 글로

왜 우리는 더 불평등해지는가

벌 자본(보유)세야말로 불평등을 근본적으로 통제할 수 있는 수단일 뿐 아니라 21세기에 적합한 형태이다. 지금이야말로 자본보유세를 본격적으로 시행할 수 있는 기술적 인프라가 갖춰졌기 때문이다. 즉 자본세를 시행하려면 무엇보다 자산 소유 현황이 파악되어야 하는데, 이는 사실상 민간금융기관이나 각국 세무당국에 의해 이미 파편화된 형태로나마 파악되어 있는 상태다. 따라서 필요한 것은 이러한 정보를 기관끼리 공유해 완전한 정보망을 구축하고 이를 바탕으로 실제로 과세할 수 있는 국제적 거버넌스—지금은 일국 단위의 과세당국에 의해 징세가 이뤄지므로—를 구축하는 일뿐이다. 사실은 바로 이러한 의미에서, 자본세의 시행은 일반적 의미에서 사회의 경제, 재무적 투명성을 배가시킬 것이고, 이는 곧 현대의 세습화된 금융자본주의를 제어하고 민주주의를 발전시킬 수 있는 효과적인 수단이기도 하다.

《21세기 자본》의 의의

《21세기 자본》은 비슷한 부류의 저작들 중에서 상대적으로 후발 주자에 속한다. 작년에 우리말로 번역되어 인기를 끌었던 스티글리츠의 《불평등의 대가(The Price of Inequality)》가 나온 것이 2012년 상반기였고, 크루그먼의 베스트셀러 《미래를 말하다(The

Conscience of a Liberal)》는 그보다 5년 먼저 출간됐으니 말이다. 여기에서는 피케티의 연구 의의와 아울러 피케티 연구가 기존의 불평등 논의들과 어떻게 다른지 알아보겠다.

분배를 경제의 핵심 문제로 환원

무엇보다 《21세기 자본》은 한동안 경제학이 외면하다시피 해온 분배 문제를 논쟁의 중심에 가져다 놓았다는 점에서 커다란 의의가 있다. 2007-2008년 선진국발 금융·재정 위기를 기화로 지구 곳곳에서 불타올랐던 '점령하라(Occupy)' 운동 등에서 대중적으로 제기되었던 불평등 문제에 가히 이론적·실증적 근거를 댔다고도 볼 수 있다.

돌이켜보면 한때 분배론은 경제학의 핵심에 위치해 있었다. 우리가 아는 18-19세기 스미스(Adam Smith), 리카도(David Ricardo), 밀(John Stuart Mill) 등으로 대표되는 고전파경제학은 어떤 의미에서는 그 자체로 분배론이었다. 피케티도 이를 잘 알고 있다. "19세기의 경제학자들은 분배의 문제를 중심으로 경제 흐름의 장기적 경향을 연구했다는 점에서 그 공적을 인정받을 만하다."[6] 그러나 이후 경제학에서 분배론의 자리는 점점 축소되었고, 지금은 마치 고등학교 국사 교과서에 있는 한국현대사와 같은 처지가 되었다. 즉 경제학 교과서 맨 뒤에 짤막하게 나와 여차하면 수업시간에 아예 다뤄지지도 않는다는 얘기다. 이

왜 우리는 더 불평등해지는가

렇게 된 것은 경제학 자체의 성격 변화와 관련이 있다. 바로 20세기 중반을 거치면서 경제학이 "이른바 말하는 대표적 경제주체를 바탕으로 한 단순한 수학적 모형을 지나치게 추종"[7]함에 따라, 불평등이란 경제성장 과정에서 자연스럽게 줄어드는 경향이 있다고 결론짓고, 그래도 남아 있는 불평등 문제는 여타 사회과학 분과의 소관으로 떠넘겨 버린 것이다.

현대 경제학 비판

둘째, 바로 이러한 점에서 피케티가 분배에 주목하는 것은 단순히 그간 경제학자들이 소홀히 했던 문제에 관심을 환기시키는 정도가 아니라, 경제학 자체를 비판하는 것이기도 한 셈이다. 피케티가 방대한 자료를 동원하고 다양한 분야의 문헌을 참조해 역사적으로 고찰한 것도, 바로 이러한 의미에서 평가할 수 있다. 박사 학위를 받은 직후 피케티는 젊은 나이에 미국으로 건너갔는데 그곳 경제학 학풍에 실망한다.

"그곳 학계에서는 쿠즈네츠 이후 불평등의 동역학에 대한 사료들을 수집하려는 시도가 거의 이루어지지 않았다. 그들은 어떤 사실들이 설명되어야 하는지도 모른 채 순전히 이론적인 결과들만 쏟아내고 있었으며, 나도 같은 일을 할 것으로 기대했다. 그 후 나는 프랑스로 돌아와 부족한 사료들을 모으기 시작했다."[8]

그가 보기에 "경제학 분야는 아직 수학이나 완전히 이론적이고 고도로 관념적인 이론에 대한 유아적인 열망을 극복하지 못한 채, 역사적 접근이나 다른 사회과학과의 협력을 등한시하고 있다."[9] 그러면서 피케티는 경제학의 원형, 곧 '정치경제학(political economy)'을 복원하고자 한다.

> "나는 경제학을 역사학, 사회학, 인류학, 정치학과 더불어 사회과학의 한 분야라고 본다. …… 나는 '경제과학'이라는 표현을 싫어한다. …… '정치경제학'이라는 표현을 훨씬 더 좋아한다.[10] ……
> 경제학이 유용해지려면 경제학자들은 더 실용적인 방법론을 택하고, 사용할 수 있는 모든 수단을 강구해야 하며, 그리고 다른 사회과학 분과들과도 밀접히 교류하는 것을 배워야 한다.[11]"

이러한 시도는 사실 피케티 혼자만의 과업은 아닐 것이다. 돌이켜보면 20세기의 주요한 경제위기들은 경제학에 대한 반성을 불러왔고, 그 결과 경제뿐 아니라 경제학의 변화도 일정하게 견인해왔다. 물론 그럼에도 불구하고 주류경제학은 철옹성처럼 꿋꿋하게 자리를 지키고 있지만, 그런 노력들이 의미가 없었다고 할 수는 없다. 이러한 개혁 흐름은 21세기 들어서는 '후-자폐적 경제학(Post-Autistic Economics, PAE)' 운동으로 나타나기도 했고, 최근에는 '정치경제학 진흥을 위한 국제 발의(IIPPE)'의 출범으로 결실을 맺기도 했다.[12]

왜 우리는 더 불평등해지는가

불평등을 자본주의의 근본 모순으로 제시

좀더 내용 쪽으로 주의를 기울여보면, 피케티는 불평등의 심화 원인을 자본주의 자체에서 찾는다는 점에서 특이하다. 기본적으로 《21세기 자본》은 기존의 유사한 연구들과 마찬가지로 오늘날 세계의 불평등의 실상을 제시하고 그 원인과 해법을 나름대로 구하고자 하는데, 특이하게도 불평등의 근본 원인을 자본주의 자체에 내장된 메커니즘에서 구하는 것이다. 바로 이것이 피케티를 다른 누구보다 돋보이게 만든다.

최근 떠오르고 있는 불평등 논자들은 불평등의 원인을 '나쁜 정치'에서 찾는 경향이 있다. 그들은 자본주의 자체가 아니라 1970년대 후반 이후에 두드러진 신자유주의를 탓하고, 클린턴과 오바마 대신 레이건과 부시를 나무란다. 불건전한 정치권력과 경제권력, 특히 금융권력의 유착과 거기에서 발생하는 온갖 비리와 특혜, 독점, 지대(rent)를 불평등 요인으로 본다. 불평등의 결과 경제, 사회 질서가 흐트러진다. 경제시스템의 효율성이 떨어져 성장이 지체되고 인류의 위대한 성취인 민주주의 또한 그 실질적인 내용을 잃고 위기에 처한다. 따라서 이 모든 것의 근원인 나쁜 정치를 척결해야만 불평등도 해소되고, 경제의 선순환, 나아가 올바른 민주주의 질서도 회복된다. 이것은 최근 스티글리츠가 《불평등의 대가》에서 역설한 핵심 논지이기도 하다.

불평등에 대한 이러한 분석은 핵심 원인을 경제 외부에서 찾는다는 특징이 있다. 그 자신 노벨경제학상 수상자이기도 한 스티글리츠는 불평등 문제를 대하는 경제학자들을 나무라면서 저 유명한 클린턴의 선거 구호를 변형해 "바보야, 문제는 정치야!"라고 일갈하기도 했다. 그런데 피케티는 불평등 원인을 시장 실패를 부추기는 '나쁜 정치'가 아니라 자본주의 경제체제 자체에서 찾는다. 이 지점에서 그는 보통의 불평등 논자들과 근본적으로 구별되고, 만약 성공적이라면 그의 분석과 주장은 그야말로 엄청난 파괴력을 갖게 될 것이다. 이를테면 스티글리츠가 자신의 책 전체를 통틀어 나쁜 정치가 부추기는 시장의 불완전성, 실패의 결과인 '지대의 형성'과 '지대 추구'를 비난하는 반면, 피케티는 지대, 즉 '자본이 낳는 수입'은 "불완전한 경쟁이나 독점 문제와는 전혀 관계가 없다"고 못 박는다.[13] 그에 따르면 이러한 문제는 '추가적인 경쟁이라는 처방'으로는 치유가 불가능하다.

"지대는 시장의 불완전성으로 나타난 것이 아니다. 그것은 경제학자들이 말하는 '순수하고 완전한' 자본시장의 결과다. …… 무제한적인 경쟁이 세습을 끝장내고 좀더 능력 중심의 세계로 이끌리라는 것은 위험한 환상이다."[14]

그러니까 피케티는 자본주의란 본성상 소득불평등을 낳는 체제라고 보는 셈이다. 왜인가? 이는 그가 '자본주의의 핵심 모순'

왜 우리는 더 불평등해지는가

이라 부르는 동학, 즉 r>g라는 부등식 때문이다. 그는 역사를 통틀어 자본수익률(r)이 경제성장률(g)보다 큰 것으로 나타난다면서, 이러한 상황에서는 자산을 가진 집단이 더 많은 소득을 거두는 것이 당연하다고 말한다.

사실 이 문제는 자본주의 자체에 대한 견해차를 내포한다. 즉 보통의 불평등 논자들이 자본주의의 본성을 조화와 효율성에서 찾는 반면, 피케티는 불평등을 심화시키는 파괴적 힘으로 보는 것이다. 이렇게 보면 피케티에게 현실 정책은 그러한 파괴력을 잘 다스리는 데 핵심이 있지만, 보통의 불평등 논자들에겐 자본주의의 본성이 잘 발휘되도록 제도를 설계하는 것이 중요하다.[15] 하지만 그렇다고 피케티가 자본주의의 조화로운 측면을 완전히 무시하는 것은 아니다. 오히려 그는 r>g로 요약되는 양극화(divergent) 경향과 더불어 지식의 확산 및 기술과 숙련에 대한 투자 등을 통해 격차가 수렴되는(convergent) 경향, 나아가 후발 주자가 선발 주자를 따라잡는 가능성도 인정한다. 그는 양극화와 수렴이라는 이 상반되는 두 힘은 서로 반대 방향으로 동시에 작용하지만 그것들을 둘러싼 역사·사회·제도적 환경에 따라 상이한 방식으로 발현될 것이므로, 실제로 어떤 결과가 매순간 야기될지는 미리 정해져 있지 않다고 본다. 결국 피케티는 기존 불평등론자들과 정면으로 대결한다기보다는 자본주의 자체에 대해 깊이 고찰해 기존 논의들을 좀더 풍부하게 보완해주고 있다고 볼 수 있다.

불평등 분석의 시간지평을 확장

넷째, 피케티가 각국 과세당국이 보유한 개인 과세 자료를 적극 이용한다는 점도 특기해둘 만하다. 보통 경제학에서 이용되는 거시 자료는 각국 정부가 공식적으로 내놓는 국민계정, 각종 가계 단위 자료나 개인 임금 자료 등인데, 이때 문제는 비교적 최근 자료만 존재한다는 점이다. 특히 소득 분배와 관련해서는 자료의 정확도가 늘 문제된다. 그러나 피케티는 과세 자료를 이용함으로써 몇몇 나라의 경우엔 무려 300여 년에 걸친 장기적인 불평등 추세를 관찰할 수 있었다. 또한 각종 재산 세제 자료를 이용해 자산 분포의 현황과 변화 추이를 상당히 정확하게 추정할 수 있었다.

그 결과 피케티가 얻게 된 가장 중요한 장점은 불평등을 자본주의의 장기 발달이라는 차원에서 파악할 수 있게 되었다는 것이다. 이는—그것이 옳건 그르건—불평등에 대해 근본적으로 다르게 접근하게 만들었는데, 이러한 변화가 무엇을 의미하는지는 최근 나타나는 보통의 불평등 논의들과 비교해보면 비로소 드러난다. 앞서 밝혔듯 이들은 1970년대 이후 두드러진 불평등의 원인을 당대 특유의 상황, 즉 신자유주의, '나쁜 정치'에 돌림으로써, 그 해결도 '좋은 정치'에서 찾는다. 재미있는 것은, 보통 이들은 상대적으로 단기간의 자료(대체로 2차대전 이후)에 의존하면서, 1970년대 이후 상황을 정상궤도에서 이탈한 것으로 간주하고, '왜 그러한 이탈이 일어났는지'를 설명하고자 한다는

왜 우리는 더 불평등해지는가

점이다.

　반대로 피케티는 장기적인 자료를 가지고 불평등의 추세를 관찰한다. 그 결과가 바로 그가 내놓은 다양한 U자형 곡선이다 (〈표5〉 및 〈표6〉). 이것이 시사하는 바는, 1970년대 이후의 불평등 심화는 정상궤도에서 이탈한 것이 아니라 r>g 부등식의 작동에 따른 불평등의 심화 경향이 지배적인 자본주의의 장기 추세로의 복귀라는 점이다. 다시 말해, 불평등이 줄어들었던 20세기 중·후반이 오히려 장기 추세로부터 이탈인 것이고, 설명되어야 할 것도 바로 그것이다. 물론 앞서 밝힌 대로, 피케티는 이러한 이탈을 선진국의 자본을 대량 파괴한 두 차례의 대전과 역사상 유례없는 고율의 세제, 그리고 비약적으로 높았던 경제성

표5. 미국의 상위 10% 소득 비중 추이: 1910-2010[16]
(자료 출처: piketty.pse.ens.fr/capital21c)

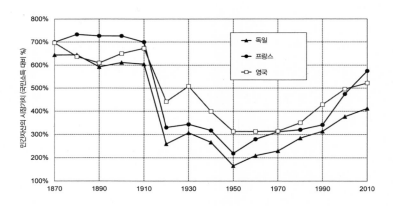

표6. 유럽의 자본/소득 비율 추이: 1870–2010[17]
(자료 출처: piketty.pse.ens.fr/capital21c)

장률로 설명한다.

물론 1913–1970년대 중반까지의 '이탈'을 설명하는 것이 피케
티의 궁극적인 목적은 아니다. 이 시기를 분석함으로써 오늘날
다시 그 위력을 발휘하고 있는 자본주의의 불평등 심화 경향을
효과적으로 제어할 수 있는 교훈을 얻는 것이 그의 진정한 목적
이다. 그가 이상에서 설명한 차이점에도 불구하고 기존의 불평
등 논자들과 만나지 않을 수 없는 것도 바로 이 대목에서다.

왜 우리는 더 불평등해지는가

《21세기 자본》에 대한 몇 가지 비판적 물음

《21세기 자본》의 논지는 간단하지만, 동시에 매우 대담하다. 불평등을 자본주의의 부산물이거나 잘못된 운영에서 발생한 것이 아니라 그 본질에서 필연적으로 야기되는 것으로 놓는 점이나, 현재 자본주의가 19세기 식의 세습자본주의로 회귀 중이라고 진단한 점이 특히 그렇다. 이것이야말로 피케티를 여타의 불평등 논자들과 구별되게 만드는 것이며, 또한 그가 내놓은 과감한 대응책들이 실현이 어려우리라는 수많은 비판에도 불구하고 깊은 반향을 얻고 있는 까닭이기도 하다.

그렇다면 피케티의 논의는 그 자체로 받아들일 만한가? 《21세기 자본》은 크게 두 부분으로 나눌 수 있다. 즉 향후 분석을 위한 기본 개념들을 설명하고 불평등의 현황을 분석하는 전반부(제1-3부)와 불평등 심화에 따른 파국적 결과를 막기 위한 제안들을 다루는 후반부(제4부)가 그것이다. 당연하게도 피케티의 핵심 논지는 후반부에 있지만, 그는 이를 전반부에서 다룬 불평등의 이론, 역사적 분석으로부터 도출되는 필연적인 결론으로 제시하고자 한다. 이렇게 보면, 《21세기 자본》의 구조상, 그것의 성패는 전반부와 후반부가 얼마나 필연적으로 연결되고 있느냐에 좌우된다고 할 수 있다. 실로 오늘날 인류의 운명을 걱정하는 이라면, 후반부에서 피케티의 핵심 주장, 곧 자본의 탐욕을 제어해야 한다는 당위에 동의하지 않을 이유가 없다. 또한 그

수단으로서 제시되는 고소득자에 대한 세제 강화도 그 어떤 대안적 기획에든 포함되지 않으면 안 될 중요한 요소임에 틀림없다.

하지만 그렇다고 해서 이러한 결론 내지는 정책 처방에 이르기까지 피케티가 내놓는 경로 전체가 정당화되는 것은 아니다. 만약에 《21세기 자본》의 전반부와 후반부 간의 연결고리가 실제로는 피케티가 내세우는 것보다 엉성하다면, 그의 논의가 지닌 호소력도 크게 훼손될 것이다. 이 경우 그러한 까닭을 밝히는 한편, 그의 처방들에 현실성을 불어넣어 줄 새로운 근거들을 마련하는 일이 매우 중요할 것이다.

r>g 부등식이 의심스럽다

가장 먼저, 피케티가 세상 모든 사람을 자본의 소유자와 비소유자로 구분한다는 데서 출발해 보자. 즉 그가 말하는 불평등이란 기본적으로 이 두 집단 간의 소득 격차 확대에 다름 아니며, 그의 논의에서 가장 중요한 r>g 부등식이 이를 포착한다. 피케티는 자본은 대체로 최상위 소득자가 독점하는 경향이 있으므로, 그는 자신의 논의가 '우리가 99%다'라고 외치는 '점령하라' 운동에 대한 이론적 뒷받침이 된다고 여긴다.

그러나 과연 그러한가? 하나씩 짚어보자. 무엇보다 그의 자본수익률(r)은 애초부터 성립될 수 없는 개념임을 지적하지 않을

왜 우리는 더 불평등해지는가

수 없다. 피케티는 이를 거시지표, 사회적 평균치로 간주한다. 그리하여 하나의 국민경제는 물론 세계경제 전체에 대하여 r을 계산하고, 이를 경제성장률(g)과 대비시키는 것이다. 그러나 실상 그가 관심을 갖는 불평등은 일차적으로 미시적 차원의 문제이며, 여기서 사회적 평균치로서의 r은, 매우 특수한 조건, 즉 모든 형태의 자산에 대하여 일정 수준 이상의 완전경쟁시장이 형성되어 있고, 상이한 형태의 자산들 간의 형태 전환이 상당한 정도로 자유롭게 이루어질 수 있어야 하며, 무엇보다 모든 자산 소유자가 '수익률'을 두고 서로 경쟁하는 조건 아래서만 의미가 있다. 우리나라의 1인당 평균 국민소득이 2만 달러를 넘는다고 하는데, 개인 간, 가구 간 소득 격차가 매우 큰 상태에서 이 거시경제적 평균치는 눈속임에 지나지 않는 것과 같은 이치다.

자신의 '자본수익률'이 그 내부에 엄청난 격차를 숨기고 있음을 피케티가 모르는 게 아니다. 특히 다음 구절을 보라.

"평균수익률은 매우 상이한 형태의 자산과 투자로부터 나온 수익을 총합한 것이다. 사실 평균수익률을 계산하는 목적은 특정 사회에서 전체적으로 취득한 자본의 평균수익률을 측정하기 위해서다. 이때 개별적 상황에서의 차이점은 무시된다. 분명 몇몇 사람은 평균 수익보다 더 많이 벌어들이고 다른 사람들은 그러지 못한다."[18]

여기서 핵심은, 하나의 평균치가 사회 전체의 모습을 요약해

줄 수 있느냐 여부다. 그럴 수도 있고, 그렇지 않을 수도 있다. 예를 들어보자. 여기 같은 액수의 자본을 가진 두 사람이 있다고 치자. 그리고 한 사람(갑)은 자본을 열심히 굴려(생산 활동에 쓴다고 해보자) 한 해에 무려 50%씩 수익을 내는 반면, 다른 한 사람(을)은 은행에 넣어두고 연 10%의 이자만을 받고 있다고 해보자. 이 경우 이 사회의 평균수익률(r)을 30%라고 할 수 있을까? 산술적으로야 그렇게 볼 수 있겠지만, 이 수치가 이 사회의 전반적인 상황을 요약해준다고 말하긴 어려워보인다. 갑과 을 각각에게도 별 의미가 없다.

비밀은 바로 '경쟁'의 여부에 있다. 즉 위의 두 사람 사이에 경쟁이 존재한다면 어떨까? 을은 10%의 수익에 만족을 못하고 어떻게든 갑의 수익률에 가까이 가고자 노력할 것이며(을이 갑과 거의 똑같은 장사를 그 옆에서 시작했다고 생각해보라), 이 과정에서 갑의 수익률은 부분적으로 하락할 수도 있다. 만약 이러한 과정이 효과적으로 진행된다면 둘의 수익률은 비슷한 수준에까지 조정될 것이다. 예컨대 갑과 을의 수익률이 각각 32%, 28%가 되었다고 해보자. 이때도 둘 간의 평균수익률은 30%인데, 이것은 분명 두 사람 각각에는 물론 사회 전체에 대해서도 분명한 의의가 있다. 요컨대 갑에게는 절대로 그 밑으로 떨어져서는 안 되는 마지노선일 것이고, 을에겐 어떻게든 도달해야 할 목표치일 것이며, 사회 전체적으로는 거기 존재하는 자본의 평균적인 효율성을 나타내 주는 지표가 될 것이다.

왜 우리는 더 불평등해지는가

그런데 일반적으로 분배 영역에서 관찰되는 다양한 형태의 자본이 반드시 서로 경쟁하는 것은 아니다. 은퇴 후 전원주택을 짓고 노후를 보내기 위해 시골에 대단위 토지를 매입해둔 사람은 분명 피케티의 개념에 따르면 자본 소유자이지만, 자본의 수익률을 두고 그 누구와도 경쟁하지 않으며, 사실상 그의 경우 자본의 소유가 수익의 획득을 목적으로 하지 않는다. 피케티가 종종 인용하는 19세기 서유럽의 귀족도 마찬가지다. 피케티는 소설 속 주인공들의 이야기들을 자기 식대로 각색해 그들이 마치 '수익률'에 큰 관심이 있었던 것처럼 꾸며놓았지만, 사실상 그들에겐 일정 수준의 사치에 필요한 금액(예컨대 연간 2만 파운드)을 조달하는 것이 중요하지, 시골의 드넓은 영지에서 몇 %의 수익을 낼지는 통상 직접적인 관심사가 아니었다(이 점은 발자크보단 오스틴의 소설에서 더 두드러진다. 실제로 오스틴의 소설에선 '자본'이라는 말 자체가 거의 나오지도 않는다).

물론 경쟁이 아주 없는 것은 아니다. 예를 들어 자본 소유자들은 주식시장에서 서로 경쟁한다. 그러나 이러한 그들은 각자 다양한 동기와 목적을 가지고 경쟁에 임한다. 이를테면 어떤 이는 주가지수에 연동된 연간 5% 수익에 만족하면서 경쟁에서 한발 빼고 있을 수도 있지만, 두 기관투자자는 수익률을 0.01%라도 더 높이기 위해 엄청나게 열을 올려 경쟁하면서 모두 10%대의 높은 수익률을 낼 수도 있다.

이상과 같이 분배 영역에는 상이한 유형의 자본 소유자들이 혼란스럽게 공존하며, 이들 중 몇몇은 수익을 거두는 일 자체에 무관심하거나 매우 낮은 수익률에도 만족할 수 있고, 어떤 이들은 극심한 경쟁 속에서 매우 높은 수익률을 실현하고 있을 수도 있다. 또한 주식시장의 개미투자자들처럼 섣부르게 수익률 경쟁에 뛰어들었다가 모든 것을 잃는 경우도 있다. 피케티가 말하는 자본의 사회적 평균수익률인 r이란 곧 이 모든 이가 거두는 개별적 수익률들(r_1, r_2, r_3, …)의 가중평균값일 것이나, 이때 r이 개별적 수익률들을 끌어들이는 일종의 '중력의 중심(centre of gravity)' 노릇을 하지 못한다면, 그것은 별 의미가 없는 것이다.

이런 상황에서라면 사회적 평균값인 r이 설령 g보다 크다고 해도, 피케티가 생각하는 대로 자본 소유자가 비자본 소유자에 비하여 무조건 이득을 보는 것은 아니다. 어떤 자본 소유자는 이득을 보겠지만 다른 자본 소유자는 g보다 낮은 수익률에 만족할 수밖에 없거나 심지어 망하기도 하는 것이다. 즉 평균수익률 $E(r_1, r_2, …, r_n) = r > g$라고 하더라도 $r_j < g$인 j가 하나 이상 존재할 수 있다는 것이다(단, j=1, 2, … , n). 이러한 과정에서, 자본가들 사이에서 부가 끊임없이 재분배되면서 부의 집중과 분산이 반복될 것이며, 이러한 분배 경쟁은 사회 전체의 분배, 나아가 불평등의 한 계기를 이룰 것이다.

어쨌든 중요한 것은, 이상의 사정을 고려할 때 r>g라는 부등식은 결코 자본주의의 동학을 요약하고 있다고 볼 수 없다는 점이다. 또한 그것은 피케티가 시사하는 대로 불평등의 원인도 될

왜 우리는 더 불평등해지는가

수 없다. r>g 부등식은 이미 벌어진 불평등을 거시적 총량 차원에서 사후적으로 확인해줄 수만 있을 따름이다. 물론 그렇다고 r이 존재하지 않는 것은 아니다. 그것은 개별 수익률들의 산술적 평균치로서 언제나 존재한다. 그러한 의미에서 피케티가 내놓은 자본수익률은 경제의 전체상을 지나치게 포괄적으로 요약하는 하나의 추상이기는 하나, 마르크스(Karl Marx) 식으로 말한다면 아무런 실질적 의미를 내포하지 않은 '공허한 추상(empty abstraction)'일 뿐이다.

끝으로, 만약 이상과 같이 개별적 수익률들 간의 체계적 격차를 인정할 경우, r>g가 성립하지 않는다고 해도 불평등은 커질수 있다. 왜냐하면 전체적인 평균치가 작더라도 몇몇 자본은 여전히 높은 수익률을 유지하는 것이 가능하기 때문이다. 더구나피케티 자신이 쓴 대로(제12장) 대자본의 평균수익률(r_1)이 소자본의 그것(r_2)보다 높은 것이 보통이라면, $r < g$라 하더라도 불평등은 커질 수 있다. 대자본을 가진 최상위 1% 또는 0.1%가 거두는 자본수익률은 세금을 제하더라도 g보다 높을 수 있기 때문이다. 간단한 수식을 이용하면 이는, '$E(r_1, r_2)=r < g$이더라도 $r_1 > g > r_2$일 수 있다'고 표현할 수 있다. 만약 이것이 사실이라면, 1913-1970년대 사이에 위 부등식이 역전되어($r < g$) 불평등이 줄어들었다는 피케티의 설명, 곧 그의 《21세기 자본》에서 가장 핵심적인 명제는 타당성을 완전히 잃는다. $r < g$이더라도 여전히 (피케티가 불평등의 가장 중요한 지표로 삼고 있는) 최상위 1%의 소득

비중은 늘어날 수 있고, 피케티에게 이는 곧 불평등이 커지는 것이기 때문이다.

　이것은 물론 논리적인 가능성일 뿐이지만, 《21세기 자본》에는 이를 검토한 흔적이 전혀 없다는 게 문제다. 이것은 이 저작의 매우 치명적인 결함이다. 물론 피케티가 내놓은 자료들은 이러한 가능성을 부정한다. 이에 따르면 20세기 중반에 상위 10%는 물론 1%의 소득 비중도 줄어들기 때문이다. 하지만 이 대목에서 우리는 피케티의 자료가 대체로 과세당국의 자료임을 떠올려야 한다. 그가 일러주는 대로 20세기 중반은 과연 부자들에게 혹독한 세제의 시대였다. 그러나 바로 그렇기 때문에, 다양한 방식의 탈세 내지는 절세 방식이 성행하기도 했다. 부자들과 결탁한 정치인들에 의해 교묘한 방식의 공제제도가 도입되었고, 개인소득에 대한 높은 과세를 피하기 위해 이윤을 기업에 유보시키는 행태가 발달했으며, 각종 역외시장이나 '조세천국'을 이용한 탈세가 성행했다. 대기업 임원들에게 직접 높은 임금을 주는 대신 회사의 고급 관용차 이용과 같은 혜택을 주는 식으로 소득세를 피하는 관행들이 일반화된 것도 이 무렵이다. 이상은 분명 부자들의 소득을 따질 때 고려해야 할 중요 사항들이지만, 피케티의 자료는 이런 요소들을 처음부터 배제하고 있다. 그럼으로써 그는 20세기 불평등 동향의 중요한 일면을 논의에 포함시키지 못했고, 그 때문에 다소 성급하게 세제 덕분에 불평등이 완화되었다는 결론을 내리고 말았다. 세제와 자본수익률 간의 문제는 6장 〈세금으로 '고르디우스의 매듭'을 끊을 수 있을까〉에서 상세히 다룬다.

생산이 빠진 분배 이론은 가능한가

자본 소유자들이 상이한 수익률을 거둔다고 했는데, 그러한 차이를 이론적으로 포착할 수는 없을까? 이것은 불평등의 양상을 규명하는 데 있어 매우 중요한 과제인데, 왜냐하면 그러한 격차가 자본, 즉 부의 분배를 규정하는 중요한 한 계기이기 때문이다.

필자가 아는 한, 그러한 격차에 이론적인 관심을 가진 경제학자로는 마르크스가 거의 유일하다. 그는 생산과 분배가 서로 독립적으로 각각 고유의 법칙에 따라 결정된다고 주장한 당대의 경제학자들을 비판하면서, 이 둘을 통합적으로 보아야만 경제의 메커니즘을 올바르게 파악할 수 있다고 주장했다. 사실 그의 주저이자 피케티가 그 제목을 흉내 내기도 한 《자본론》의 전체적인 서술 구조 자체가, 마르크스가 그러한 비판을 얼마나 중시했는가를 잘 보여준다. 왜냐하면 《자본론》은 가장 직접적인 생산에서 시작해 생산의 산물이 각 경제적 계급들에게 어떤 식으로 분배되는지, 그리고 그러한 과정에서 어떤 개념적 환상이 발생해 경제학자들의 의식을 혼미하게 하는지를 체계적으로 보이는 저작이기 때문이다.[19]

어쨌든 마르크스에게 분배 영역에서의 수익률 격차란 무엇보다 생산 영역에서 자본들의 위상을 반영한다. 즉 원리상 분배란 생산이 없으면 성립될 수 없다는 의미에서 생산이 분배에 선행하는 것이며, 자본주의 경제에서 다양한 자본 소유 계급은 직접적 생산을 중심으로 구조적으로 위계화되어 생산에 직간접적으로 참여하고, 이 위계에서 차지하는 위치가 자본 소유자들 간의 분배 투쟁을 일차적으로 규정할 것이다. 이러한 생각에 입각해 마르크스는 《자본론》 제3권의 후반부에서 산업자본과 상업자본, 이자를 낳는 자본(금융), 토지재산 등의 소유자에게 잉여가치가 어떻게 배분되는지를 보여준다. 따라서 분배상의 불평등 양상이 바뀐다면 그 일차적인 원인도 생산 과정 전체의 편성 변화에서 구하는 것이 마땅하다.

사실 이러한 생각이 그리 낯선 것은 아니다. 한동안 우리는 '제조업'의 시대에 살았다. 19세기 말 미국의 역사는 철강왕, 발명왕, 석유왕 등의 차지가 아니었는가? 반대로 요즘엔 부분적으론 세계적인 불황을 반영해선지, 순조로운 판매의 중요성이 크게 부각되었고, 그 결과 월마트와 같은 유통체인의 중요성이 그어느 때보다도 강조되고 있다. 이러한 강조점의 이동은 곧 각 분야에 속한 자본들이 거두는 수익성을 반영할 것이다. 또한 이러한 생각은 마르크스 이후 마르크스주의 학자들이 현대 경제를 분석할 때에도 흔히 받아들이곤 했다. 이를테면 프랑스 경제학자 뒤메닐(Gérard Duménil)과 레비(Dominique Lévy)는 1970

년대 말 이후 금융자본가의 이윤율이 산업자본가의 이윤율을 앞섰고, 이는 경제에서 그들 간의 위계가 역전되었기 때문이라고 논한 바 있다.[20]

마르크스 이야기가 나왔으니, 잠시 피케티의 마르크스 비판을 검토해보자. 그는 자신의 책과 인터뷰에서 자신이 마르크스주의자가 아니라고 수차례 밝힌 바 있다. 그런데 "나는 《자본론》을 읽은 적이 없다"고 당당히 밝히면서도, 정작 《21세기 자본》 곳곳에서 마르크스에 대해 혹독하게 (대부분 무지와 오해의 산물인) 비판하고 있다. 예컨대 다음과 같은 구절을 보라.

> "《자본론》 제1권에서 마르크스는 직물공장의 회계장부를 사용했는데, …… 이 장부에 따르면, 생산 과정에서 사용된 고정자본과 가변자본의 총액은 연간 생산액의 10배 이상 높은 것으로 나타난다. 이런 수준의 자본/소득 비율은 매우 놀라운 것이다. 만약 r이 5%라면 기업 생산액의 절반 이상이 이윤으로 남기 때문이다. …… 문제는 마르크스가 상당히 지엽적이고 체계적이지 못한 통계법을 적용한 것이다. 특히 그는 자신이 연구한 공장의 회계장부에서 관찰되었던 매우 높은 자본 강도가 영국 경제를 대표할 수 있는지 아니면 특정 부분에만 해당하는지 밝히려고 시도하지 않았다.[21]

주지하다시피 피케티는 전통적인 의미의 자본, 곧 생산자본 외에도 다양한 형태의 자산들을 뭉뚱그려 '자본'이라고 부른다.

어떤 이들은 이러한 분류가 잘못된 것이라고 비판하기도 했지만,[22] 피케티와 같이 사태를 분배 영역 안에서만 고찰한다면 이러한 무분별한 방식도 이해될 만하다. 그러나 분배 자체만 제대로 보기 위해서라도 생산을 고려하지 않을 수 없다면, 생산 영역에서 상이한 자본들의 구조적 차별성을 무시하는 피케티의 자본 개념은 부적절한 것이 된다. 생산 영역에서, 기계와 사람을 직접 고용해 생산을 조직하는 자본과 이들에게 돈을 빌려줘 이자를 받아먹는 자본이 어떻게 같을 수 있겠는가? 그리고 이러한 차이가 이들 간의 분배에도 영향을 미치지 않겠는가? 요컨대, 이제 다양한 자본 형태 간의 차이를 드러내놓지 않을 수 없는 것이다.

그렇다면 위 인용문에서 피케티가 마르크스에 대하여 제기하는 비판, 곧 "자신이 연구한 공장의 회계장부에서 관찰되었던 매우 높은 자본 강도가 영국 경제를 대표할 수 있는지 아니면 특정 부분에만 해당하는지 밝히려고 시도하지 않았다"는 불만은 완전히 잘못된 것이다. 왜냐하면 당연히 마르크스는 그렇게 생각하지 않았을 것이기 때문이다. 모든 형태의 자산을 '자본'이라는 이름 아래 뭉쳐놓은 피케티와 달리 그는 무엇보다 위 대목에서 '산업자본'만을 고려한 것이고, 상이한 산업자본 간의 차이, 이들 간의 융합과 분리, 새로운 산업 분야의 출현 등에 골고루 신경 쓰기 때문이다(물론 이것은 《자본론》 전체에서 그렇다는 얘기다). 또한 그는 이러한 산업자본이 홀로 기능하는 것이 아니

왜 우리는 더 불평등해지는가

라, 공장부지와 각종 설비를 임대하고 금융기관에서 자금을 조달하며 생산된 상품을 판매를 전담하는 업자들에게 넘기는 등의 방식으로 산업자본이 다른 형태의 자본들과 상호 작용해야 함을 잘 안다. 물론 이 모든 형태의 자본의 집약도나 그들이 거두는 수익률은 상이할 것이다.

"예컨대 마르크스가 《자본론》을 쓰던 19세기 중반, 빅토리아 황금기를 떠올려 보라. 한쪽엔 닥치는 대로 사람을 고용해 밤낮으로 기계를 돌려 한 해에 보통 수십, 수백 %의 이윤율을 거두는 대공업 자본이 있다. 경제성장은 주로 이러한 자본과 거기 고용된 노동자들에 의해 추동되었을 것이며, 저쪽 한끝에는 과거에 세상을 호령했던 지주들이 (일부는 그 스스로 대상인이나 대자본가가 되었겠지만) 대공업에 종속되어 잔여적으로 지대를 수취하고 있다. 물론 다양한 산업 부문 간에, 그리고 동일한 부문 내에서, '자본 간 경쟁'이 치열하게 전개되고 있었을 것이다. 단순하게 보면 이러한 동학이 자본주의적 생산과 분배, 경제성장의 내용을 이룰 터이다. 이 과정에서 (마르크스가 말한 대로) 독점화도 진행이 되겠지만 그것은 (피케티가 마르크스의 견해라고 오해하듯이) 경쟁의 배제가 아니라 심화를 의미한다. 사정이 이쯤 되면—이것은 결코 비현실적인 묘사가 아닌데—오늘날뿐 아니라 19세기조차도 '세습자본주의'라고 부르는 것이 부적절할 정도다."[23]

생산은 다른 의미에서도 중요하다. 피케티는 크게 자본 소유자와 비소유자 간의 관계를 불평등의 핵심 축으로 삼지만, 정작 이 둘이 오로지 분배 영역에서 직접 마주 서는 일은 드물다. 대다수가 노동자일 수밖에 없는 비자본 소유자가 자본 소유자들과 직접 맞닥뜨리는 곳은 다름 아닌 생산의 영역이다. 말할 것도 없이 마르크스가 지적한 대로 여기에서 둘의 관계는 각자 나름의 '정당성'을 갖는 힘들의 관계이며, 때때로 피케티가 국민소득 대비 자본소득 비율(α)—정확히 일치하는 것은 아니지만, 한국은행이 작성하는 국민계정에는 '노동소득 분배율'(총소득 중 임금소득의 비율)이라는 지표로 나타난다—이라는 거시적 총량 자료로 파악하는 양자 간 분배는, 사실상 그러한 생산 영역에서의 노자 간 투쟁의 산물이다.[24] 바로 그런 의미에서 자본의 소유자와 비소유자 간의 불평등은 노자 간 계급관계에 의해 일차적으로 규정되는 것이다. 예를 들어, 피케티는 거의 고려하지 않지만, 노자 간의 계급투쟁의 결과 상당한 임금 인상이 이루어진다면 그것만큼 자본수익률에 타격을 주는 것도 없을 것이다. 자본수익률을 저하시키는 데 있어 이것이 세제보다 효과가 적을 까닭이 무엇인가? 그런데도 피케티가 이 점을 검토하지 않는다는 것은 매우 의아스러울 뿐 아니라 유감스러운 일이다.

이렇게 생산을 배제하고서는 일반적으로 자본주의 동학을 논할 수 없고, 따라서 피케티가 관심을 쏟는 불평등도 적절히 다룰 수 없다. 결국 피케티는 하나의 '분배 이론'을 내놓고자 자신의 논의를 분배 영역에만 한정시켰으나, 바로 그 이유 때문에 그것은 적절한 분배 이론조차 되지 못하는 것이다. 그 결과 피케티는 불평등 심화라는 자본주의의 거대한 움직임을 'r>g'라는 부등식과 잘못 연관시키고 말았다. 만약 그가 자신의 논의를 생산 영역도 포괄하도록 구성했다면, 분배상의 불평등 심화도 경제의 종합적인 운동 메커니즘 속에서 좀더 복합적으로 찾았으리라.

본성상 자본주의는 세습체제인가, 능력 본위의 사회인가

아마도 《21세기 자본》이 내놓은 가장 파격적인 주장은 우리가 점차 19세기 식의 '세습자본주의'로 돌아가고 있다는 것이 아닐까 한다. 오스틴과 발자크의 소설들을 동원함으로써, 피케티는 이러한 주장에 설득력을 높이기도 했다.

그렇다면 우리는 정말로 세습사회로 회귀 중인가? 분명 세습은 오늘날, 적어도 한국의 자본주의를 특징짓는 중요한 요소다. 삼성을 위시한 대기업들을 괴롭히는 것도 바로 경영권의 세습 문제이고, 매년 입시철 직후면 우리는 어김없이 그해에 서울대 입학생의 몇 %가 강남 출신인지를 따지는 기사를 접하게 되며, 그 수치는 최근 들어 급상승 중이다. 이렇게 '개천에서 용 나던' 한국 사회는 어느새 부모의 직업에 따라, 할아버지의 재산에 따라 한 사람의 경제적 지위가 결정되는 사회가 된 듯하다.

그러나 이것은 '절반'만 진실이다. 먼저 세습이란 사유재산제도가 존속하는 한 존재할 수밖에 없는 것이므로, 그리고 경제가 발달함에 따라 세습 대상이 되는 재산의 양도 늘어날 것이므로, 오늘날 자본주의에 세습적 성격이 강화되고 있다는 것 자체는 놀랄 일이 못 된다. 피케티를 포함한 자본주의 옹호자들은 그것이 본래는 '능력 본위(meritocratic)'의 체제라고 믿고 싶어 하나, 그것은 자본주의 성립 초기에 그 옹호자들이 열정을 다해 만들어낸 '동화(fairy tale)'에 지나지 않음은 마르크스 같은 당대의 기록자나 하워드 진(Howard Zinn)과 같은 후대의 역사가가 상세히 일러주는 바다. 만약 세습이 정 문제라면 세습을 금지하면 될 일이나, 그것은 자본주의와 양립할 수 없으리라.

다른 한편, 자본주의에 세습적인 성격이 있다고 해도 그것은 하나의 경제시스템으로서의 자본주의 작동 메커니즘과 관련해서는 핵심적인 사항이 못 된다. 앞의 논의에서 보았듯 오히려 여기서는 '경쟁'이 더 중요하다. 피케티는 자신의 자료로부터 최상위 1%의 보유 자산 비중이 점점 커지는 것을 확인하고는 이로부터 곧장 '세습자본주의로의 회귀'라는 결론으로 나아가지만, 만약 이때 그 1%의 인적 구성이 끊임없이 변한다면 그것은 적어도 '세습'이라고 할 수는 없다.[25] 물론 이러한 인적 구성의 변화를 야기하는 자본주의의 메커니즘이 바로 경쟁이다. "피케티가 '세습'이라는 신기루를 본 곳에 사실은 '경쟁'이라는 실제적인 동학이 자리"하는 것이다.[26]

'세습'과 관련해 정작 중요한 문제는 다른 곳에 있다. 바로 계

왜 우리는 더 불평등해지는가

급이 세습된다는 사실이다. 위에서 개인의 운명이 결정되는 데 출신이 점점 더 중요해지고 있는 최근 우리나라의 세태를 꼬집 었는데, 어떤 면에서 이것은 우리가 '성숙한(!)' 자본주의 사회 로 진입하고 있음을 말해주는 징표이기도 하다. 왜냐하면 자본 주의란 누가 뭐래도 계급사회이고, 따라서 계급의 안정적인 재 생산이 곧 체제의 안정적인 재생산이자 성장이기 때문이다. 그 런데 여기서 주의할 것은, 자본주의엔 양대 계급인 자본가와 노 동자 외에 다양한 자본가계급이 있지만 각별히 '안정적으로 재 생산'되지 않으면 안 되는 계급이 바로 노동자계급이라는 점이 다. 그리하여 우리는 이렇게 물을 수 있다. '오늘날 (특히 한국 의) 불평등과 관련해, 대기업 총수의 지위가 세습되는 것과 비 정규직의 자식에게 비정규직이라는 지위가 세습되는 것 중에서 어느 쪽이 더 중요한가?'

　이 후자의 문제에 대해 피케티가 완전히 침묵하는 것은 아니 다. 왜냐하면 그는 20세기 중반 불평등 완화의 중요한 징표로 일부 중산층의 자본 계급화를 꼽고 있기 때문이다. 바꿔 말하 면, 결과적으로 그는 노동자계급의 계급적 세습을 넘어서는 방 안으로써 이들의 자본 계급화를 제안하고 있는 셈이다! 그러나 이러한 '자본중산층'이라는 개념이 얼마나 허구적인지는, 이 중 산층 곧 상층 노동자들이 소유한 자산의 대부분이 주택이라는 것, 이들 대부분에게 주택은 주거용 상품이지 수익 획득용 자산 이 아니라는 것(그리하여 정작 이득을 본 것은 그 상품을 판매한 자본가라는 것), 범사회적으로 조장되는 이 상품을 소유해야 한다는 욕구는 노동자들의 삶을 옥죄는 주요인이라는 것, 끝으로 경제위기 시에 그들은 이 '자산'을 시스템의 구제를 위해 내놓지 않으면 안 된다는 것(최근 '하우스푸어' 문제가 이를 말해준다) 등을 고려하면 매우 명백해보인다.[27]

이상에서 보듯, 피케티가 자본주의의 세습적 성격을 새삼 문제 삼은 것은 매우 고무적인 일이나,[28] 그 방향은 심각하게 수정되어야 할 것 같다.

정말로 강력한 세제 때문에 불평등이 줄어들었나

《21세기 자본》이 그와 유사한 다른 논의들보다 강력한 힘을 발휘하는 이유 중 하나는 그것이 방대한 자료를 토대로 역사적 분석을 시도했기 때문이다. 즉 피케티는 자신의 정책 처방이 당파적 이해관계보다는 역사적 필연성에 입각한 것이라는 인상을 줌으로써 커다란 호소력을 갖게 되었다. 그렇다면 그의 역사 분석은 '내용적으로'도 타당한가?

피케티는 '단기 20세기'(1913년–1970년대)에 불평등이 줄어들었음을 보이기 위해 자신의 자료로부터 '최상위 1%의 소득 몫 추이', '최상위 1%가 보유한 자산 몫 추이', '자본/소득 비율' 등에 관한 U자 모양의 곡선들을 이끌어낸다. 앞서 말했듯이 그는 이런 결과를 낳은 핵심 요인으로 두 차례의 세계대전과 부자에

왜 우리는 더 불평등해지는가

게 가혹하게 적용했던 고율의 세제를 꼽는다. 그 결과 자본이 거두는 세후 수익률도 크게 떨어졌다고 주장한다.

여기엔 크게 두 가지 문제점이 있다. 첫째, 이상과 같은 피케티의 주장은 이제껏 우리가 통상적으로 이해해온 20세기 역사와는 매우 다르다는 점이다. 둘째, 20세기 초를 거치면서 주요 선진국들에서 보편적인 소득세가 도입되었고 한때 몇몇 나라에서는 최고세율이 90%를 넘을 정도로 강력하기는 했지만, 이것이 불평등을 감소시키고 자본수익률을 경제성장률보다 낮은 수준으로까지(r<g) 떨어뜨렸는지는 분명치 않다. 특히 두 번째 문제와 관련해서 피케티는 명확한 근거를 내놓지도 않는다. 이것은 방대한 자료를 동원한 것으로 많은 찬사를 받고 있을 뿐 아니라 책의 〈서문〉에서 '자료 없는 토론'의 무용성을 비웃었던 그이기에 특히 놀랍다. 그는 일정한 세율(1913–2012년의 경우 매년 30%)을 가정해 자신이 추정한 자본수익률에서 뺄 뿐인데, 여기에선 자본들 간의 체계적인 수익률 격차나 과세를 피하고자 하는 자본의 다양한 노력—조세 도피처를 이용하는 것은 그중 하나일 뿐이다—은 전혀 고려되지 않는다. 이러한 사항들이 피케티가 중요하게 여기는 최상위 1%의 수익률에 긍정적인 영향을 현저하게 주었을 것인데도 말이다.[29]

다른 한편, 20세기 자본수익률의 동향과 관련해서 이제껏 마르크스주의 안팎의 많은 진보적 학자가 노동운동이나 공황의 역할을 강조해왔음을 지적하지 않을 수 없다. 특히 1920년대

와 70년대의 끔찍한 공황은 이후 경제정책의 패러다임을 새롭
게 정의할 정도로 그 여파가 컸고, 그 과정에 노동운동의 융성
과 퇴조가 결정적인 역할을 했다는 것도 공공연한 '상식'이었다.
20년대 공황 이후엔, 체제의 존립을 위협할 정도로 강력한 노동
운동을 제도권으로 끌어들여 자본과 노동이 일종의 '타협'을 도
모함으로써 성장의 과실을 양자가 평화롭게 배분하는 방향으로
하나의 '조절 양식(mode of regulation)'이 성립되었다는 것이 학
계의 '정설'로 통했다.[30] 여기서는 최소한 생산성 상승에 비례한
임금 인상이 제도적으로 보장되었고, 대기업 임원 보수는 제한
되었으며, 국가기구에 의한 경제의 조직과 운영이 매우 광범위

그림6. 생산성—임금 관계
자료 출처: Economic Policy Institute (go.epi.org/2013—productivity—wages)

왜 우리는 더 불평등해지는가

한 수준에서 이뤄졌다. 흥미롭게도 이러한 사항들은 피케티를 '스타덤'에 올려놓는 데 지대한 기여를 한 크루그먼조차도 매우 적극적으로 인정하는 사항이다.[31]

다른 한편, 1970년대의 공황 이후엔 선진국들에서 노동운동의 퇴조가 두드러졌다. 이는 곧 새롭게 수립된 '신자유주의' 체제하에서 비정규직의 증가, 자본의 세계화 심화 등을 의미했고, 자본의 수익성을 직접적으로 상승시키는—또는 수익성 저하를 상쇄하는—역할도 했다.

결국 피케티는 이상과 같은 사항들을 고려하지 않고 세제와 전쟁을 자본수익률 저하의 주원인으로 둠으로써 그간의 우리 '상식'을 완전히 뒤집는 역사 해석을 내놓은 셈이다. 그런데도 그는 자신이 그러한 '역전'을 시도하고 있음을 자각하지도 못하는 것처럼 보인다. 자신의 이론이 더 우월함을 보이려는 시도조차 하지 않으니 말이다. 말하자면 그는 이상과 같은 기존의 '상식'을 완전히 무시하는 것이다.

피케티의 이러한 태도는 그의 논의의 질은 물론 학문적 진정성(integrity)까지도 해칠 수 있는 중대한 사항이다. 좀더 실용적으로 말한다면, 20세기 역사를 어떻게 해석하느냐에 따라 향후 불평등 완화를 위해 우리가 취해야 할 노력이 어떤 성격인지도 결정되기 때문에 이것은 매우 중요하다. 아주 단적으로, 부자 증세와 임금 인상 중에서 어느 쪽이 더 중요한가? 혹자는 이것이 양자택일의 문제냐고 반문할지 모른다. 당연히 아니다! 하지만 단순히 둘 다 중요하다는 의미에서 양자택일이 아니라는 게 아니라, 둘 사이엔 일정한 '위계'가 있기 때문에 그렇다. 즉 만약 임금 인상이, 좀더 정확히는 임금 인상을 가능케 하는 강력한 노동자 세력의 뒷받침이 전후 고율의 세제가 유지될 수 있었던 배경이라면? 마찬가지로, 예컨대 이 시기 동안 선진국들에서 세입자 보호를 위한 입법적·비입법적 각종 조치—이는 자본소득의 주요한 한 형태인 주택임대료의 인상을 크게 제한했다—가 제도적으로 자리 잡은 것은, 과연 피케티가 강조한 대로 정치인들의 '합리적인 토론'의 결과였을까? 이 문제는 이 책의 6장에서 좀더 자세히 살펴볼 것이다. 지금은 그저 이상의 문제를 검토한 흔적이 《21세기 자본》에는 전혀 없다는 점을 지적하는 것만으로 족하다.[32]

1%에 집중하느라 50%를 잊게 하는 분석법의 문제

피케티는 《21세기 자본》에서 불평등이란 매우 복합적인 현상임을 강조하면서, 지니(Gini)계수, 타일(Theil)지수, 소득십분위 분배율 등 불평등을 재는 기존의 지표가 불평등을 너무 단순하게 표현하는 경향이 있고, 실제 불평등의 변화 양상을 보여주지 못한다고 비판한다.[33] 이러한 비판은 곧 자신이 내놓은 (앞의 〈표 1〉과 같은) '분포표(distribution table)'가 "부의 분배를 연구하는 데 있어 최상의 도구"[34] 라는 주장으로 이어진다. 그에 따르면

왜 우리는 더 불평등해지는가

이 표에서 가장 중요한 것은 최상위 1%의 소득 비중 동향이다.
다음과 같은 이유 때문이다.

"상위 1%는 사적 연구라는 맥락에서 특히 흥미로운 집단이다.
…… 상위 1%는 사회적 지형뿐만 아니라 정치, 경제적 질서에도
중대한 영향력을 행사할 수 있을 만큼 상당히 큰 집단이다."[35]

이러한 주장 자체를 부정할 필요는 없다. 피케티의 분포표
가 불평등의 현황을 좀더 입체적으로 표현해주는 것은 사실이
고, 덕분에 우리는 그간 짙은 베일에 가려져 있던 이 사회의 최
고 부자들의 실체에 대해 조금이나마 더 잘 알게 되었으며, 이
런 노력은 계속되어야 한다. 그러나 과유불급. 실제로 피케티와
그 동료들이 최근에 보여주는 연구 경향은 다소간 의도하지 않
는 결과를 낳고 말았다. 최상위 계층의 소득 양상에 대한 병적
인 집착이 그것이다. 이제 연구자들은 1%로 모자라 0.1%, 0.01%
등으로 점점 범위를 좁혀 들어간다. 그럴수록 불평등의 양상은
더욱 극적으로 변한다. 이를 적절히 표현하기 위해 각종 자극적
인 표현이 동원된다. 하지만 오늘날 불평등의 현실을 밝히는 데
있어, 전 세계 몇백 위권에 드는 최고 부자들이 얼마짜리 요트
를 소유하는지, 그것을 관리하는 데 한 해에 얼마가 드는지 등
은 그다지 중요한 질문이 아니다.
피케티와 그 동료들이 불평등 논의가 자극적이고 선정적으

로 흐르게 하는 데만 기여한 게 아니다. 최상위 계층에 대한 관심 집중은 곧 불평등의 다른 측면들에 대한 관심이 엷어짐을 의미한다. 이를테면 줄잡아 올해 5월부터 《21세기 자본》의 흥행에 힘입어 나왔던 국내외 각종 매체의 칼럼이나 기획기사에서 피케티의 표에 나오는 하위 50%의 처지를 고발하는 예가 거의 없었다는 점은 무엇을 말해주는가? 실제로 최근에 피케티의 방법으로 우리나라의 소득불평등을 측정한 김낙년 교수의 연구는 우리나라 상위 10%의 소득 비중이 45%에 육박해 미국에 이어 세계 최고 수준임을 밝힌 바 있는데, 김 교수조차도 나머지 90%의 처지가 어떤지에 대해서는 전혀 언급이 없다. 실제로 한 추정에 따르면 우리나라 하위 50%의 소득 비중은 불평등이 가장 심각하다는 미국의 그것(20%)보다 훨씬 낮아 가히 세계 최저 수준인데도 말이다.[36]

이상의 문제는 이론적, 논리적 필연성에 의한 것이라기보다는 실천적인 문제다. 따라서 연구자들이 의기투합해 좀더 윤리적인 방향으로 연구를 해나가면 될 일이다. 그러나 각 소득분위의 집단이 가져가는 소득 비중, 특히 최상위 1%의 소득 비중을 중시하는 피케티의 방식에는 중요한 논리적 결함도 분명 있다. 최상위 1%의 소득이 줄기만 해도 전체적인 불평등이 줄어든다는 환상이 생기기 때문이다. 이 경우 전체 소득액이 줄어 최상위 1%를 제외한 모든 소득분위가 차지하는 비중이 제각각 커질 것이기 때문이다. 사실은 바로 이것이, 단순히 최상위 1%에 징

왜 우리는 더 불평등해지는가

벌 수준의 과세만 해도 불평등이 줄어든다는 주장이 성립할 수 있는 기본적인 근거다. 이 경우, "상위 1%의 소득이 줄어들 뿐 아니라 그렇게 줄어든 소득이 못 사는 사람들에게 가야지 진정으로 불평등이 줄어든 것이다"고 반박해야 마땅하지 않은가?

이와 관련해 두 가지—하나는 소극적인 비판, 다른 하나는 적극적인 비판—만 지적하자. 첫째, 피케티는 세금을 걷는 데만 신경을 쓰지 그것을 어떻게 써야 하는가에 대해서는 거의 침묵한다. 그러나 20세기 역사를 돌이켜보면, 세금은 걷는 것보다 쓰는 것이 더 중요했다. 세입 측면만 놓고 본다면, 피케티가 찬양하는 대로 꽤 오랜 기간 90% 이상의 '몰수' 수준의 최고소득세율을 유지했던 20세기 미국은 세계 최고의 복지국가가 되어 있어야 마땅하지 않은가? 아닌 게 아니라 복지국가—피케티는 이를 '사회적 국가(social state)'라고 부른다—란 국가가 돈을 어떻게 쓸 것인가에 대한 대답이었다. 미국은 세금을 불필요한 군비 경쟁 등에 낭비했다. 피케티가 이런 문제를 전혀 건드리지 않는 것은 아니지만, 그는 불평등을 다루는 700여 쪽에 달하는 책에서 최상위 부자들에 대한 과세에만 지나치게 집중한 나머지 정작 불평등 해소에 가장 효과적인 사항을 너무 소홀하게 다뤘다.

둘째, 최상위 1%의 소득이 최하위 50%에게로 가는 가장 직접적인 방식이 바로 임금 인상이다. 이를테면 측정 방식에 따라 최대 800만 명이 넘는 오늘날 대한민국의 비정규직을 전면적으로 정규직으로 전환한다면, 피케티가 생각하는 바람직한 결과

가 곧장 실현될 것이다. 하지만 그는 적어도 《21세기 자본》에서
는 이러한 가능성을 전혀 검토하고 있지 않다.

99%를 위한 경제학인가, 9%를 위한 경제학인가

어찌됐든 피케티가 최상위 1%를 공격하는 것은 사실이다. 최
상위 1%는 실제 자신들이 노동한 것과 아무 실질적인 연관성
이 없는 고액 연봉을 받거나 부모에게서 물려받은 재산을 통해
아무런 노력도 들이지 않고 부를 쌓는다. 이들에게 고율의 세금
을 매겨 이러한 불로소득을 사회적으로 거둬들이자는 것이 피
케티의 기본 발상이다. 의심할 여지없이 이것은, 실현된다면 그
자체로 사회의 공공선 증진에 기여할 것이다. 그러나 이 대목에
서 1%에 대한 공격이 곧장 99%의 옹호는 아님을 상기할 필요
가 있다. 그것은 사실상 1%를 곧장 잇는 9%나 19%만을 옹호하
는 것일 수도 있다.

기본적으로 피케티가 모든 형태의 불평등에 반대하는 것은
아니다. 그는 능력에 기반을 둔 불평등은 받아들일 준비가 돼
있다. 표면적으로 그는 예컨대 똑같은 경제적 배경에서 출발했
으나 지방 소도시 상업고등학교를 졸업하고 공장에서 일하는
유미와 서울의 명문대에 진학해 대기업에 들어간 용철이 간의
불평등에 대해선, 적어도 둘의 차이가 학업 능력의 격차에서 비

왜 우리는 더 불평등해지는가

롯된 한에서는 별 관심이 없다. 문제는 용철이보다 '수준'이 다소 낮은 대학을 나왔으나 용철이가 다니는 회사의 창업주 손자라는 이유로 승승장구하는 재용이와 용철이 간의 관계다. 피케티가 격분하는 것도 이 대목이다. 재용이에게 높은 세금을 매겨야 한다고 그는 주장한다. 이러한 과세는 분명 재용이와 용철이 간의 관계를 다소간 바로잡아 줄 것이다. 그러나 그것이 유미에게 어떻게 이득이 되는지는, 적어도 피케티의 논의 그 자체 속에서는 불분명하다. 이 사회의 맨 밑바닥 50%의 일원인 유미가 우리 사회에서 별로 중요하지 않아서일까?

이러한 사고는, 피케티가 의거하고 있는 계급적 기반이 무엇인지를 잘 드러내 준다. 물론 여기서 '피케티'란 불평등을 바라보는 최근의 지배적인 경향을 통칭하는 표현으로, 여기엔 앞서 그와 구별했던 '보통의 불평등 논자들'도 포함된다. 곧 이들은 불평등을 중간계급적 입장에서, 그러니까 최상위 1%를 제외한 9% 또는 19%의 입장에서 바라본다는 것이다(물론 이 숫자들은 그저 하나의 예일 뿐이다). 바로 그렇기 때문에, 이들은 불평등을 문제 삼기 위하여 최상위 1%의 탐욕을 비난하고 그들의 차별화된 생활양식을 고발할 수밖에 없는 것이다. 또한 바로 그렇기 때문에, 자신들보다 못한 이들을 불평등 논의에 끌어들이거나—1% 공격을 위한 '전위부대'로 활용하기 위한 게 아니라면—그들의 어려운 처지에 주의를 기울일 필요가 없는 것이다.

다른 얘기를 해보자. 피케티 스스로도 인정하듯 그의 논의는 지난 2008년 위기 이후 '우리는 99%다', '(월가를) 점령하라'고 외쳤던 보통 사람들에게 이론적, 실증적 근거를 제공해줬다고 한다. 정말 그러한가? 당시 '99%'가 '1%'에게 위기에 대한 책임을 물었던 것은 대략 다음과 같은 이유에서였다.

"자본주의는 이제 더는 작동하지 않는다. 자본주의는 끝났다. 우리를 이러한 위기에 몰아넣은 주범은 저 '1%'들이다. 그들을 몰아내자. 그들에게 이 위기에 대한 책임을 묻고, 그들로 하여금 이 위기에 따른 비용을 내게 하자. 이 시스템을 끝장내야 하고, 그들은 이 시스템의 재구축과 관리·운영에 다시는 관여해선 안 된다!"

피케티는 이러한 문제 제기에 어떠한 입장을 가지고 있는가? 스스로 종종 밝혔듯 '베를린장벽 붕괴' 이후 세대인 피케티는 자본주의에 대한 그 어떤 급진적 대안에 대한 논의에도 회의적인 것 같다. 기본적으로 그는 자본주의의 긍정성을 인정한다. 그가 불평등을 문제 삼는 것도 그것이 현재와 같은 추세로 간다면 체제의 안정을 해칠 수 있기 때문이다. 위 예의 유미가 계속해서 '바닥 50%'에 속해 있는 것—노동자계급의 '안정적' 재생산—이, 피케티가 말하는 '체제의 안정'에 포함되는지는 불분명하다. 분명한 것은, 그는 여기에 관심이 없다는 것이다. 다만 그는 상위 1%의 소득이 줄면 유미가 포함된 집단에 가는 소득 몫이 커지리라는 순진무구한 낙관을 가지고 있을 뿐이다.

이렇게 맥락과 내용을 두루 살펴보면, 피케티는 '점령하라'와는 별 상관이 없어 보인다. 그는 대안을 논하는 《21세기 자본》의 제4부에서 자신의 세제 개혁 제안이 단순히 정부의 세수를 늘리기 위한 것은 아니며, 세제 개혁을 통해 금융자본주의에 대한 좀더 민주적인 통제가 가능하리라고 전망한다. 좋은 말이지만, 그는 현재 위기의 주범을 어떻게 처리해야 하는지에 대해서는 침묵한다. 어쨌든 최상위 1%가 모든 죄를 뒤집어쓴 채 일정한 비용 분담을 하고 뒤로 슬쩍 물러나 있는 사이에 그 뒤에 있는 '용철이들'이 득세하는 모습을 떠올려볼 수 있겠다. 그런 의미에서 피케티의 불평등론을, '9%를 위한 불평등론'이라고 불러도 되지 않을까? 하위 50%에 대한 적극적인 문제 제기가 없는 그의 불평등론은 '차 떼고 포 뗀 불평등론'이라고 하는 게 마땅하지 않을까?

피케티를 급진화해야 피케티가 산다

이제 우리는 다음과 같이 결론지을 수밖에 없다. r>g라는 부등식을 중심으로 한 피케티의 자본주의 및 그 안에서의 불평등 동학에 대한 분석은 엉성하고, 불평등 심화에 대한 자본 과세라는 그의 처방은 핵심을 비껴갔다고 말이다. 21세기의 두 번째 10년의 절반을 보내고 있는 지금, 불평등 심화의 가장 핵심적인 원인은 인구의 대다수를 차지할 뿐만 아니라 경제의 심장이자 근육이자 세포인 노동자계급의 처지가 더없이 초라해졌다는 데 있다. 이를 부정하거나 부차적인 것으로 두는 불평등 논의는 모두 틀렸다.

피케티는 합리적인 토론을 강조한다. 현재 우리가 처한 현실에 대한 정확한 정보 없이는 합리적인 토론이 불가능하다고 한다. 그는 이러한 자료가 사람들에게, 특히 정치인들과 그들에게 조언하는 학자들에게 온전히 이해되기만 한다면 민주적이고 합리적인 토론을 통해 바람직한 정책 결정에 이를 것이라고 낙관한다. 그가 각고의 노력을 들여 자료를 수집한 것도 그래서다.

하지만 자료는 없는 게 아니다. 우리는 노동자계급의 힘이 약화된 데 불평등 심화의 핵심 원인이 있다는 것을 보여주는 다양한 자료를 가지고 있다. 각종 경제지표들은 물론이고, 피케티가 중요하게 여기는 소설, 영화, 연극, 그림 등 다양한 예술작품도 넘쳐난다. 일부 대기업의 잘못된 노동 관행이 특정한 직업병을 일으킨다는 증거가 없어서 그들이 자신의 잘못을 부인하는 게 아니다. 법원이 그러한 증거를 인정해도 그들이 요지부동인 것은 과연 무엇 때문일까?

결국 합리적 토론조차도 이 사회에서 진정으로 억압받는 사람들의 역량이 일정하게 형성되어 있는 조건 위에서만 가능한 것이다. 그러나 불행히도 현재 대한민국을 포함한 많은 선진국에서 노동자계급 등 피착취계급들의 세력이 극도로 약화되어 있는 실정이다. 사실은 바로 이것이 우리가 불평등에 새삼 주의를 기울여야 하는 중요한 이유다. 불평등, 곧 경제적·사회정치적 양극화 심화가, 진정으로 이 체제의 물질적 재생산을 책임지는 피착취계급들의 역량이 급속히 약화된 중요한 원인이기 때문이다. 피케티로서는 더없는 선의를 가지고 제안했을 그의 정책적 '묘약'은 이러한 사정에 대한 고려를 적극 수용하여 다시금 제조되어야 한다. 반대로 피케티의 정책 처방이 단순히 위기에 빠진 자본주의 체제에 숨을 불어넣어주기 위한 목적으로만 실행된다면, 그의 선량한 의도마저도 결국엔 퇴색되고 말 것이다. 그런 의미에서 피케티를 급진화하는 것이 피케티를 살리고 이 체제를 좀더 인간다운 모습으로 가꿔가는 유일한 길이다.

각주

1. Thomas Piketty, *Capital in the Twenty-First Century* (Cambridge Massachusetts: Belknap Press, 2014), 249.

2. 앞의 책, p. 300.

3. 앞의 책, p. 571.

4. 앞의 책, p. 354.

5. 앞의 책, p. 356.

6. 앞의 책, p. 16.

7. 앞의 책.

8. 앞의 책, pp. 31-32.

9. 앞의 책, p. 32.

10. 앞의 책, pp. 573-574

11. 앞의 책, p. 575.

12. PAE에 대해서는 박만섭,《신고전파에 대한 12대안》, 박만섭 외 12인 지음 (서울: 이투신서, 2005)를, IIPPE에 대해서는 김공회, 〈정치경제학 진흥을 위한 국제 발의(IIPPE): 경제학을 넘어 사회과학의 재편으로〉,《사회경제평론》제34호 (2010), 245-275쪽 참조.

13. 현재로서는 이러한 차이가 거의 주목을 끌지 못하고 있고, 논의 당사자들도 이를 명확히 드러내 놓지 않고 있다. 또한 실천적 차원에서 양자는 화해할 가능성이 큰 것도 사실이고, 실제로 현재 그렇게 진행되고 있다. 그러나 엄밀히 말하면, 이는 스티글리츠 부류의 불평등 논자들과 피케티의 인식이 근본적으로 다른 것이어서 향후 불평등 문제를 둘러싸고 논란이 생길 가능성은 얼마든지 있다.

14. Piketty, pp. 423-424.

15. 피케티는 홉스적 세계관, 다른 경제학자들은 루소적 세계관이라고 할 수 있다.

왜 우리는 더 불평등해지는가

16. Piketty, p. 24.

17. 앞의 책, p. 26.

18. 앞의 책, p. 203.

19. 앞에서 분배 문제를 경제학의 핵심 이슈로 복원한 것을 피케티의 중요한 의의라고 했다. 그런데 그는 자본가와 비자본가 간의 분배를 주로 다루는 데 반해, 그가 닮고자 하는 고전파경제학자들에게 분배란 언제나 계급 간 분배, 곧 당시 '3대 계급'이었던 자본가, 노동자, 지주 간의 분배였다. 그리고 이 계급들은 분배 영역에서는 물론 생산 영역에서도 체계적으로 상호 작용하므로(자본가가 지주로부터 토지를 빌리고 노동자를 고용해 생산을 한 다음, 그 산물이 각 계급들에게 분배된다는 식으로), 고전파의 분배론은 언제나 생산론과의 연관 속에서 제시되었다. 물론 이 연관을 이론화하는 방식이 마르크스에게는 늘 불만스러웠던 것인데, 피케티는 그런 연관 자체를 무시한다.

20. 제라르 뒤메닐·도미니크 레비, 『자본의 반격 : 신자유주의 혁명의 기원』, 이강국·장시복 옮김 (서울: 필맥, 2006).

21. Piketty, p. 209.

22. David Harvey, "Afterthoughts on Piketty's Capital," (2014). (웹 자료: http://davidharvey.org/2014/05/afterthoughts-pikettys-capital/ 2014년 6월 9일 접근)

23. 김공회, 〈토마 피케티의 『21세기 자본』의 이론적 의의와 한국에의 시사점〉, 《사회경제평론》 제44호 (2014), 242쪽.

24. 그런데 피케티는 이러한 생산 영역에서의 관계를 반영하는 자본-노동 간 분배보다는 자본/소득 비율이나 그가 스스로 정의한 α값 등을 보는 것이 오늘날엔 더 적절하다고 주장한다. 그 결과 생산 영역으로부터 한 걸음 더 멀어지고 말았다(Piketty, p. 57).

25. 피케티가 인용하기도 하는, 해마다 발표되는 각종 부자 순위표에 올라

있는 사람들의 명단이 매년 바뀌는 것이 그 좋은 예다. 자세한 토론은 김공회, 2014, 238-240쪽 참조.

26. 김공회, 2014, 244쪽.

27. 김공회, 〈경제위기와 복지국가〉, 《정치경제학의 대답: 세계대공황과 자본주의의 미래》, 김수행·장시복 외 지음 (서울: 사회평론, 2012), 460-462쪽.

28. 통상의 불평등론자들은 '세습'이라는 강한 표현 대신 '과두제(oligarchy)'라는 다소 순화된 표현을 선호하는 편이다.

29. 그밖에도 피케티는 실제로 관찰되는 자본수익률과 구별되는 '순수' 수익률(pure return to capital)이라는 개념을 내세워 인위적으로 자본수익률을 낮추기도 했다(제6장). 흔히 자본수익률 계산에서는 해당 자본을 운용하는 데 드는 제반 비용들이 공제된다. 그러나 자본 소유자들이 기울이는 다양한 암묵적 비용은 고려 대상이 아닌데, 이를테면 자산운용사에 지급하는 수수료는 비용으로써 빠지지만 A와 B 두 자산운용사 중에서 어느 쪽이 나을지 따질 때 드는 비용은 고려되지 않는다. 피케티는 이 후자의 비용이 총수익률의 약 1-2%를 낮추는 효과가 있다면서, 이를 고려해 순수수익률을 구하고, 이를 이후 논의의 기준으로 삼는다.

30. 일부 급진적인 학자들은 그러한 '타협'에 포섭되지 못한 다양한 정체성의 존재들(외국인, 유색인종, 여성 등)이 전체 대세에 상당한 영향을 미쳤음도 강조했다. 이를 강조한 국내의 대표적인 연구로는 박승호, 《좌파 현대자본주의론의 비판적 재구성》(서울: 한울, 2004) 참조.

31. 폴 크루그먼·로빈 웰스, 《크루그먼의 경제학입문》, 김재영·박대근·전병헌 옮김 (서울: 시그마프레스, 2008).

32. 자세히 살펴보면 피케티가 노동운동의 의의 등을 전혀 고려하지 않은 것은 아니다. 그는 오늘날 불평등의 요모조모를 따져보는 제3부에서 선진국들에서 불평등이 현재의 모습을 띠게 된 경위를 살피면서 거기 영향을

미친 다양한 요인을 열거한다. 그런데 불평등에 대한 처방을 다루는 제4부에서는 별다른 설명 없이 (전쟁과) 세제의 역할을 부각시키면서, 제3부에서의 설명을 스스로 뒤집는다. 즉 제4부에 이르러 20세기의 불평등 양상은 (제3부에서와는 달리) 세제의 함수로 단순화되는 것이다. 이것은 매우 심각한 방법론적 오류다.

33. Piketty, pp. 266–267; p. 286; 12장 각주 12번 참조

34. 앞의 책, p. 269.

35. 앞의 책, pp. 253–254.

36. 김공회, 〈피께띠(Piketty)와 한국경제: '불평등'의 본질은 '계급문제'〉 (2014). (웹 자료: http://socialandmaterial.net/?p=8303. 접근: 2014. 9. 2.)

참고문헌

김공회. 〈정치경제학 진흥을 위한 국제 발의(IIPPE): 경제학을 넘어 사회과학의 재편으로〉.《사회경제평론》. 제34호 (2010), 245–275쪽.

_____. 〈경제위기와 복지국가〉.《정치경제학의 대답: 세계대공황과 자본주의의 미래》. 김수행·장시복 외 지음. 서울: 사회평론, 2012, 439–462쪽.

_____. 〈토마 피케티의 『21세기 자본』의 이론적 의의와 한국에의 시사점〉.《사회경제평론》. 제44호 (2014), 235–249쪽.

_____. 〈피께띠(Piketty)와 한국경제: '불평등'의 본질은 '계급문제'〉 (2014). (웹 자료: http://socialandmaterial.net/?p=8303. 접근: 2014. 9. 2.)

박만섭.《신고전파에 대한 12대안》. 박만섭 외 12인 지음. 서울: 이투신서, 2005.

박승호.《좌파 현대자본주의론의 비판적 재구성》. 서울: 한울, 2004.

제라르 뒤메닐·도미니크 레비.『자본의 반격 : 신자유주의 혁명의 기원』. 이강국·장시복 옮김. 서울: 필맥, 2006.

폴 크루그먼·로빈 웰스.《크루그먼의 경제학입문》. 김재영·박대근·전병헌 옮김 (서울: 시그마프레스, 2008).

Harvey, David. "Afterthoughts on Piketty's Capital." (2014). (웹 자료: http://davidharvey.org/2014/05/afterthoughts-pikettys-capital/ 2014년 6월 9일 접근)

Krugman, Paul, "Why We're in a New Gilded Age." (2014). (웹 자료: http://www.nybooks.com/articles/archives/2014/may/08/thomas-piketty-new-gilded-age/. 2014년 7월 4일 접근)

Piketty, Thomas. *Capital in the Twenty-First Century*. Cambridge Massachusetts: Belknap Press, 2014.

왜 우리는 더 불평등해지는가

2장

불평등인가,
착취인가

최철웅

최철웅

중앙대 문화연구학과 박사 과정을 수료했고, 가톨릭대에 출강하고 있다. 계간 《문화/과학》 편집위원이며, 인문학 플랫폼 '자유인문캠프'를 기획하고 있다. 《감시사회》를 함께 썼다.

인류는 그가 해결할 수 있는 과업만을 제기한다.
자세히 관찰해보면 과업 자체가,
그 해결의 물적 제 조건이 이미 주어져 있거나
또는 적어도 생성 과정에 처해 있는 곳에서만 출현하기 때문이다.
― 마르크스

한동안 경제학자들의 눈길을 떠난 주제였던 '경제적 불평등'은 2007년 미국에서 시작돼 이내 유럽을 강타한 금융위기의 여파로 새삼 이슈로 떠올랐다. 빚더미와 실업에 내몰린 대중이 제국의 수도에서 '1%에 대항하는 99%의 반란'을 외치기 시작했고, 경제적 불평등을 비롯해 노동, 건강, 성별, 세대를 둘러싼 다양한 사회적 불평등의 현실을 고발하는 목소리들이 끊이지 않고 있다. 그 중심엔 소득불평등을 넘어 부동산과 금융자산을 포함한 자산불평등의 심화가 불평등의 핵심 기제라는 인식이 확고히 자리 잡고 있다. 2000년대 들어 임금소득자의 실질임금은 거의 정체되었으나 부동산과 주식 등 자산 가격은 오히려 폭등했다. 이로 인해 임금의 차이보다 자산의 소유 여부에서 비롯되는 상대적 박탈감이 더욱 커졌다. 금융위기로 자산 가격의 거품이 꺼지는 와중에도 그 피해는 상층부가 아닌 하층부에 집중되었다. 위기 속에서도 고액의 투자가와 자산가들은 국가의 도움에 힘입어 자신들의 재산을 훨씬 효과적으로 지켜내곤 했다.

2007년 금융위기는 경제적 불평등이 사회 불안의 요소가 되는 것을 넘어, 자본주의의 안정적인 재생산을 위협할 수도 있다는 경각심을 불러일으켰다. 중산층을 비롯한 서민들의 소득 정체가 소비시장의 위축과 경기 침체로 이어지면, 정부는 소비 금융 확대와 저금리 정책과 같은 인위적인 경기 부양을 실시하곤 한다. 이 같은 정책은 자산시장의 거품과 가계부채의 팽창을 불러오고, 서브프라임 모기지 사태에서 보듯 거품이 꺼지는 과정에서 연쇄적인 금융위기로 폭발하게 된다. 이러한 문제의식으로 스티글리츠는《불평등의 대가》에서 불로소득자의 지대 추구 행위에 대한 제재와 불평등의 시정을 강하게 요구했던 것이다.[1] 다시 말해, 불평등은 이제 빈곤층에 대한 구호의 차원을 넘어 어느덧 자본주의의 근본 모순으로 간주되기에 이르렀으며, 인류가 풀어야 할 시급한 난제로 부상했다.

왜 우리는 더 불평등해지는가

불평등의 귀환?

《21세기 자본》을 내놓으면서 학계를 비롯해 출판계에 돌풍을 일으킨 토마 피케티는 이러한 시대적 '과업'의 적법하고도 온전한 계승자로서 왕좌를 차지한 듯 보인다. 영어판은 출간과 동시에 아마존에서 베스트셀러 1위를 차지했고,《뉴욕 타임스》는 피케티의 저작을 스미스의《국부론》, 맬서스의《인구론》, 밀의《정치경제학 원리》, 마르크스의《자본론》, 케인스의《고용, 이자 및 화폐에 관한 일반 이론》과 함께 배치하면서 긴 기사를 싣기도 했다. 경제학자들의 호평도 이어졌는데, 불평등 문제에 관한 전문가인 브랑코 밀라노비치(Branko Milanović)는 "경제 사상에서 분수령을 이루는 저작 중 하나(one of the watershed books in economic thinking)"[2]라고 치켜세웠고, 미국의 저명한 케인스주의 경제학자인 폴 크루그먼도 "진정 최고의(truly superb)"[3] 책이라며 극찬했다.

20세기 후반, 특히 1980년대 이후 금융세계화와 신자유주의적 전환 이후로 영국과 미국, 서유럽을 중심으로 부와 소득의 집중 및 양극화가 심해졌다는 지적은 사실 그리 새로운 것은 아니다. 미국에서는 상위층의 소득 집중도가 1920년대 말부터 현저하게 감소해 1960년대 안정되었다가, 1970년대 말엽에 증가세로 돌아섰다. 크루그먼은 이미 1992년 초《뉴욕 타임스》에 이런 역전 현상이 나타났다는 사실을 발표하며 논쟁을 일으켰다.[4] 그 외에도 전 세계적으로 소득과 부의 불평등이 심화되고 있다는 사실에 관한 한 많은 보고서가 제출되었다. 그렇다면 다른 이들과 달리 피케티는 어떤 지점에서 사람들의 주목을 끄는 데 성공한 것일까?

먼저 그와 그의 동료들이 시공간적으로 광범위한 데이터를 수집해 자본주의의 장기적인 역사적 추이를 설명했으며, 가계 조사 기법 대신 소득세 납부 자료를 분석함으로써 최근 이슈가 되고 있는 상위 1%의 소득과 부의 집중도를 추적했다는 점을 들 수 있을 것이다. 둘째, 시장이 자연적으로 균형을 찾아간다는 주류경제학의 신화나 규제 철폐와 같은 정부 정책의 실패를 강조하는 데 그치지 않고 자본주의 동학(動學) 자체에서 불평등 심화의 원인을 찾았다는 점이다.[5] 특히 피케티가 신고전파 경제학의 개념적 틀을 고수하면서도 시장자본주의에 대해 상이한 해석을 내놓았기 때문에, 보수파는 이데올로기적 반격 이상의 합리적 반론을 제출해야만 했다. 마지막으로, 불평등 해소를 위해 피케티가 제안한 고율의 누진적 소득세와 세계적 차원에서의 자본세가 극히 정치적인 쟁점을 형성했다는 점을 들 수 있다. 피케티는 비록 마르크스주의와는 선을 긋지만 부를 재분배하는 '사회적 국가'라는 이상을 소환하며, 이는 오늘날 지배적인 신자유주의적 합리성의 지지자들에게는 결코 용납할 수 없는 발상이다.

불평등이 날로 심화되는 현실에도 불구하고 주류경제학자들

왜 우리는 더 불평등해지는가

은 시장에 대한 맹목적 믿음과 경제성장이 불평등을 완화시킨다는 낡은 주장만을 반복해왔다. 후자를 지지한 근거가 쿠즈네츠의 '역U자 가설'이다. 경제성장 초기에는 불평등이 심화되는 양상을 보이지만 성장이 어느 단계에 이르면 불평등이 감소한다는 것이다. 그러나 피케티에 따르면 19세기 말 극도로 심화되었던 서구 국가들의 불평등은 1914–1950년 동안에 감소했다가 1980년대 이후 다시 증가하는 'U자형'을 그리고 있다. 피케티는 1914년에서 1950년 사이에 불평등이 감소한 것은 전쟁(물리적 자본의 파괴와 자본가의 소득 감소)과 소득 및 상속재산에 대한 고율의 누진세 등 정부 정책 덕분이었다고 본다. 즉, 소위 '자본주의 황금기'에 빈부 격차가 크게 줄어든 것은 예외적인 사례였으며, 자본주의는 속성상 불평등을 심화시키고 부의 세습에 기초한 특권계급의 지배를 영속화하는 '세습자본주의'로 나아간다는 것이다. 피케티는 '세습자본주의'의 경향을 제어하려면 정부가 개입해 세계적인 차원에서 자본세를 도입해야 한다고 제안한다.

피케티의 진단은 오늘날 자본주의 사회를 바라보는 우리의 경험이나 직관과도 크게 벗어나지 않는 듯하다. 노동소득보다 물려받은 재산이나 자산의 소유가 더 많은 부를 가져다준다는 걸 알아 다들 건물주가 되는 것을 꿈꾸는 시대 아닌가. 그러나 피케티가 불평등의 역사적 추이에 대한 실증을 넘어 자본주의의 기본법칙을 제시하고, 불평등의 결정 요인 및 해결책을 제안하는 데에서 우리는 근본적인 난점들과 마주하게 된다. 피케티에게 불평등의 동학은 자본 축적의 기본법칙에서 비롯된다. 이는 자본 축적의 동학과 모순에서 불평등의 뿌리를 찾고, 계급지배와 착취의 현실을 고발한 마르크스의 분석과 언뜻 궤를 같이하는 듯 보인다. 그러나 신고전파경제학의 개념적 전제들을 고수하고 분배 영역에 시야를 국한함으로써, 피케티는 자본주의 체제에 대한 근본적인 비판으로 나아가는 대신 그리 위협적이지 않은 공상적인 처방을 제시하는 데 그치고 만다. 여기서는 마르크스를 통해 피케티의 한계를 살펴보면서, 더불어 그를 더욱 급진화할 수 있는 가능성을 모색해보고자 한다.

피케티의 자본주의 분석? '세습자본주의'의 도래

피케티가 제시한 자본주의의 첫 번째 기본법칙은 $\alpha = r \times \beta$이다(α는 국민소득 중 자본소득의 비율, r은 자본수익률, β는 자본/소득 비율을 뜻함). 국민소득 중 자본소득이 차지하는 비율은 자본수익률과 자본/소득 비율(국민소득 대비 자본총량이 몇 배 수준인지를 나타내는 값)을 곱한 값과 같다는 것이다. 이 공식은 순수한 회계적 항등식으로 정의상 언제나 성립한다. 두 번째 법칙은 $\beta = s/g$(s는 저축률, g는 경제성장률을 뜻함)로, 저축률이 높고 성장률이 낮을수록 자본/소득 비율은 높다는 법칙이다. 이는 저축률이 일정하다는 가정하에 성장률이 낮아지면, 국민소득 대비 자본의 비율이 매우 높아질 수 있음을 뜻한다.

피케티에 따르면 1700년대 이후 꾸준히 증가하던 자본총량의 비율은 1914 – 1950년 사이 두 차례 세계대전으로 인해 급락했다. 전쟁으로 인한 물리적 파괴에 더해 해외자산 가치의 급락, 매우 낮은 저축률, 소유권 변화와 규제 등으로 인해 떨어진 자산 가격 때문이었다. 이 기간 동안 자본/소득 비율의 급락은 "유럽 자본가들에게는 안락사나 다름없었다."[6] 그러나 1980년대 이후 '자본의 귀환'이 시작되어 오늘날 세계의 자본/소득 비율은 1차대전 직전과 비슷한 수치로 회복됐다. 특히 민영화와, 주식과 부동산 등 자산 가격의 상승에 힘입어 민간 부문의 자본이 공공 부문에 비해 크게 증대되었다.

이제 자본/소득 비율이 자본소득과 노동소득의 분배에 미치는 영향을 살펴보자. 위의 두 법칙을 결합하면 $\alpha = s \times r/g$ 로 표현되는데, 저축률 s가 일정하다는 전제하에 자본수익률 r과 경제성장률 g의 차이에 따라 국민소득 중 자본소득이 차지하는 비율 α가 늘어난다는 것을 알 수 있다. 예컨대 r>g, 즉 자본수익률이 경제성장률보다 더 높다면 자본소득의 비중이 높아져 소득 분배는 더욱 불평등해질 것이다. 피케티는 역사적으로 자본수익률 r이 일정한 수준을 유지했다고 추정한다. 18세기와 19세기에는 4–5%에서 오늘날에는 3–4%로 아주 장기간에 걸쳐 안정적이었다는 것이다.[7] 반면 고대로부터 오늘날에 이르기까지 경제성장률은 그리 높지 않았다. 고대에서 17세기까지 연간 성장률은 오랫동안 0.1-0.2%를 넘지 않았으며, 20세기 후반 들어서야 연간 3.5-4%의 성장률을 보였다. 따라서 "오랜 기간 동안에 r이 g보다 실제로 더 높았다는 것은 반박의 여지가 없는 역사적 사실"[8]이라는 것이 피케티의 논지다.

역사적으로 이 관계가 역전된 것은 1910년에서 1945년에 이르는 두 차례의 세계대전 기간이다. 그러나 1980년대 이후 자본이 회복세를 보이면서 이러한 추세는 역전되어, 21세기에는 19세기 말의 상태로 완전히 회복되기에 이르렀다. 21세기의 나머지 기간 동안 이 추세가 어떻게 변화할지 분명한 것은 없지만, 선진국에서 인구 성장이 둔화하고 있다는 사실을 감안할 때 19세기 수준까지는 아니더라도 상당한 정도의 불평등 수준이 지속되리라는 것이 피케티의 전망이다.

피케티가 보기에 불평등이 심화되는 핵심 요인은 '자본'에 있다. 서구 사회처럼 성숙기에 이르러 느리게 성장하는 사회에서는 과거의 부가 큰 중요성을 갖게 된다. 새로운 저축을 조금만 투입해도 새로운 부의 총량을 꾸준히, 크게 늘릴 수 있기 때문이다. 다시 말해, "자본수익률이 경제성장률을 크게 웃돌 때는, 논리적으로 상속재산이 생산이나 소득보다 더 빠르게 늘어난다고 할 수 있다."[9] 게다가 노동소득과 달리 자본소득은 부유한 소수의 손에 집중되기 때문에 국민소득 중 자본의 몫이 늘어날수록 분배 상태는 더욱 불평등해진다. 그리하여 피케티는 21세

왜 우리는 더 불평등해지는가

기의 자본주의가 소수의 부유층에 부가 집중되고, 그것이 대를 이어 전해지는 19세기식 '세습자본주의'로 회귀하고 있다고 경고한다. 따라서 세습자본주의의 경향을 막으려면 20세기 초 전쟁기와 같이 고율의 누진세를 도입해야 한다. 이는 r의 비중을 줄임으로써 r과 g의 격차를 줄이게 될 것이다.

피케티는 자본의 끊임없는 축적과 그로 인한 불평등의 심화가 자본주의에 내재하는 기본 경향이라고 보았다. 그리고 자본주의가 왜 외부적인 제약이 없으면 끊임없는 불평등의 확대와 세습자본주의로 나아가는지를 두 가지 기본법칙으로 설명했다. 그가 제시한 두 가지 '자본주의의 기본법칙'은 장기간의 역사적 추이를 설명하기 위해 고안된 것이다. 그러나 앞서 보았듯이 첫 번째 법칙은 항등식이며, 두 번째 법칙 또한 '일정한 조건'하에서만 성립되는 방정식이다. 따라서 자본주의의 동학을 내재적으로 설명할 수 있는 이론적 체계라기보다 귀납적 사실들을 사후적으로 합리화하기 위한 설명 모델에 가깝다.

여기서 몇 가지 쟁점이 발생한다. 먼저 경제학의 기본 원리에 따르면 자본총량의 비율이 증가하면 자본수익률이 감소하는 것 아니냐는 의문이 제기된다. 자본총량이 증가할수록 한계생산성이 떨어질 것이기 때문이다. 만약 자본/소득 비율 β가 증가하더라도 자본수익률 r이 더 큰 비율로 떨어진다면 자본소득의 비율인 α는 오히려 감소할 것이다. 그리하여 자본총량의 증가는 오히려 자본의 몫을 감소시키는 결과로 나타날 것이다. 피케티는 신고전파경제학의 생산함수를 원용해, 자본과 노동의 대체탄력성이 1보다 크면 자본수익률이 자본총량의 증가에 비해 서서히 감소해, 자본의 몫 α가 줄어들지 않을 것이라고 주장한다. 그러나 많은 경제학자가 이에 대해 회의적인 입장을 밝히고 있다.[10]

또 다른 쟁점은 피케티의 자본 개념에 관해서이다. 피케티는 자본(capital)을 부(wealth)와 동일시하며, 거주용 주택을 포함해 부동산, 금융자산, 공장, 기계 등의 물적 자본과 기업 이윤 및 특허에 이르기까지 시장에서 소유되고 교환될 수 있는 모든 자산을 포함한다. 피케티의 자본 개념은 부의 물리적 형태와 금융적 형태를 모두 합산한 것으로, 수익을 내기 위한 생산적 활동에 투입되지 않고 단지 주거 서비스를 제공할 뿐인 주택마저도 포함한다. 그로 인해 통상적인 '생산적' 자본만을 고려할 때보다, 자본의 양이 과대 계상된다. 이것이 단지 장기적인 추세를 관찰하기 위한 것이라면 문제가 되지 않겠으나, 소득 대비 자본의 양과 자본수익률을 추산할 때에는 현실을 일정 정도 왜곡하게 된다. 집값의 상승에 따라 자본소득이 과대평가될 수 있기 때문이다.[11] 주거용 부동산과 금융자산의 가치를 포함함으로써 피케티는 이윤율 저하 경향을 지적한 마르크스와 달리 자본수익률이 일정한 수준을 유지한다는 결론을 내릴 수 있었다.[12]

왜 우리는 더 불평등해지는가

'자본' 개념의 혼란, 생산 없는 분배 이론

부 일반을 자본으로 보는 피케티와 달리, 마르크스에게 '자본'은 자본주의적 생산양식 고유의 '사회적 관계'이다. 따라서 자본은 그 소재적 형태, 즉 상품이나 기계나 화폐 형태로 환원되지 않는다. 자본주의 사회에서 인간에게 필요한 모든 재화와 서비스는 더 많은 화폐를 만들어낼 목적으로 생산된다. 자본가의 유일한 관심사는 이윤이지 공공의 이익이나 사회적 유용성이 아니다. 화폐가 더 많은 양의 화폐로, 즉 '스스로 증식하는 가치'가 될 때 그것은 비로소 '자본'으로 기능한다고 할 수 있다.[13] 가치의 증식은 끊임없는 운동 내에서만 존재할 수 있는데, 이를 다음과 같은 자본의 순환으로 표현할 수 있다.

화폐자본(M) – 상품(C)⋯생산자본(P)⋯상품자본(C_1) – 화폐자본(M_1)

자본가는 화폐자본(M)을 투자해 생산도구와 원료, 그리고 노동력 상품(C)을 구매한다. 생산수단과 노동력은 생산 과정에서 결합돼 새로운 상품(C_1)을 만들어내고, 시장에서 판매되어 더 많은 가치를 지닌 화폐(M_1=M+m)를 자본가에게 돌려준다. 이때 증식된 가치(잉여가치)는 생산 과정에서 수행된 노동에 의해 창조된 것이다. 마르크스에 따르면 이러한 가치 증식은 노동력이라는 상품이 가진 특수한 사용가치로부터 비롯된다. 노동력은 "자신의 사용가치가 곧바로 가치의 원천이면서 동시에 그것의 현실적 소비가 노동의 대상화이자 가치의 창출이 되는"[14] 특수한 상품이기 때문이다. 노동자는 노동력을 자본가에게 판매하고 자본가의 통제하에 노동을 수행함으로써, 노동력의 가치 이상의 잉여가치를 생산해낸다. 이것이 바로 자본주의적 생산을 특징짓는 '잉여가치 착취'의 비밀이다.

따라서 화폐를 자본으로 전화(轉化)하기 위해 화폐 소유자는 상품시장에서 먼저 자유로운 노동자를 발견해야만 한다. 이때 자유롭다는 것은 이중적인 의미를 갖는데, "한편으로는 그 노동자가 자유로운 인격체로서 자신의 노동력을 자신의 상품으로 마음대로 처분한다는 의미이고, 다른 한편으로는 판매할 아무런 다른 상품도 가지고 있지 않을 뿐만 아니라 자기 노동력의 실현에 필요한 모든 물적 조건에서도 분리되어 있다는 의미"[15]이다. 화폐 소유자와 노동자가 맺는 이러한 관계는 자연스럽게 주어지는 것도, 역사적으로 모든 시대에 공통적으로 존재했던 사회적 관계도 아니다. 생산수단과 인격적 지배로부터 이중으로 자유로운 임노동자의 역사적 등장은 마르크스가 본원적 축적의 장에서 묘사했듯 피로 얼룩진 폭력과 수탈의 역사로 점철되어 있다.

피케티는 이처럼 역사적으로 특수한 자본주의 생산양식에서의 노동 착취와 계급 지배를 무시한다. 이는 그가 부와 자본을

왜 우리는 더 불평등해지는가

구분하지 않는 데서 단적으로 드러난다. 부는 자본주의 생산양식 이전부터 존재해왔으며, 자본주의에만 고유한 것이 아니다. 반면 자본은 자본주의적 생산양식 고유의 사회적 관계이다. 피케티가 부와 자본을 구분하지 않는 것은, 부가 어떻게 생산되는가가 아니라 어떻게 분배되는가에만 관심을 두기 때문이다. 즉, 피케티에게는 자본수익률이 경제성장률보다 높아(r>g) 부의 분배가 상위 1%에 집중되는 것이 자본주의의 핵심 모순이다. 반면, 마르크스에게는 노동자계급이 생산한 잉여가치를 자본가가 사적으로 전유하는 것이야말로 자본주의 생산양식의 근본 모순이다. 피케티가 분배상의 결과적 불평등을 문제 삼는다면, 마르크스는 생산 과정에서의 착취를 문제 삼는 것이다. 그 결과 피케티는 마르크스와 달리 자본주의적 사적 소유의 원리 자체는 부정하지 않는다. 그것이 지나치게 불평등하게 분배되고 있다고 우려할 뿐이다.[16]

마르크스는 이처럼 분배를 생산과 분리해 자립적인 영역으로 보는 것이야말로 부르주아 경제학자들을 특징짓는 피상적인 인식이라고 조롱한 바 있다.

"가장 피상적인 견해에서 분배는 생산물들의 분배로 나타나고, 이에 따라 생산으로부터 멀리 떨어져 있고, 마치 생산에 대하여 준자립적인 것처럼 나타난다. 그러나 분배가 생산물의 분배이기 이전에 그것은 1) 생산 도구들의 분배 2) 이 관계의 또 다른 규정으로서 다양한 생산 종류 가운데에서 사회 구성원들의 분배(일정한 생산 관계들하에 개인들의 포섭)이다. 생산물의 분배는 생산 과정 속에 포함되어 있고, 생산의 구조를 규정하는 이러한 분배의 결과에 지나지 않음이 극명하다."[17]

피케티는 생산물의 최종적인 분배와 그 불평등 수준에만 주목한다. 그러나 마르크스에 따르면 생산물의 분배는 노동력을 생산수단으로부터 분리시키고, 분리된 생산수단을 특정집단에 독점적으로 귀속시키는 특수한 생산관계의 귀결일 뿐이다. 노동자는 직접적 노동을 통해 가치를 생산하지만 생산수단, 생산물, 생산 과정 그 어느 것도 자신의 소유나 통제하에 두지 못한다. 노동자가 노동의 대가로 받는 소득이 증가한다고 해서 이러한 착취와 지배의 구조가 달라지는 것은 아니다. 기껏해야 노동자를 짓누르던 사슬의 무게가 다소 덜해질 뿐이다. 따라서 피케티와 달리 마르크스는 막대한 경제적 불평등을 증명하는 데 큰 관심을 두지 않았다. 부의 불평등이 발생하는 장소는 분배와 교환의 영역이 아닌 생산과 노동의 영역이며, 생산관계의 변혁 없이는 착취와 지배의 사슬을 끊을 수 없기 때문이다.

피케티는, 마르크스가 가치 증식이 일어나는 비밀스런 장소, 즉 출입구에 '관계자 외 출입금지'라는 팻말이 걸려 있는 곳이라 일컬은 생산의 장소로 한 발짝도 들어가지 않는다. 불평등이 발생하는 핵심적인 장소를 눈앞에 두고도, 그는 그저 과거의 부가 더 많은 부를 이끌어낸다는 사실을 통계적으로 확인하는 데에 만족한다. 피케티가 생산을 고려하는 경우는 대체탄력성을 설명하기 위해 신고전파의 생산함수 모델을 원용할 때뿐이다. 이 추상적인 모델에서 자본과 노동은 서로 대체 가능한 생산 요소로서만 구분되며, 자본가와 노동자는 각자의 한계생산성에 따라 생산에 기여하는 만큼 분배받는다. 최고경영진의 천문학적인 규모의 보수가 과연 생산성 기여에 따른 것인지 의문을 던지면서 보수 결정 과정에서의 제도적 권력관계를 언급하긴 하나, 체제의 구조적 문제라기보다 경험적인 예외적 사례로서 다뤄질 뿐이다.

한편 자유주의 경제학자들에게도 피케티의 자본 개념과 추상적인 생산 이론이 불만족스럽긴 마찬가지인가 보다. 피케티는 생산 과정을 사상(捨象)한 채 자본이 자본을 낳는(M-M′) 모델을 제시하는데, 여기엔 기업가의 생산적인 투자 활동이 빠져 있다는 것이다. "피케티는 자본가들이 자본의 양을 가지고 있기 때문에 자본소득을 얻는다고 말한다. 이것은 달리 표현하면 자본은 가지고만 있으면 저절로 소득을 낸다는 말이다. 이것은 산술적으로는 맞을지 모르지만 경제학적으로, 혹은 실제에서는 전혀 옳지 않은 이야기다. 왜냐하면 자본은 결코 저절로 소득(수익)을 낳지 않기 때문이다. 자본이 소득을 낳는 경우는 그것이 자본 소유자에 의해 생산적인 것에 사용되고 그 결정이 성공했을 때이다."[18]

피케티는 '생산적' 자본과 '비생산적' 자본을 구분하지 않는다. 그가 관심을 갖고 증명해보려 하는 것은 "생산 요소의 기능(즉, 자본이냐 노동이냐)에 따라 얼마만큼 분배받는가라는 문제보다, 오히려 인적 분배 쉽게 말해 부자가 얼마나 더 가져가는가라는 문제이기 때문이다."[19] 자본소득인지 노동소득인지, 또는 부동산 투기나 주가 상승으로 벌어들인 것인지에 상관없이 그것을 다 합친 재산이 얼마이냐가 중요하다는 것이 피케티 입장이다. 이러한 문제의식에 근거해 피케티는 자본의 유형이나 기능에 상관없이 상위계층에게 누진적인 소득세와 자본세의 부과를 요구하는 것이다. "모든 재산은 부분적으로는 정당하지만 잠재적으로는 과도하다. 그 부가 완전히 도둑질의 결과인 경우는 드물며 절대적으로 능력에 의한 경우도 마찬가지로 드물다. 자본에 대한 누진세의 이점은 다양한 상황에 유연하고 일관되며 예측 가능한 방식으로 대처하는 방법인 동시에 대규모 재산을 민주적으로 규제할 수 있는 방법이라는 점이다."[20]

이는 사회적으로는 유익할 것이나, 기업가 입장에서는 결코 용납할 수 없는 조처임에 분명하다. 임대료나 이자처럼 '비생산적인' 자본소득과 구분하지 않은 채 '생산적인' 기업 활동을 통해 획득한 이윤에도 무차별적으로 적용되기 때문이다. 그리하여 자유주의 경제학자들은 "기업가의 투자 결정 요인을 고려하지 않고 자본에 누진적인 세금을 부과해 순이익률을 적정 수준 이하로 떨어뜨리면 기업은 투자를 하지 않게 되고, 그 결과 고

왜 우리는 더 불평등해지는가

용은 악화되어 피케티의 주장과는 반대로 소득 분배 구조가 더욱 악화될 수 있다."[21]고 우려하는 것이다. 이들 경제학자들이 자본을 단지 피케티처럼 '(교환)가치의 합'으로 간주하지 않고 생산의 '과정'으로 파악한 점은 일견 진일보한 측면이 있다. 그러나 이는 어디까지나 기업가 정신의 위대함과 기업가 몫의 정당함을 주장하기 위한 것이지, 자본주의적 착취와 불평등의 현실을 고발하기 위한 것이 아니라는 점은 명확하다.

자본이 생산적으로 사용된다는 것은 무엇을 뜻하는가. 기업가들은 여기서 자신의 탁월한 기업가 정신과 동물적 감각을 발견할지 모르나, 사실상 직접적으로 생산물을 생산하고 잉여가치를 창출해내는 노동이야말로 '생산적' 활동이라는 것은 두말할 나위가 없으리라. 기업가의 투자 결정은 실제적인 생산 활동을 통해 실현되지 않으면 관념적 공상으로 남을 것이다. 어쨌거나 기업가는 잉여가치 실현 전반에 기여할 수도 있으나, 사용가치와 구분되는 '(잉여)가치 생산'에는 일말의 기여도 하지 않는다. 사실상 기업가의 '생산적' 활동이란 '잉여노동을 강제'하는 기능에 있다고 할 수 있다. 그것이 자본의 인격적 대리인으로서 자본가가 수행하는 사회적 역할이며, 자본가는 자본 축적을 위해 노동자에게 잉여노동을 명령함으로써 동시에 사회적 부를 증대시킨다. 무한한 자본 축적과 이에 따른 노동자계급의 종속의 확대, 이 모순적 과정은 개별 자본가의 개인적 의도와 무관하게 진행되는 자본주의 역사 발전의 객관적 경향일 뿐이다.

계급 없는 불평등 이론

피케티의 불평등 이론은 '자본/소득 비율'로 자본의 집중, 그리고 상위 1% 소득계층의 '소득점유율'로 불평등 정도를 포착한다. 특히 고액 연봉자들의 노동소득이 전례 없이 폭발적으로 늘어나면서 대기업의 최고경영자들과 나머지 인구의 소득 격차가 크게 벌어진 것을 불평등 증대의 주요한 원인으로 꼽고 있다. 이는 분명 주목해야 할 중요한 현상이며, 큰 시사점을 던져주기도 한다. 그러나 사회적 현실을 총체적으로 분석하는 과정에서 특정한 요소가 부각됨에 따라 다른 핵심 요인들이 간과되는 것은 아닌지 유념할 필요가 있다. 불평등과 같이 온갖 사회적 모순을 응축하고 있는 주제를 다룰 때에는 더욱 그러할 것이다.

경제적 불평등에 대한 연구는 마르크스주의에서 핵심 주제 중 하나이며, 자본주의 사회의 불평등을 인식하는 데 큰 이론적 기여를 해왔다 해도 과언은 아닐 것이다. 주로 계급관계에 기반을 두는 마르크스주의의 불평등 논의는 젠더, 인종, 직업, 문화에 따른 사회적 불평등의 양상을 살피는 광범위한 사회학적 논의들로 발전해왔다.[22] 피케티가 이러한 연구 성과를 전혀 참조하지 않을뿐더러, 진지하게 대결할 의도도 없어 보인다는 점은 자못 의아스럽기까지 하다. 피케티는 무엇보다 경제적 불평등을 논하는 과정에서 계급을 거의 언급하지 않는다. 어쩌면 그는 '최상위 1%'라는 규정으로 충분하다고 믿는 것인지도 모르겠다.

왜 우리는 더 불평등해지는가

경험적으로는 자본가계급과 최상위 1%의 인적 구성은 거의 유사할지도 모른다. 그러나 이처럼 결과적인 분배의 분포도를 그리는 것으로는 불평등의 원인이나 동학에 대한 피상적인 인식만을 얻을 뿐이다.

최상위 1%, 상위 9%, 중상위 40%, 하위 50%로 소득 수준을 위계적으로 등급화하는 것은 불평등을 양적인 차이로 인식한다는 의미다. 여기서 상층 집단과 하층 집단은 어떠한 필연적인 사회적 관계도 맺지 않는다. 이것이 사회정의를 향한 우리의 도덕적 양심을 불편하게 하고 상대적 박탈감을 자극할 순 있겠으나, 실제적인 불평등의 동학을 이해하는 데에는 큰 도움이 되지 않는다. 마르크스주의적 접근이 계급 구조를 '관계적'으로 정의하는 데에는 이런 문제의식이 깔려 있다. 자본주의 사회에서 생산수단을 독점적으로 소유하고 통제하는 자본가계급과 잉여가치를 착취당하는 노동자계급은 물질적 이해관계를 둘러싸고 구조적으로 엮여 있다. 마르크스주의적 계급 이론의 확장에 기여한 에릭 올린 라이트(Erik Olin Wright)는 이를 다음과 같이 간명하게 정리한다. "계급은 관계적이다. 그 관계들은 적대적이다. 그러한 적대들은 착취에 뿌리박고 있다. 그리고 착취는 생산의 사회적 관계에 기반을 두고 있다."[23]

이 착취적 관계는 어째서 적대적인가? 한 계급의 이익 실현이 본질적으로 다른 계급의 이익 실현과 대립하기 때문이다. 그러나 우리는 자본가계급과 노동자계급의 적대적 대립을 순전히 경험적이고 사회학적인 의미로 받아들여서는 안 된다. 마르크스주의에 따르면, 자본소득과 노동소득으로 분할되는 비율은 단지 자본가와 노동자 사이의 협상과 세력관계에 의해 결정되는 것이 아니다.[24] 노동자계급과 자본은 국민소득에서 각각 차지하는 몫을 두고 줄다리기를 펼치는 자율적인 두 세력이 아니며, 자본주의 사회에서 노동자계급은 처음부터 자본의 객관적이고 경제적인 힘에 종속되어 있기 때문이다. "프롤레타리아트와 부르주아지는 사회적 생산의 총 과정 속에서 대칭적 지위를 차지하지 않기 때문이다. 노동자계급은 노동력으로 주기적 생산 과정에 물질적으로 통합된다. 생산 과정에서 노동자계급이 직면하는 것은 우선은 자본가가 아니라 자본이다."[25] 인격체로서의 자본가란 자본의 기능을 수행하는 자에 불과하며, 노동자계급이 대면하는 것은 사회적 관계로서의 자본이다.

자본의 사회적 관계는 주체들의 특정한 실천을 통해서만 실현된다. 따라서 자본가는 '대리인'이긴 하나 실천의 필연적인 대리인이며, 경쟁과 이윤 추구라는 경제적 법칙에 따라 자본의 조직, 관리, 통제 등의 기능을 수행한다. 따라서 자본가계급이 얼마나 부유한가보다 어떠한 사회적 기능을 수행하는지, 그리고 노동자계급과 어떠한 관계를 맺는지가 중요하다. 보수파 경제학자들이 피케티가 1%에 대한 대중의 반감만을 자극한다고 비난하는 것은 피케티가 불평등을 이런 필연적 관계 속에서 파악하지 못하기 때문이 아닐까. 피케티는 부와 상위 1%의 관점

왜 우리는 더 불평등해지는가

에서 불평등을 분석하나, 우리는 거꾸로 자본 관계 속에서의 노동자계급의 관점에서 불평등 문제를 바라볼 필요가 있다. 노동이야말로 불평등이 펼쳐지는 장소이며, 불평등이 구체적인 삶에 영향을 미치는 것은 상위 1%가 아닌 노동자계급의 삶이기 때문이다.

자본주의 사회에서 노동자는 자신의 노동력을 자본가에게 판매하지 않고서는 단 하루도 살아갈 수 없다. 자본가에게 고용된 노동자는 노동력 가치만큼 임금을 받고, 그 이상의 잉여가치를 생산해 자본가에게 제공한다. 노동력의 가치는 재생산을 위해 필요한 생계수단의 가치에 의해 결정되며, 역사적이고 문화적인 요인들에 의해 변동되나 그렇다고 무제한적으로 상승할 수 있는 것은 아니다. 자본주의 경제는 무엇보다 이윤의 생산을 그 목적으로 삼으며, 생산의 목적으로서 일정한 이윤율은 노동자들의 고용에 앞서 결정되기 때문이다. 따라서 이윤은 임금의 희생을 통해 확대되려는, 즉 임금을 최저 수준으로 낮추려는 내재적 경향을 갖게 된다. 이는 자본가의 선의와 무관하게 경쟁의 압력에 의해 작동하는 법칙이다. 우리는 '최대 임금'이란 존재하지 않으며, 오직 사회적으로 '최저 임금'의 수준만 정해진다는 사실을 통해서도 이러한 관계를 엿볼 수 있다.[26]

물론 호황기나 새로운 시장의 개척으로 자본을 축적하는 데 필요한 노동자의 수요가 공급을 초과해 임금이 상승할 수도 있다. 이 경우 노동자들의 소비가 다소 확대되고 저축할 여유마저

생기곤 하지만, 그렇다고 종속과 착취의 관계가 사라지는 것은 아니다. 자본 축적이 가속화되면서 자본과 노동의 격차는 더욱 커지고, 자본의 크기와 범위가 확장되어 자본의 지배 영역이 더욱 확대될 뿐이다. 마르크스는 이를 다음과 같이 냉정한 어조로 비판한다.

"노동자에게 가장 유리한 자본 축적 조건에서는 자본에 대한 노동자의 예속 상태는 참을 만한 상태(또는 이든의 말처럼 '안락하고 자유로운' 형태)를 취하고 있다. 이런 예속 상태는 자본이 증대한다고 해서 더 강화되는 것이 아니라, 단지 외연적으로만 확대될 뿐이다. 즉 자본 자신의 규모와 자본에 예속된 사람의 수가 증대함에 따라 자본의 착취 영역과 지배 영역이 확대될 뿐이다. 노동자 자신의 잉여생산물이 갈수록 증가하면서 점점 더 많이 추가자본으로 전화되는 가운데 점점 더 많은 부분이 지불수단의 형태로 그들에게 되돌아옴으로써 노동자들은 자신들의 향락의 범위를 넓히고 의복이나 가구 등에 쓰이는 소비기금을 더욱 충실하게 채우며 소액이나마 예비기금도 형성할 수 있게 된다. 그러나 의복이나 음식물을 비롯하여 처우가 개선되고 페쿨리움이 증가한다 해도 그것이 노예의 예속 관계와 착취를 폐지시키지는 못했던 것과 마찬가지로, 이런 노동자들의 상태 개선도 임노동자의 예속 관계와 착취를 폐지시키지는 못한다."[27]

더욱이 자본은 호황기에도 임금 수준을 규제할 수 있는 고유한 메커니즘을 보유하고 있다. 바로 마르크스가 '상대적 과잉인구의 법칙'이라 일컫는 것이다. 자본주의적 생산의 발전은 기계의 도입을 통해 노동절약적 생산으로 나아가는 경향을 가지며 (유기적 구성의 고도화), 그로 인해 총자본의 구성에 비해 노동에 대한 수요는 감소하게 된다. 이 과잉인구는 광대한 산업예비군의 형태로 존재하며, 호황기에도 일정 수준을 지속적으로 유지한다. 이들의 존재로 인해 고용 상태의 노동자들은 자본의 공세로부터 방어적인 자세를 취할 수밖에 없으며, 꾸준히 임금 인하의 압력으로 작용하게 된다. 20세기 후반 들어 신자유주의적 노동유연화 정책으로 인해 취업자와 산업예비군의 관계는 더욱 위계적이고 분할적인 방식으로 나타나고 있으며, 불평등과 빈곤을 확대시키는 가장 중요한 요인으로 작용하고 있다.

자본의 축적이 증대될수록 구조적으로 과잉인구가 발생하고, 이것은 광범위한 노동자계급 내 상이한 집단들 간의 경쟁을 극심한 수준으로 끌어올린다. 그 결과 노동자계급 내에서도 정규직과 비정규직, 자영업자, 실업자 등 상이한 지위에 따라 경쟁과 반목이 발생한다. 자본으로부터 아예 배제되는 빈민이나 부랑자들의 무리도 사회에서 점차 많은 자리를 차지하고 있다. 이들은 '착취당할 권리'마저 박탈당한 사회의 잉여자원들이다. 이에 더해 국가 간 소득 격차가 심해지면서 아프리카나 남미, 동남아시아 등지로부터 부유한 선진국으로 가난한 자들이 끊임없이 밀려들고 있다. 그 결과 최하층 노동자 집단에 이주노동자와 불법이민자라는 새로운 범주가 추가된다. 선진국에서는 산업 구성의 변화로 인해 저임금 일자리의 수요와 필요가 어느 정도 늘 존재하기에 이주 행렬을 무작정 막을 수 없다. 이들 이민자들의 유입은 대부분 사회적 반발을 일으키게 마련이다. "이들이 지역 주민들의 일자리를 빼앗고, 그들의 임금을 낮추며, 가장 중요하게는 다른 문화적 규범을 들여온다고 생각되기 때문이다."[28]

이것이 오늘날 불평등과 빈곤에 처한 전 지구적 프롤레타리아트들의 음울하고 비참한 초상이다. 따라서 피케티가 21세기의 불평등을 분석하면서 실업과 노동자계급의 상태에 대해 단한마디 의미 있는 언급조차 하지 않는다는 사실은 일견 놀라울 정도다. 집요하게 소수의 상위 1%만을 좇다 보니, 미처 주변을 둘러볼 겨를이 없었던 것일까. 이 모든 것은 그저 '과거의 부'와 '최상위 1%'의 뻔뻔한 부자들 탓일까.

그러니 다시 계급투쟁을!

피케티는 소득 격차에 주목함으로써 부가 갈수록 소수의 손에 집중되고, 인구의 대다수를 차지하는 노동자계급의 빈곤이 심화되는 현실을 방대한 데이터로 실증할 수 있었다. 그러나 불평등의 동학을 자본주의 생산양식 특유의 사회적 관계로 포착

왜 우리는 더 불평등해지는가

하는 데 실패함으로써 다소 공상적인 정책적 대안을 제시하는 데 그치고 만다. 피케티가 주장하는 글로벌 자본세가 실현되려면 단일한 세계정부를 수립하거나, 모든 국가가 통일되고 일관된 조세정책을 실시해야 할 것이다. 현존하는 조세 도피처들처럼 어느 한 곳의 일탈 지역만 발생하더라도 자본은 이내 그 허점을 파고들 것이다. 피케티는 전후 등장한 사회적 국가의 재건을 꿈꾸는데, 마치 국가가 경제적 영역으로부터 독립된 자율적 실체인 양 순박한 정치적 이해를 보이고 있다. 국가가 지배계급의 이해를 거스르면서 그러한 조처를 취해줄 이유가 무어란 말인가? 유럽 국가들이 자본세를 부과하여 자본이 도피한다면, 부단히 경제성장을 꾀하는 저개발국가 입장에서 자국으로 들어오는 자본을 내칠 이유가 어디에 있을까?

20세기 전후의 사회적 국가는 전쟁과 공황기에 만연한 실업과 빈곤이 사회 불안과 정치적 위기를 야기하고, 무엇보다 성장한 노동자계급의 부단한 사회운동이 있었기에 건설될 수 있었다. 당시 지배계급은 경제적 궁핍에 시달리는 대중이 러시아에서처럼 공산주의 혁명을 일으키거나 독일과 이탈리아에서처럼 파시즘으로 나아갈 가능성을 우려했고, 적극적인 사회정책을 통해 이러한 경향을 제어하지 않을 수 없었다. 19세기부터 20세기 초반까지의 세계가 제국주의 전쟁의 시대일 뿐만 아니라 분출하는 노동자계급의 혁명의 시대였다는 사실을 피케티는 잊은 것 같다. 혹시 피케티는 역설적으로 위기에 처한 자본주의 체제의 지속을 위해 지배계급의 발 빠른 양보를 주장하고 있는 것일까?

그의 진의는 알기 어렵지만, 보수파들의 이데올로기적 공세와 달리 피케티의 진단과 대안에서 급진적인 요소를 찾아보기는 어렵다. 시장경제와 자유무역, 세계화의 가치를 옹호한다는 점에서 피케티는 주류경제학과 자유주의의 이상에 충실한 편이다. 그는 결코 자본주의 체제를 부정하지도 않는다. 피케티가 자본을 일반적인 부와 구분하지 않는 데서 드러나듯, 여기서 인류의 역사는 부르주아 경제학의 통념대로 동일한 경제적 법칙과 내용을 가진 단일한 보편사로 나타난다. 반면 마르크스에게 자본은 역사적으로 특정한 시기에 출현한 자본주의 생산양식, 즉 일반화된 상품 생산 및 임노동 관계의 발전 속에서만 파악될 수 있다. 이러한 차이는 단지 개념적인 것에 머무는 것이 아니라 정치적 전망의 근본적인 차이로 이어지고 있다. 마르크스는 자본주의를 역사적으로 특수한 생산양식으로, 노동자계급의 '혁명'을 통해 극복해야 할 모순적 체제로 본다. 반면 피케티에게 자본주의는 역사의 자연스러운 종착점이며, 근본적인 질서를 해치지 않는 선에서 '개혁'을 통해 개선해야 할 시스템이다.

마르크스는 국가를 통해 노동자계급의 상태를 개선할 수 있다는 정치적 전망을 단 한 번도 진지하게 고려한 적이 없다. 노동자계급을 옭아매는 사슬은 스스로의 투쟁을 통해서만 끊을 수 있을 것이기 때문이다. 자본주의의 폐해를 시정함으로써 자

왜 우리는 더 불평등해지는가

본주의의 모순을 극복할 수 있으리라 기대하지도 않았다. 그것은 결코 해소될 수 없는 적대적 모순이기 때문이다. 오늘날 이러한 정치적 전망은 공공연히 20세기의 낡은 유산으로 간주되고 있다. 그러나 과연 전 세계 국가가 시행하는 글로벌 자본세보다 노동자계급의 투쟁이 더 비현실적인 대안이라고 단언할 수 있을까?

각주

1. 조지프 스티글리츠, 《불평등의 대가》, 이순희 옮김 (서울: 열린책들, 2013).

2. Branco Milanović, "The return of patrimonial capitalism – review of *Capital in the 21st century*," *World Bank*, October 9, 2013, draft for *Journal of Economic Literature*, June 2014.

3. Paul Krugman, "Why we are in a new gilded age," *The New York Review of Books*, May 8, 2014.

4. 스튜어트 랜슬리, 《우리를 위한 경제학은 없다》, 조윤정 옮김 (서울: 비즈니스북스), 2012, 21쪽. 크루그먼의 기사는 미국이 기회의 나라라는 통념을 건드리면서 민감한 반응을 일으켰고, 그는 "소득 분배에 관한 언급조차 '계급투쟁'이라는 비난과 분노를 불러온다."고 불평했다고 한다. 그러니 마르크스의 《자본론》을 제대로 읽어본 적조차 없다고 밝히는 피케티가 그에게는 실로 반갑고도 든든한 우군으로 다가왔을 것이다.

5. 김공회의 서평이 이 점을 강조하고 있다. 김공회, 〈서평: 피케티의 《21세기 자본》의 이론적 의의와 한국에의 시사점〉, 《사회경제평론》 44 (2014).

6. Thomas Piketty, *Capital in the Twenty-First Century* (Cambridge Massachusetts: Belknap Press, 2014), 149.

7. Piketty, p. 206.

8. Piketty, p. 353.

9. Piketty, p. 26.

10. 피케티는 직관적으로 자본이 언제든 다양한 용도로 사용될 수 있다는 점을 고려할 때 대체탄력성이 1보다 클 것이라 가정할 수 있으며, 역사적으로도 대체로 1.3~1.6으로 추정할 수 있다고 주장한다.(Piketty, pp. 220-222) 밀라노비치는 이를 논리적으로 확정할 수 없기에 피케티 모델의 "약한 지점"이라고 말하며(Milanović, p. 9), 류동민·주상영 또한 대체탄

왜 우리는 더 불평등해지는가

력성이 1보다 작다는 연구 결과가 우세한 것이 사실이라며 "이론적으로 가장 취약한 부분"이라고 지적한다. 류동민·주상영, 〈피케티 이후의 마르크스 비율〉, 《2014년도 한국사회경제학회 여름 정기학술대회 자료집》 (2014), 154쪽.

11. Ordan Bonnet, Pierre-Henri Bono, Guillaume Chapelle and Etienne Wasmer, "Does housing capital contribute to inequality? A comment on Thomas Piketty's *Capital in the 21st Century*," *SciencesPo Economics Discussion Paper 2014-07*, 2014; Michael Roberts, "Unpicking Piketty," *Weekly Worker* 1013, 05 June, 2014. (웹 정보: http://weeklyworker.co.uk/worker/1013/unpicking-piketty) 참조.

12. 마르크스의 이윤율 개념과 피케티의 자본수익률 개념의 차이에 대해서는 류동민·주상영의 앞의 글을 참조하라.

13. 카를 마르크스, 《자본 I-1》, 강신준 옮김 (서울: 길, 2008), 232쪽.

14. 앞의 책, 251쪽.

15. 앞의 책, 253쪽.

16. 그렇다면 피케티에게 불평등은 어째서 문제가 되는가? 그에 따르면 부의 불평등한 분배는 사회적 불안을 야기하고, 능력주의와 민주주의의 원리를 훼손한다. 우리는 이를 통해 그가 합리적인 시민의식의 소유자라는 점을 엿볼 수 있으나, 아쉽게도 그는 자유주의적 신념을 표명하는 데 그치고 만다.

17. 카를 마르크스, 《정치경제학 비판 요강 1》, 김호균 옮김 (서울: 백의, 2000), 66쪽.

18. 안재욱, 〈가난으로 인도하는 피케티의 『21세기 자본』〉, 《피케티의 『21세기 자본』 바로읽기》 (파주: 백년동안, 2014), 99쪽. 이것은 이 책의 집필에 참여한 대부분의 경제학자가 공유하는 문제의식이다.

19. 류동민, 〈마르크스보다 더 급진적인!〉, 《한겨레21》 제 1019호, 2014.7.14.

20. Piketty, p. 444.

21. 오정근, 〈『21세기 자본』의 오류와 한국의 소득분배〉,《피케티의『21세기 자본』바로읽기》(파주: 백년동안, 2014), 179쪽.

22. 계급에 관한 사회학적 논의의 흐름을 개괄적으로 살펴보려면 스테판 에젤의《계급사회학》(신행철 옮김, 서울: 한울, 2001)을 참조할 수 있다. 여기서는 마르크스주의 전통과 더불어 재산소유와 시장 지위에 초점을 맞추는 베버주의적 전통이 비중 있게 다루어진다.

23. 에릭 올린 라이트,《계급론》, 이한 옮김, (서울: 한울아카데미, 2005), 61쪽.

24. 이윤과 임금의 배분이 신고전파경제학의 전제처럼 각 요소의 한계생산성에 따라 기술적으로 결정되는 것이 아니라, 노동조합의 협상력과 투쟁 등 제도적 요인에 의해 결정된다는 '세력관계/협상이론'이 이러한 입장을 대표한다. 홍훈, 〈피케티의 새로운 점과 오래된 점: 사상/이론사적인 조망〉,《2014년도 한국사회경제학회 여름 정기학술대회 자료집》을 참조.

25. 발리바르는 이를 '자본의 추상성과 노동자 계급의 구체성' 테제로 정리한다. 에티엔 발리바르,《역사유물론 연구》, 이해민 옮김 (서울: 푸른산, 1990), 제3장 〈잉여가치와 사회계급〉 장 참조.

26. 로만 로스돌스키,《마르크스의 자본론의 형성 1》, 양희석 옮김 (서울: 백의, 2003), 402–403쪽.

27. 카를 마르크스,《자본 I-2》, 강신준 옮김, 2009, 844쪽.

28. 브랑코 밀라노비치,《가진 자, 가지지 못한 자》, 정희은 옮김 (서울: 파이카, 2010), 138쪽.

참고문헌

김공회. 〈서평: 피케티의《21세기 자본》의 이론적 의의와 한국에의 시사점〉. 《사회경제평론》44 (2014).

로만 로스돌스키.《마르크스의 자본론의 형성 1》. 양희석 옮김. 서울: 백의, 2003.

류동민. 〈마르크스보다 더 급진적인!〉.《한겨레21》제 1019호, 2014.7.14.

류동민·주상영. 〈피케티 이후의 마르크스 비율〉.《2014년도 한국사회경제학회 여름 정기학술대회 자료집》(2014).

브랑코 밀라노비치.《가진 자, 가지지 못한 자》. 정희은 옮김. 서울: 파이카, 2010.

스테판 에젤.《계급사회학》. 신행철 옮김. 한울, 서울: 2001.

스튜어트 랜슬리.《우리를 위한 경제학은 없다》. 조윤정 옮김. 서울: 비즈니스북스, 2012.

안재욱. 〈가난으로 인도하는 피케티의 『21세기 자본』〉.《피케티의 『21세기 자본』 바로읽기》. 파주: 백년동안, 2014.

에릭 올린 라이트.《계급론》. 이한 옮김. 서울: 한울아카데미, 2005.

에티엔 발리바르.《역사유물론 연구》. 이해민 옮김. 서울: 푸른산, 1990.

오정근. 〈『21세기 자본』의 오류와 한국의 소득분배〉.《피케티의 『21세기 자본』 바로읽기》. 파주: 백년동안, 2014.

조지프 스티글리츠.《불평등의 대가》. 이순희 옮김. 서울: 열린책들, 2013.

카를 마르크스.《자본 I-1》. 강신준 옮김. 서울: 길, 2008.

_____.《자본 I-2》. 강신준 옮김. 서울: 길, 2009.

_____.《정치경제학 비판 요강 1》. 김호균 옮김. 서울: 백의, 2000.

홍훈. 〈피케티의 새로운 점과 오래된 점: 사상/이론사적인 조망〉.《2014년도 한국사회경제학회 여름 정기학술대회 자료집》(2014).

Bonnet, Orden, Pierre-Henri Bono, Guillaume Chapelle and Etienne

Wasmer. "Does housing capital contribute to inequality? A comment on Thomas Piketty's Capital in the 21st Century." *SciencesPo Economics Discussion Paper 2014-07.* 2014.

Krugman, Paul. "Why we are in a new gilded age." *The New York Review of Books.* May 8, 2014.

Milanović, Branco. "The return of patrimonial capitalism-review of *Capital in the 21st century.*" *World Bank.* October 9, 2013. draft for *Journal of Economic Literature.* June 2014.

Piketty, Thomas. *Capital in the Twenty-First Century.* Cambridge Massachusetts: Belknap Press, 2014.

Roberts, Michael. "Unpicking Piketty," *Weekly Worker* 1013, 05 June, 2014.

왜 우리는 더 불평등해지는가

3장

피케티의
자본주의

이정구

이정구

2009년 경상대학교에서 경제학 박사 학위를 받았다. 중국 경제, 세계자본주의체제 그리고 경제사 등에 관심이 많다. 한국경제와 세계경제를 마르크스주의 관점에서 설명하는 글을 주로 쓴다. 옮긴 책으로 《좀비 자본주의》(책갈피), 《부르주아 경제학의 위기》(책갈피) 등이 있다. 현재 경상대 사회과학연구원 연구원이다.

전 세계적으로 선풍을 일으키고 있는 토마 피케티의 저서《21세기 자본》은 저자 본인의 의사와 무관하게 마르크스의 《자본론》을 연상시킨다. 피케티 자신이 분명 마르크스의 《자본론》을 읽지 않았다고 말했음에도《자본론》과 비교되는 것은 자본주의 체제 그 자체에 대한 비판을 담고 있기 때문일 것이다.

《21세기 자본》이 자본주의 체제에 대한 근본적인(radical) 비판을 담고 있다고 보는 이유는 빈부 격차가 정책적 잘못이 아니라 자본주의 체제의 특성에서 비롯되었다고 보기 때문이다. 이런 점에서 좋은 정부가 들어서면 빈부 격차가 해소될 수 있다고 주장하는 좌파 케인스주의적 개혁주의자들과는 분명히 결이 다르다고 할 수 있다. 빈부 격차가 커지는 것이 체제 자체의 특성이라는 주장은 신자유주의 경제학자나 정치가들에게 여간 거북스런 주장이 아니다. 이들은 부자가 더 부자가 되면 그 혜택이 가난한 사람들에게 흘러갈 것이라는 낙수효과(trickle down effect)를 신봉하고 있으니 말이다. 더욱이 피케티는 오랜 기간에 걸쳐 확보한 데이터에 기초해 이런 결론을 이끌어냈기 때문에 간단히 비판하고 그칠 문제도 아니다. 어쨌든 이런 이유로 그의 주장은 전 세계적인 논쟁의 주제가 되고 있다.

방금 지적했듯이, 《21세기 자본》은 자본주의 체제에서 불평등을 야기하는 정책뿐 아니라 불평등이 왜 일어나는지를 이해하려는 중요한 시도다. 이런 점 때문에 마르크스주의자들은 그의 논의를 진중하게 검토할 필요가 있다.

피케티의 핵심 주장은 소득(income)불평등이 부(wealth)의 불평등에서 비롯될 뿐 아니라 부의 불평등으로 인해 더 증대된다는 것이다. 즉 민간의 부가 소수 자본가에 집중되어 있다면 당연히 이것은 소득불평등에도 영향을 미칠 것이다. 그래서 피케티는 "소득불평등이 부분적으로는 불평등한 노동 대가의 결과일 수도 있지만 (소득불평등의) 많은 부분은 자본소득의 불평등 때문이다. 이런 자본소득의 불평등은 부의 극단적인 집중의 결과이다."[1]고 말했다. 또한 더 많은 교육을 통해 습득한 기술이 더 많은 소득으로 이어진다는 신자유주의의 전형적인 주장을 비판했다. 피케티는 "직업에서 개인의 기능들은 독특하기 때문에 오차의 범위가 매우 크다. 사실 불완전한 정보라는 가설을 표준적인 경제모델에 적용하면 개인의 한계생산성이라는 개념은 정의하기 힘들다."[2]고 지적했다.

왜 우리는 더 불평등해지는가

자본주의의 제1 근본법칙

《21세기 자본》에서 핵심 개념은 '자본/소득 비율' 또는 '자본총량을 연간 국민소득으로 나눈 값'이다. 이 개념은 전체 부 또는 자본이 국민소득의 몇 배에 해당하는지를 측정한 값이다. 예를 들어 자본/소득 비율이 600%라면, 자본총량은 6년치 국민소득과 같다는 의미다. 피케티가 장기적인 통계치를 이용해 추계한 결과 이 자본/소득 비율이 U자 모양을 띠었다(〈표1〉, 〈표2〉). 즉 1차대전 직전까지는 자본/소득 비율이 유럽의 경우 600-700%, 미국의 경우 400-500%에 이르렀다가 양차 대전 사이의 시기에 유럽은 200-400%, 미국은 300-350%로 하락했으며, 그 뒤 1980년대부터 유럽은 400-600%, 미국은 450-500%로 다시 상승한다는 사실을 알 수 있다.

피케티는 자본주의 사회에서 부(wealth)와 소득(income)불평등의 구조를 결정하는 근본법칙이 두 가지라고 주장했다. 그 첫번째 법칙이 바로 부 또는 자본총량과 자본에서 생겨나는 소득 사이의 관계이다. 이것을 대수식으로 표현하면 다음과 같다.

$$\alpha = r \times \beta$$

(β는 자본/소득 비율, α는 국민소득에서 자본소득 비중,
r은 자본수익률)

표1. 미국의 상위 10% 소득 비중 추이: 1910-2010 [3]
자료 출처: piketty.pse.ens.fr/capital21c

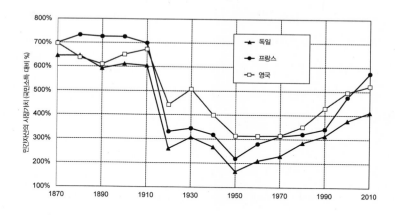

표2. 유럽의 자본/소득 비율 추이: 1870-2010 [4]
자료 출처: piketty.pse.ens.fr/capital21c

왜 우리는 더 불평등해지는가

예를 들어 β=600%이고 r=5%이면 α=30%가 된다. 국가의 부가 6년치 국민소득을 합한 것과 같고, 자본수익률이 매년 5%라고 한다면 국민소득 중 자본소득의 비중은 30%라는 의미다.

피케티는 이 식이 모든 시기, 모든 사회에 적용되는 항등식과 같다고 주장한다. 그런데도 "이 식이 자본주의의 근본법칙 중 하나인 이유는 자본주의 체제를 분석하는 세 가지 중요한 개념(자본/소득 비율, 국민소득에서 자본소득의 비중, 자본수익률) 사이의 관계를 단순하고도 투명하게 표현하기 때문"[5]이다.

피케티는 자본수익률(the rate of return on capital) 개념이 많은 경제 이론에서 핵심이라고 지적한다. 이때 자본수익률은 그 법적 형태(이윤, 지대, 배당, 이자, 로열티, 자본이득 등)와 무관하게 한 해 동안 자본이 벌어들인 모든 수익을 그 자본에 대한 비율로 계산한 값이다. 그래서 피케티는 자신이 주장하는 자본수익률이 이윤율(rate of profit)이나 이자율(rate of interest)보다 더 광범한 개념이라고 주장한다.

자본주의의 제2 근본법칙

두 번째 근본법칙은 장기적으로 자본/소득 비율은 저축률(s)과 경제성장률(g) 사이에 다음과 같은 단순하고도 투명한 관계를 형성한다는 것이다. 이를 대수적으로 표현하면 다음과 같다.[6]

$$\beta = s \,/\, g$$

(s는 저축률, g는 경제성장률)

예를 들어 저축률(s)이 12%이고 경제성장률(g)이 2%라면, 자본/소득 비율(β)은 600%가 된다. 즉 어떤 국가가 매년 국민소득의 12%를 저축하고 국민소득의 연평균 성장률이 2%라고 한다면 장기적인 자본/소득 비율은 600%가 된다는 것이다. 즉 이 국가는 6년치 국민소득에 해당하는 자본을 축적하고 있다는 의미다.

피케티는 "자본주의의 두 번째 근본법칙으로 여길 수 있는 이 공식은 명백하고도 중요한 사실을 반영하고 있다. 즉 많이 저축하고 느리게 성장하는 국가는 장기적으로는 거대한 규모의 자본을 축적할 것이고 이것은 사회적 구조와 부의 분배에 심각한 영향을 미칠 것"[7]이라고 주장한다. 이어, 이 공식에서 알 수 있는 "기본적인 사실은 경제성장률의 아주 작은 변동도 장기적으로는 자본/소득 비율에 매우 큰 영향을 미친다"는 점이다. 예를 들어 위의 예에서 저축률은 그대로인데 비해 성장률이 2%가 아니라 1.5%로 하락한다면 β는 800%로 증가할 것이다. 이것은 민간의 부가 소수 자본에 더 집중된다는 의미이다. 이와 반대로 성장률이 3%로 상승한다면 β는 400%가 된다.

피케티는 이 공식에서 몇 가지 중요한 주장을 이끌어낸다. 1970년대 이후부터 선진국들에서 성장률이 둔화하면서 부의

왜 우리는 더 불평등해지는가

편중이 심화되었고, 이것이 소득불평등을 낳았다고 주장한다. 1970년대 초반에 서방 선진국들에서 민간 부(private wealth)의 전체 가치는 국민소득의 200-350% 수준이었다. 그런데 40년이 지난 뒤인 2010년에 민간 부는 국민소득의 400-700%에 이르렀다. 이를 근거로 피케티는 1970년대 이후 서방 선진국들에서는 민간 자본이 득세했으며, 새로운 세습자본주의가 등장했다고 주장한다.[8]

몇 가지 문제

피케티가 제시한 자본주의의 근본법칙 두 가지에는 몇 가지 문제점이 있다. 앞서 지적한 것처럼, 제1 법칙은 항등식으로 모든 사회에 적용될 수 있는 개념이다. 자본/소득 비율(β)이 저축률을 성장률로 나눈 값과 같다는 제2 법칙이 문제다. 피케티는 장기적인 자본/소득 비율의 추이로부터 자본주의의 근본법칙을 이끌어낸 것이다. 그런데 이런 장기 추세를 통해 법칙성을 가지는 이론을 도출할 때 몇 가지 문제가 생긴다.

첫째, 자본/소득 비율($\beta = s/g$)이 장기적인 추세를 나타낸다 할지라도 단기적으로 그리고 중기적으로는 안정적이지 않을 수 있다. 특히 자산거품이나 경제위기 같은 충격이 있을 경우 자본/소득 비율은 큰 등락을 보일 수 있기 때문이다. 피케티 자신은 자본/소득 비율이 안정적으로 균형을 이루리라 예상하지만 사실 그렇게 예상할 만한 근거는 제시하지 못하고 있다. 그래서 《21세기 자본》의 다른 곳에서 피케티는 "실제로는 균형 상태가 완전히 실현되지는 않는다."[9]고 실토했다. 이는 피케티의 자본 개념에 가공자본인 금융자본이 포함되어 발생한 문제로 보인 다. 실제의 축적에는 사용되지 않는 가공자본이 자본/소득 비율 값을 결정하는 데 한 요소로 포함되어 자산거품에 따라 자본/소 득 비율 값이 크게 오르내릴 수 있다. 이처럼 피케티는 자본을 구분하지 않고 한 묶음으로 취급할 뿐 아니라 잉여가치가 생겨 나는 영역에 따라 나뉘어지는 생산과 유통영역이라는 기본적인 구분도 하지 않고 있다. 당연하게도 피케티는 스스로 중요한 분 석 대상인 소득, 즉 마르크스주의적 의미에서 잉여가치가 어디 에서 발생하는지에 별 관심을 두지 않는다.

둘째, 자본/소득 비율의 장기적인 추세를 설명한 부분도 문제 다. 장기적인 자본/소득 비율과 소득불평등이 U자 곡선을 나타 내고, 1980년대 이후 신자유주의 시기에 다시 19세기 말과 같은 상황이 나타난다 할지라도 그 사이에 어떤 일들이 벌어졌는지 에 대해 설명하지 않는다면 장기적인 추세에서 아무것도 말하 지 않은 셈이다.

피케티는 1차대전 때부터 1970년대까지의 시기에 자본/소득 비율이나 소득불평등 비율이 낮아진 이유가 양차 대전으로 인 한 파괴, 대공황에 따른 가치 감소, 2차대전 이후의 국유화나 몰

왜 우리는 더 불평등해지는가

수 때문이라고 지적한다. 그리고 1970년대 이후 자본/소득 비율이 다시 증가한 것은 장기적으로 지속된 낮은 성장률과 높은 저축률 그리고 최근 몇십 년간 진행된 사유화와 자산가격의 상승 때문이라는 것이다.[10] 미국의 자본/소득 비율이 영국이나 프랑스보다 낮은 것도 바로 전쟁으로 인한 피해가 적었기 때문[11]이라는 지적이다.

그런데 피케티가 이런 역사적 상황 외에 자본/소득 비율이 낮아진 이유로 중요하게 꼽은 한 가지가 바로 세금이다. 피케티는 자본주의 체제 자체가 불평등을 내포하고 있어 항상 자본수익률(r)이 경제성장률(g)보다 크고 따라서 불평등이 확대될 수밖에 없다고 지적한다.

피케티가 사용한 수식을 이용해 설명하면, 국민소득에서 자본소득 비중인 α는 $r \times \beta$이고 다시 β 대신에 s/g 값을 넣으면, $\alpha = r \times s/g$가 된다. 이때 저축률이 일정하다고 가정하면 α(국민소득에서 자본소득 비중)는 r(자본수익률)과 g(경제성장률) 사이의 크기에 의해 결정된다는 것을 알 수 있다. 그래서 r이 g보다 크면 항상 α값은 증대하는 것으로 나타날 수밖에 없을 것이다. α값은 국민소득에서 자본소득의 비중이기 때문에 α값이 증대한다는 것은 빈부 격차가 더 벌어진다는 의미이다.

다만 1929년 대공황에서 1970년대까지의 시기에 불평등이 완화된 것은 바로 선진국 정부들이 세금 정책을 통해 제도적으로 r을 g보다 낮게 유지한 덕분이라는 것이다.[12] 그래서 피케티는 세습자본주의 대안으로 소득세율을 80%까지 높이는 과감한 조치와 전 세계적 차원의 자본소득세를 강화할 필요가 있다고 주장한다.

제임스 오코너(James O'Conner)가 지적한 바 있듯이, 세금은 역사가 가장 오래된 계급 투쟁의 영역이었다. 1차대전 때부터 1970년대까지의 시기에 왜 소득세를 높일 수밖에 없었는지를 살펴보면, 바로 계급투쟁이 격해지면서 자본 측이 노동자들에게 일정한 양보를 하지 않을 수 없었기 때문이다. 1929년 대공황과 양차 대전으로 인해 자본은 파괴된 반면 노동자들은 급진화되었다. 더욱이 전후 호황기를 맞으면서 자본은 안정적으로 노동력을 확보할 필요가 있었다. 이에 노동자들 요구대로 임금을 상승하고 복지 제도 등을 실시하지 않을 수 없었다. 이런 일련의 사건으로 1차대전 때부터 1970년대까지의 시기에 자본/소득 비율과 소득불평등이 낮아졌던 것이다.

셋째, 자본수익률(r)에 대한 피케티의 이해에도 문제가 있다. 피케티는 자본의 종류가 다르면 자본수익률도 다르기 때문에 평균적인 자본수익률이라는 개념은 추상적인 구성물이라고 지적한다.[13] 피케티의 자본 수익에는 지대, 이윤, 배당금, 이자 등이 모두 포함된다. 그렇다면 거품이 끼여 있는 부동산 또는 금융자본의 지대와 이자는 부풀려져 있을 것이고, 대출이나 투자의 연쇄적 과정에서 이자나 이윤은 중복하여 계산되었을 것이다. 그 때문에 실제의 자본수익률은 피케티가 추상적으로 구성한 개념보다 더 낮을 것이다.

피케티는 자본수익률이 항상 경제성장률보다 높기 때문에 자본/소득 비율과 부의 불평등이 커진다고 주장했다. 그래서 자본수익률이 핵심 문제라고 말한다. 하지만 그는 정작 자본수익률이 어떻게 결정되는지는 설명하지 못하고 있다. 다만 영국과 프랑스의 경우 18세기에 r의 평균값은 5-6%였고 20세기 중반에는 7-8%이지만 20세기 후반과 21세기 초반에는 다시 4-5%로 하락했다고만 지적한다.[14] 책의 다른 곳에서 r이 자본의 한계생산성과 일치해야 한다고 주장함으로써 주류경제학으로 회귀하는 모습을 보이기도 한다.[15]

피케티는 21세기에 저성장 체제로 회귀함으로써 19세기의 세습자본주의를 재현하는 길이 열렸고, 이것이 부의 불평등에 큰 영향을 미친다고 지적했다. 그러나 저축률이나 경제성장률이 어떻게 결정되는지는 말하지 않는다. "실제로 사람들은 다양한 이유 때문에 자본을 축적한다. 즉 미래 소비를 증대하기 위해 (또는 퇴직 후 소비 감소를 회피하기 위해), 미래 세대를 위해 부를 쌓아두기 위해, 또는 부와 함께 수반되는 권력이나 안보 또는 특권을 획득하기 위해"[16] 자본 축적이 이루어진다고 말할 뿐이다. 이것은 자본 축적이 개인적이거나 심리적 요소에 의해 이루어진다는 지적 외에 설명한 것이 없다.

넷째, 성장을 이끄는 것이 무엇인지에 대해 천착하지 못했다는 점이 문제다. 즉 피케티는 자본 축적, 즉 경제성장으로 표현되는 자본 축적이 왜 일어나는지를 설명하지 못한다. 심지어 그는 1차대전과 2차대전 그리고 대공황 같은 사건을 자본 축적 과정에서 생긴 결과가 아니라 체제의 작동과는 무관한 외부적 요소에서 발생한 사건으로 본다.[17] 또한 불평등이 위기의 주된 원인은 아니라고 지적하지만 책의 다른 곳에서 구매력 부족이 위기의 한 원인이라는 과소소비론적 주장(경제 위기가 대중의 소비 부족 때문에 발생한다는 주장)을 펼치기도 한다.[18] 자본/소득 비율의 구조적 증가가 주요한 문제점이라고 지적한다. 그렇다 보니 자산 가치의 '거품'이 위기를 불러왔다는 주류경제학의 주장을 그대로 받아들이기도 한다.

다섯 번째, 소득 개념이 협소하다는 점이 문제다. 2차대전 직후 장기적인 경기 팽창 시기에 노동력을 안정적으로 확보하기 위해 자본가들은 복지의 형태로 노동자들에게 사회적 소득을 제공했는데, 이런 복지도 소득의 일종으로 포함시켜야 한다. 그래서 앤드류 클라이먼(Andrew Kliman)은 99%에 해당하는 사람들의 소득은 줄지 않았을 뿐 아니라 오히려 크게 증가했다고 지적한다[19]. 이른바 사회적 임금이라 할 수 있는 복지는 노동자들이 투쟁을 통해 얻은 성과라고 할 수 있다. 따라서 99%에 해당하는 사람들의 소득이 실질적으로는 감소하지 않았다. 특히 장기 호황기에는 군비 지출 덕분에 자본수익성이 높은 수준을 유지했고 또한 노동력 확보를 위해 실질임금도 올랐다. 그래서 밀물이 들어와 모든 배를 떠받쳐준 것과 같은 일이 벌어졌다. 이

왜 우리는 더 불평등해지는가

처럼 전후 장기 호황기에 자본/소득이 낮아지고 소득불평등이 낮아진 이유에 대한 설명도 피케티처럼 소득세 때문이 아니라 노동력 비용을 높일 수밖에 없었던 자본주의 체제의 동학에서 찾아야 한다.

피케티는 자본주의에서 불평등이 심해지는 것이 구조적 문제라고 지적하고 데이터를 제시해 입증하고 있지만, 불평등이 자본주의의 주요한 모순은 아니다. 소득불평등이 세습자본주의이기 때문에 더 심각하다는 것이 피케티의 함의라고 이해한다면, 자본주의의 구조적 문제가 무엇인지가 오히려 핵심 문제일 수 있다. 이런 점에서 피케티와 마르크스를 비교하는 것은 의미 있는 일일 것이다.

마르크스와 피케티

피케티는 경제학을 정치경제학으로 불러야 한다고 강조할 정도로 경제적 쟁점이 정치와 긴밀히 연결되어 있다는 점을 잘 이해하고 있다. 이런 점에서 피케티가, 1970년대 이후 소득불평등이 깊어지는 데 결정적으로 기여한 신자유주의의 등장을 자본 수익률, 즉 이윤율의 하락에 대한 자본가들의 반격이라고 이해하는 것이 중요하다. 그러나 피케티는 자본 개념을 부의 집합으로 이해하기 때문에 피케티의 논리를 따라가면 실제로 생산 과정에 투입되는 자본에 대한 수익인 이윤율의 하락을 파악하기는 쉽지 않다. 피케티의 자본 개념이 지닌 문제점은 데이비드 하비(David Harvey), 마이클 로버츠(Michael Roberts), 알렉스 캘리니코스(Alex Callinicos) 등 많은 마르크스주의자가 지적한 바 있다. 이들의 지적에서 잘 드러나듯이, 자본은 한 묶음의 부가 아니라 생산 과정에서 노동자들을 착취해 스스로 부를 증대시킨다. 이런 점 때문에 마르크스는 자본이 하나의 사물이 아니라 사람들 사이의 관계라고 지적했다. 즉 자본은 노동자들로부터 잉여가치를 착취하는 것을 통해 자기증식하는 가치라고 지적했는데, 이처럼 노동자들에 대한 착취를 지적하지 않으면 자본은 마치 스스로 증식하는 마술과 같은 힘을 가진 그 무엇으로 이해할 수밖에 없기 때문이다.

마르크스는 자본주의를 경쟁적 축적이 특징인 체제라고 이해했다. 《자본론》 3권에서 이윤율이라는 개념을 제시하는데, 이 개념은 자본가들이 노동자들을 착취하면서 얻는 잉여가치가 마치 자본에서 나오는 것처럼 은폐하는 역할을 한다고 지적한다. 하지만 자본가들이 자본을 투자한 대가로 얻는 이윤의 원천은 바로 노동자들로부터 얻은 잉여가치이다. 그리고 마르크스는 자본주의 위기의 근본적 동기는 바로 이런 이윤율이 경향적으로 저하하기 때문이라고 지적했다.

이에 반해 피케티가 바라본 자본주의 동학은, 앞서 지적한 바처럼, α = r×β(= r×s/g)이다. 여기서 자본소득 α는 자본수익률

(r)과 자본/소득 비율(β)의 곱으로 표현된다. 이때 자본수익률은 하락하더라도 자본/소득 비율이 높아지면 전체 소득에서 자본 측이 가져가는 소득 몫은 커질 수 있다. 여기서 자산거품의 가능성을 제외하고 논의하더라도, 경기가 하락할 때에는 자본수익률 저하를 자본/소득 비율 상승으로 벌충하기가 쉽지 않다. 보통 자본수익률이 하락할 때 자본가들은 투하자본을 늘려 전체 이윤량을 늘리는 방식을 취하는 경우가 있다. 그런데 자본수익률이 계속 하락할 때에는 투하자본을 늘리더라도 이윤량은 늘어나지 않을 수 있다. 자본수익률 저하 폭보다 자본/소득 비율 상승 폭이 더 커야 이윤량이 늘어나기 때문이다. 그래서 이 두 가지 비율의 증감을 서로 비교해봐야 그 효과를 파악할 수 있다. 그런데 보통 경기 하락 때에는 자본수익률도 하락하고 자본의 가치 파괴가 심각해지기 때문에 β값도 낮아지는 경향이 일반적이다. 이런 사정을 설명하지 않고 자본수익률(r)이 경제성장률(g)보다 높고, 이 때문에 빈부 격차가 더 심각하다고 결론 내리는 것은 논리적 비약에 가깝다.

다른 한편 자본/소득 비율인 β값과 저축/성장 비율은 다음과 같은 점에서 서로 일치한다.[20]

자본/소득 비율(β)=자본 증가/소득 증가≡투자/소득 증가

저축/성장 비율(s/g)≡저축 비율×(총소득/소득 증가)≡(저축 비율×총소득)/소득 증가≡저축/소득 증가

위의 첫 번째 식은 피케티가 말한 자본주의의 제1 근본법칙이
고 두 번째 식은 제2 근본법칙이다. 그런데 이 두 식이 서로 같
아지는 조건(장기 균형 조건)은 저축이 투자와 같을 때다. 여기
에서도 피케티의 자본주의 축적 또는 성장의 논리는 저축이 투
자와 같아야 한다는 전제에 있는 셈이다. 그런데 저축과 투자는
같지 않으며, 저축은 이자의 함수이고 투자는 이윤율의 함수라
고 할 수 있다. 결국 축장된 자본 또는 저축이 투자로 연결되려
면 이윤율의 수준이 중요하다. 이런 점을 마르크스는 이윤율의
경향적 추세를 통해 설명한 바 있다.

　다른 한편 마르크스는 자본을 다수 자본으로 이해했는데, 이
때 다수 자본은 자본들 사이의 경쟁을 함축하는 의미였다.[21] 마
르크스는 다수 자본의 경쟁이 존재하고 이런 경쟁의 압력 때문
에 축적을 꾸준하게 할 수밖에 없는 체제를 자본주의로 이해했
다. 자본가들 사이의 경쟁 압력은 기술집약적인 산업을 출현시
키고 노동보다는 자본에 대한 투자를 더 늘리는 방식을 강요했
다. 이런 압력 덕분에 잉여가치를 생산하는 노동(가변자본)의 비
중은 전체 투하자본에서 더 줄어들게 되었다. 기술 발전과 생산
의 고도화는 투하자본의 구성에서 불변자본(기계나 설비 등 죽은
노동)의 비중이 노동(산 노동)의 비중보다 더 증가하게 한다. 그
때문에 마르크스는 경쟁의 압력이 생산력을 발전시키고 또 기
술 발전을 촉진하지만 이런 발전이 불변자본 대 가변자본의 비
중 변화로 인해 이윤율 저하를 초래한다고 주장했다. 이런 점

에서 피케티가 마르크스를 두고 "지속적인 기술 진보와 꾸준히 증가하는 생산성의 가능성을 전적으로 무시"[22]했다고 지적하는 것은 마르크스의 주장을 완전히 오해한 데서 비롯된 것이다. 더욱이 피케티는 마르크스가 성장률이 0이거나 0에 가까운 사회를 묘사했다고 주장하는데,[23] 이는 자본주의의 역동적 성격을 언급한 마르크스의 지적과 완전히 배치된다.

위의 논의를 통해 알 수 있는 사실은 피케티가 자본주의를 이해하는 근본법칙으로 제시한 두 법칙으로는 자본주의의 핵심 원리인 노동자들에 대한 자본의 착취, 자본들 사이의 경쟁 그리고 자본 축적을 제대로 이해할 수 없다는 점이다. 피케티는 소득불평등이 자본주의의 내재적 문제라고 주장했지만 왜 그렇게 되었는지를 자본주의의 작동 원리에 기초해 설명하지 못했다. 그가 말한 새로운 세습자본주의가 왜 1980년대 이후 등장하게 되었는지 역시 설명하지 못한다. 자본주의가 왜 심각한 위기를 반복하는지 그리고 2008년에 시작된 대불황이 왜 아직도 지속되고 있는지 그 이유도 《21세기 자본》에서는 찾을 수가 없다. 이런 문제들을 제대로 이해하려면 자본의 경쟁과 축적 그리고 이윤율 및 이윤율의 경향적 저하 법칙을 통해 자본주의의 동학을 밝힌 마르크스의 《자본론》으로 돌아가는 것이 필요하다.

각주

1. Thomas Piketty, *Capital in the Twenty-First Century* (Cambridge Massachusetts: Belknap Press, 2014), 51.

2. 앞의 책, p. 331.

3. 앞의 책, p. 24.

4. 앞의 책, p. 26.

5. 앞의 책, p. 52.

6. 앞의 책, p. 166.

7. 앞의 책.

8. 앞의 책, p. 173.

9. 앞의 책, p. 169.

10. 앞의 책, p. 173.

11. 앞의 책, pp. 152-153.

12. 앞의 책, p. 294.

13. 앞의 책, p. 201.

14. 앞의 책, p. 200.

15. 앞의 책, p. 212.

16. 앞의 책, p. 169.

17. 앞의 책, p. 41; pp. 107-109; p. 121; p. 141.

18. 앞의 책, p. 297. 최근 피케티의 인기에 힘입어 소득(또는 임금) 주도 성장론이 제기되고 있는데, 이 주장은 불평등과 과소소비론이 결합된 것이다.

19. Andrew Kliman, "'The 99%' and 'The 1%' ... of What?" *With Sober Senses* (2013). Last modified February 14. (웹 정보: http://tinyurl.com/pf2osm4) 참조.

20. 홍훈, 〈피케티의 새로운 점과 오래된 점: 사상/이론사적인 조망〉,《2014 년도 한국사회경제학회 여름 정기학술대회 자료집》, 2014
21. 이런 점에서도 피케티의 자본 개념에는 자본들 사이의 구분, 즉 가공자 본인지 아닌지, 그리고 생산자본인지 상업자본인지의 구분이 되어 있지 않다.
22. Piketty, p. 10.
23. 앞의 책, p. 228.

참고문헌

홍훈. 〈피케티의 새로운 점과 오래된 점: 사상/이론사적인 조망〉.《2014년도 한국사회경제학회 여름 정기학술대회 자료집》(2014).

Kliman, Andrew. "'The 99%' and 'The 1%' ... of What?" *With Sober Senses*. 2013. Last modified February 14. (웹 정보: http://tinyurl.com/ pf2osm4)

Piketty, Thomas. *Capital in the Twenty-First Century*. Cambridge Massachusetts: Belknap Press, 2014.

4장

누가
자본의 목에
방울을 달 것인가

———

이재욱

이재욱

서울대 정치외교학부 정치학 박사 과정 중에 있다. 몇 편의 글을 읽고 쓰다 보니 어느새
가방끈이 길어졌다. 기왕 이렇게 된 것 조금이나마 더 의미 있는 연구를 해보기 위해 노력
중이다. 관심 분야는 계급정치, 자본 축적과 정치 변동, 마르크스주의, 사회협약제도 등이
다. 최근에는 노동의 비정규직화가 야기한 정치·사회적 변화를 어떻게 다룰 수 있을 것인
지 연구의 실마리를 찾으려 고민하고 있다.

옛날부터 전해 내려오는 익숙한 경구가 하나 있다. "가난은 나라님도 구제하지 못한다." 나라가 도와주려면 끝이 없기 때문에, 가난함과 그 결과인 불평등은 안타깝게도 어떻게 해결할 수 없는 문제라는 말이다. 그러나 시대가 변했다. 오늘날 우리는 이 명제를 더는 '순순히' 받아들이지 않는 편이다. 사람들도 가난이 개인의 무능력함에서 오롯이 비롯되는 것이 아니라고 생각한다. 가난과 불평등은 국가와 사회가 공동으로 해결해야 할 문제라는 인식이 확산되었다.

피케티의 《21세기 자본》이 출간된 배경도 바로 이러한 일련의 흐름 속에 위치하고 있다. 특히 자본주의 세계의 최선진국인 미국에서 선풍적 인기를 끌고 있다는 점이 주목할 만한 현상이다. 600페이지가 넘는 방대한 분량의 사회과학 서적임에도 일종의 '신드롬'을 불러일으키고 있는 이유는 무엇일까? 아마도 답은 우울한 경제 현실의 단면에서 찾을 수 있을 것이다. 2008년 금융위기 이후 경제 전반의 불안정성이 해소되지 않는 맥락에서, 서구 선진 자본주의 국가에서도 경제적 불평등이라는 문제가 더는 무시하기 어려운 주요 사회적 문제로 부상한 셈이다.[1]

사람들의 관심은 '오늘날 경제적 불평등이 얼마나 심각한지 한 번 알아보자'는 학문적 호기심에만 머무르지 않는다. 많은 사람이 이미 일상에서 불평등을 경험하고 있다. 문제는 실천적 쟁점에 관한 것이다. 누적된 불만은 '왜'라는 물음을, 그리고 '무엇을', '어떻게'란 대안을 요구한다. 불평등은 왜 민주주의에 해악인가? 불평등 문제를 극복할 방안은 무엇이며, 그것은 어떻게 가능한가? 이른바 '피케티 열풍'으로 드러난 세간의 뜨거운 관심은, 한편으로 불평등한 현실을 개혁하고자 하는 열망의 표현 방식이며, 실천적 물음으로 나아가는 하나의 디딤돌이라 할 수 있다.

따라서 더 많은 질문과 문제 제기가 필요하다. 피케티의 작업은 얼마나 성공적인가? 무엇이 더 보충되어야 하는가? 꼬리를 물어 나가는 물음들 속에서 이 글은 《21세기 자본》에서 읽어낼 수 있는 이론적, 실천적 차원의 정치사회적 문제들을 음미하고 몇 가지 논점을 비판적으로 검토한다. 순서는 다음과 같다. 첫째로, 《21세기 자본》에 나타난 불평등과 민주주의의 관계를 살펴본 후, 논의의 공백으로 남아 있는 지점이 무엇인지 검토한다. 둘째로, 이러한 공백이 발생하게 된 이론적 바탕과 그 한계를 검토한 후, 기존의 논의 지형을 확장할 수 있는 변곡점이 무엇인지 탐색할 것이다.

불평등과 민주주의, 그리고 정치적 대안?

기초적인 물음부터 시작해보자. '불평등은 왜 민주주의를 저해하는가?' 물론 이 질문은 각 개념들을 어떻게 정의하느냐에 따라 의미가 달라질, 수많은 정치철학적, 도덕적 쟁점을 함축하고 있다. 그러나 글의 목적에 맞게 여기서는 먼저 저자의 논의를 따라가 보자.

먼저 《21세기 자본》이 문제 삼는 불평등은 단순한 의미에서 사람들 간의 격차 그 자체가 아니다. 공동체 구성원이 합리적으로 정당하다고 수용할 수 없는 요인에 따라 발생한 사회경제적 문제로서 격차를 의미한다. 피케티가 인용하듯이 모든 개인은 다른 능력을 갖고 있으며, 1789년 프랑스 혁명 당시 〈인간과 시민의 권리 선언〉에 언급된 것처럼 "사회적 차별은 오직 공익에 바탕을 둘 때만 가능"하다.[2] 바꿔 말해 격차의 근원이 정당화될 수 없는 요인에 의거해서는 안 된다는 주장이다. 단적으로 표현하자면, 교육을 통한 개인의 능력 계발과 성취로 인한 사회적 격차는 정당하지만, 부의 세습이나 성적, 인종적 차별 등 선행적인 요인에 의거한 격차는 정당하지 못하다. 따라서 불평등이 심화된다는 문제 제기는 두 가지 의미를 함축한다. 한편으로는 사회적 부를 둘러싼 사람들 간의 격차가 확대되는 현상을 지칭하기도 하지만, 다른 한편으로는 부의 격차를 지탱하던 정당성이 질적으로 변화하는 것을 지칭한다.

민주주의(민주정, democracy)에 관하여 피케티는 자신의 관점을 명시적으로 제시하지는 않는다. 다만 가장 일반적인 차원에서 민주주의는 그것이 현실에서 드러나는 매우 다양한 제도적 형태를 추상하여 다음과 같은 문구로 정의할 수 있다. 보통 사람들이 동등한 인민(혹은 시민)이라는 연대의식에 이념적 바탕을 둔 채 스스로 공동체(국가)의 질서를 수립하고 공동의 의사를 결정해 나가는 정치체제, 이른바 '치자와 피치자의 동일성'을 의미한다. 핵심은 공동체 구성원으로서 각기 동등한 정치적 권력을 보유한다(혹은 해야 한다)라는 신념이다. 통상 '1인 1표제'로 표상되는 보통선거제의 도입을 '민주주의의 꽃'으로, 다시 말해 민주주의를 지탱하는 제도적 핵심 장치로 평가하는 이유도 바로 이러한 관점에 기초한다.

그러므로 《21세기 자본》에서 '불평등이 민주주의를 저해한다'는 문구의 의미는 다음과 같이 풀어볼 수 있을 것이다. 방대한 역사적 자료를 관찰하여 도출된 자본주의의 핵심 모순을 드러내는 $r > g$ 부등식, 다시 말해 자본수익률(r)이 경제성장률(g)보다 크기 때문에 발생한 효과들로 인해 부의 불평등과 세습이 심화된다. 그리하여 사람들은 서로를 동등한 공동체 구성원으로 여기지 않거나 더는 그렇게 생각할 수 없는 상황에 이르게 된다.

'1인 1표제'처럼 법률상 보장되는(de jure) 정치권력과 소득계층별로 실제 소유하고 있는(de facto) 정치권력은 구별된다. 경제적 불평등이 정치 참여에 관한 불평등으로 전이되면서, 불평등한 정치적 권력 구조가 고착된다. 경제적 자산에 따른 계층 분화 확대는 의회에 로비를 펼칠 수 있는 능력, 대중매체에 대한 지배력 등 실질적인 정치적 역량 측면에서 권력의 차이를 확대시킨다. 그 결과 민주주의에 대한 신념, 즉 보통 사람들이 공동으로 스스로의 운명을 결정할 수 있다는 믿음과 기대는 약화된다. 이는 결국 불안정과 혼란, 다시 말해 체제에 대한 위협으로 발전하는 것이다.

그러나 미래가 어두운 방향으로 완전히 결정되어 있지는 않다. 경제적 불평등과 직결된 정치적 차원, 즉 민주주의의 문제는 경제적 불평등의 방향을 좌우할 수 있는 가능성을 열어 놓기 때문이다. 사람들의 정치적 결정은 불평등 경향을 심화하거나 완화시키는 데 기여한다. 예를 들어 미국의 경우 공화당과 민주당 중 어느 정당에서 대통령을 선출하는가에 따라 불평등의 수준이 변화한다.[3] 아울러 서구 선진 자본주의 국가들 역시 '누가 집권하는가?'라는 당파성의 정치(partisan politics)에 따라 노동시장의 유연성이나 임금 수준 등 소득불평등을 결정하는 각종 변수가 달라지는 모습을 보인다.[4] 경제학자들의 통상적인 설명과는 달리, 경제가 계속 성장한다고 하여 불평등이 자동적으로 완화되지는 않는다. 그러나 극단적인 불평등이 필연적인 결과인 것도 아니다. 어떤 대안을 선택하느냐에 따라 사태는 얼마든지 달라질 수 있다는 주장이다.

《21세기 자본》의 핵심 내용 중 하나가 바로 이 대안에 관한 것이다. 자본에 대한 누진적 과세를 중심으로 한 일련의 정책 패키지가 핵심이다. 한때 이 대안이 현실화된 시기가 있었다. 역사적 추이를 검토한 결과 불평등을 지속적으로 강화해 나가는 자본주의의 내재적 동학에도 불구하고, 1914년에서 1945년에 이르는 시기에 정책적 노력을 통해 자본수익률(r)을 경제성장률(g) 아래로 낮추었다. 이는 '조세 충격'이라고 불릴 정도로 자본에 최대 80%에 달하는 고율의 세금을 부과하고, 각종 규제 정책을 시행한 결과다. 그 연장선에서 1945년에서 1970년대 중반에 이르기까지 서구 선진 자본주의 국가들은 부의 불평등이 완화된 시기를 경험하였다. 자본주의가 인간의 복리에 긍정적인 영향을 주리라는 일종의 낙관주의적 전망을 가지고 있었던 것이다.[5] 따라서 오늘날 심화된 자산/소득불평등은 1970년대 중반 이후 감세 등 후퇴한 조세정책을 선택한 결과일 뿐이다.

따라서 중요한 것은 불평등을 해결하겠다는 정치적 결단과 노력이다. 오늘날 자본주의가 1914년 이전의 '세습자본주의'로 후퇴하지 않기 위해서는, 거대 자본에 대한 누진적 과세는 물론, 극소수 탐욕스러운 자본 소유자들의 조세 도피를 방지하기

왜 우리는 더 불평등해지는가

위한 지역적, 국제적인 협력과 제도 구축이 필요하다. 나아가 누진적 과세로 확충한 국가 재정은 고등교육 등 사회 기반 분야에 투자되어야 한다. 그리하여 능력에 따른 성취가 보장되는 사회 여건[6]을 조성하는 것이 목표다.[7] 피케티의 '대안'과 전망은 일견 명쾌해보인다.

누가 자본의 목에 방울을 달 것인가

그러나 한 가지 간단하고도 결정적인 의문이 남아 있다. '누가 자본의 목에 방울을 달 것인가?' 바꿔 말해, 어떠한 세력이 이미 비대해진 자본의 권력을 견제할 수 있는가? 안타깝게도 이 질문에 관한 피케티의 답변은 명쾌하지 않다. 그의 논의에는 개별적인 정책 패키지들이 나열되어 있을 뿐이다. '자본에 대한 누진적 과세'와 같은 정책들을 기획하고, 집행하며, 유지할 수 있는 정치사회적 기반에 대한 언급은 찾아보기 어렵다.

그러나 정치는 무엇보다 권력과 갈등의 문제다. 제도와 정책은 관료들의 기술적 결정만으로 산출되지 않는다. 정당과 이익단체를 비롯한 다양한 세력 간의 투쟁, 그리고 합의와 타협의 결과물이다. 좁게는 '누가 선거 경쟁에서 승리하여 집권하는가?'라는 문제에서, 넓게는 '누가 제도권/비제도권 영역에서 자신들의 자원을 활용해 특정한 정책 결정에 영향력을 행사하는가?'라는 문제에 따라 결과가 달라진다. 보통선거제 또한 어느 날 갑자기 주어진 산물이 아니라, 역사적인 갈등과 투쟁을 거쳐 성취된 결과물이다.[8]

피케티는 기존 경제학의 협소한 관점을 비판하며 '경제적 문제'들의 복잡한 성격을 인식하는 것이 중요하다고 주장한다. 경제적 불평등의 유형과 정도는 정치, 사회, 문화적 요인 등 다양한 변수의 영향을 받는다. 불평등은 여러 사회적 세력 간의 갈등을 경유한 산물이라는 지적이다.

그렇다면 갈등의 장(arena)에서 '누가' 그리고 '어떻게' 대립하는가?《21세기 자본》에서는 이 물음들에 대한 답을 찾기 어렵다. 정치적 주체라는 문제가 공백으로 남아 있기 때문이다. 그 결과 권력의 문제, 다시 말해 사회적 세력관계에 대한 분석도 찾아보기 어렵다.

'누가' 그리고 '어떻게'라는 문제의식에서 발견된 공백은 대상의 신비화로 나아간다. 예컨대 《21세기 자본》은 스웨덴, 프랑스, 영국, 미국을 사례로 20세기 발전한 '사회적 국가'의 역할에 대하여 이야기한다. 사회적 국가는 국민들의 복지와 후생에 막대한 영향력을 행사해왔고, 향후 고등교육과 퇴직연금제도 개혁 또한 선도하여 다가올 미래의 사회경제적 충격들에 대비하여야 한다. 이를 위해서는 사회적 국가의 해체가 아닌 현대화가 필요하다.[9] 그러나 마찬가지로 누가 사회적 국가를 건설하고 지지해왔는지, 그리고 오늘날 어떤 기반과 토대 위에서 사회적 국가로서 존립하며 자신의 역할을 수행할 수 있는지에 대해서는 언급하고 있지 않다. 부분적으로 그는 국가의 정치, 철학적 전통을 강조하나, 정작 정치, 철학적 전통과 사고를 발전시켜나간 '사람들'에 관한 이야기는 찾아볼 수 없다. 결과적으로 사회적 국가의 토대는 신비화된다.[10]

피케티의 공백이 남긴 한계는 경제정책의 '합리성'과 '효율성'에 편향된 현실 인식으로 이어진다. 예를 들어 그는 누적된 공공부채 문제 해법을 다음과 같이 제시한다. 1) 자본에 대한 누진적 과세로 재원 확보, 2) 인플레이션 유발을 통한 부채 가치 축소 3) 공공 부문 축소 등 긴축 재정이다. 그러나 이러한 선택지 중 인플레이션 유발과 긴축 재정은 장기적으로 효과 여부가 투명하지 않을뿐더러 여러 사회적 비용을 치를 수밖에 없기 때문에 충분히 합리적이지 못하다. 따라서 그의 일관된 논지대로 자본에 대한 누진적 과세가 가장 효율적인 대안이다.[11]

그렇다면 왜 현실에서는 이 '효율적 대안'이 선택되지 않는가? 바로 과세에 대한 '이데올로기적 편견'과 '국제적 협력의 부재' 때문이라는 것이다. 그 결과 2008년 금융위기 이후 그리스의 사례처럼, 공공부채 해소를 위한 대책으로 가장 문제가 많은 긴축 재정 정책이 채택되었고, 안타깝게도 경제적 불평등을 강화하고 있다는 지적이다.

따라서 그는 정책 결정자들이 각종 경제 문제에 대한 '편견' 내지 '오해'에서 벗어나 가장 효과적인 대안을 선택해야 한다고 논한다. 결국 이 관점에 의하면, 오늘날 불평등을 심화시키고 있는 경제정책은 정치인과 일부 관료들의 무지 혹은 자의에서 비롯된 해프닝처럼 그려진다. 이러한 논의 흐름에서는 정책의 형성과 실현에 관한 미시적 토대(국가 내 정치사회 세력 간의 갈등)도, 국가의 정책적 자율성을 제약하는 요인으로서 거시적 배경(유럽 통합으로 인한 정치·경제적 효과)에 대한 분석도 찾아볼 수 없다. 그리하여 권력의 문제가 충분히 고려되지 않은 피케티의 '대안'은 일견 그 스스로도 인정하고 있듯이 공허한 당위('유토피아')에 그칠 가능성이 크다.[12]

대중이 국가와 자본을 움직였다

피케티가 《21세기 자본》을 집필하면서 집중한 주요 문제는 오늘날 경제적 불평등의 실태에 관한 분석이다. 따라서 그의 '대안'이 허술하다고 비판하는 것은 언뜻 보기에 과도하게 느껴질지도 모른다. 혹은 그가 경제학자이기 때문에 '정치적 문제'에 둔감한 것은 충분히 양해 가능한 부분이 아닌가 하고 반문할지도 모른다.[13]

그럼에도 불구하고 《21세기 자본》의 '대안'이 보여준 허술함을 간과하기 어려운 이유는, 그것이 사태의 분석과 동떨어진 우연의 결과기 때문이다. 논의에서 발견된 공백은 20세기 서구 선

왜 우리는 더 불평등해지는가

진 자본주의 국가의 역사를 바라보는 관점 자체에서 비롯된 것이기도 하다. 피케티가 자신의 '대안'을 논하면서 주체와 권력의 문제를 사고하지 못했던, 다시 말해 충분히 '정치적'이지 못했던 이유는 그가 20세기 중반 서구 선진 자본주의 국가에서 전개되었던 정치적 결과와 그 영향력을 제한적으로 다루었기 때문이다.

《21세기 자본》에서 피케티는 1914년에서 1945년에 이르는 시기의 급속한 소득불평등 감소 원인을 양차 대전이 유발한 정치, 경제적 충격에서 찾는다. 전쟁으로 인한 자본 파괴, 1917년 소비에트 혁명, 대공황 등이 대표적인 충격 사례다. 당시 대격변을 배경으로 자본에 고율의 과세를 부과하는 것이 가능했고, 그 영향력이 지속되다가 1970년대 후반에 이르러 약화되면서 오늘날 불평등이 심화되었다는 설명이다.

그러나 한 가지 짚고 넘어가야 할 점은 전쟁과 혁명의 효과는 자본의 물리적 혹은 경제적 파괴에 한정되지 않는다는 점이다. 오히려 더 주목해야 할 지점은 전쟁과 혁명으로 인해 국가의 공적인 성격이 증대되면서 유발된 효과다. 전쟁과 혁명을 직간접적으로 경험한 사람들은 이전과 같지 않았다. 대중의 정치 참여가 높아졌고, 이들의 요구에 부응해 국가는 이전보다 더 많은 과업을 수행해야 했다. 이 과정에서 국가의 역량 또한 증대되었다. 국가기구와 관료들은 총력전과 전시 동원을 통해 학습한 경험을 바탕 삼아 광범위한 영역에서 행정력을 향상시킬 수 있었다. 자본 몰수와 국유화, 부유층에 대한 누진세 등의 정책은 이와 같은 정치사회적 기반에서 나온 것이다. 전후 자본주의와 민주주의 발전이 정착되는 길은 다양한 모습으로 나타났다. 그러나 한 가지 공통적이었던 정치적 질문은 전후 주요 세력으로 성장한 노동자계급을 어떻게 사회적으로 포섭할 것인가라는 문제였다.

많은 나라에서 그 답은 노동자계급이 참여한 '사회적 대타협'에서 찾을 수 있었다. 국가별로 전개 양상은 달랐지만, 통상 대중적 참여 기구로서 노동조합과 사회(민주)주의 정당이 정치, 경제 각 영역에서 자본의 권력을 압박했다. 압박을 가능하게 한 권력의 주된 기반은 노동자계급의 조직된 역량이었다. 그 결과 자본가들은 생산수단의 사적 소유 보장, 다시 말해 자본주의적 생산양식의 재생산을 보장받는 대가로 고율의 과세를 수용했다. 과세로 얻어낸 재원은 보건의료, 고등교육, 공공건축 등 대중의 복지 향상에 기여하는 다양한 사회 기반 분야와 제도 확충에 투자되었다. 바로 이러한 맥락에서 국가는 재정과 통화 부문에서도 상대적인 자율성을 획득해 자본의 흐름을 통제할 수 있었던 것이다.

특히나 이 시기 독일, 스웨덴 등 일부 국가들에서 수립된 사회협약제도[14]는 노동자계급 대중이 1인 1표제를 넘어 어떠한 방식으로 '치자와 피치자의 동일성', 다시 말해 민주주의적 가치를 성취하려 노력했는지를 보여준 하나의 시도였다. 통상 전국 단위노동조합과 경영자총연맹으로 대표되는 노동과 자본의 정상 조직(peak organization)이 정부로 대표되는 국가의 중재 혹은 개입 아래 고용, 재정 분야 등 거시경제정책 결정에 공동으로 참여했다.[15] 노동자계급은 생산 현장에서의 파업 자제 등 산업 평화를 유지하는 조건으로 자본과 국가로부터 완전고용 달성, 실업자 구제책 확충, 노동자계급 내부의 임금 격차 축소와 같은 평등주의적 경향을 강화하려 노력했다. 그뿐만 아니라 협약은 산업별 혹은 지역별 단위에서 지속적으로 보충되면서 그 범위와 내용을 확장시켜나갔다. 생산 현장에서 작업량 조절, 신기술 도입, 신규 인력 고용 등을 둘러싼 노사 간의 공동 결정이 그 사례 중 하나다.

　이러한 맥락에서 20세기 중반 서구 선진 자본주의 국가의 역사는 '평등주의와 민주주의가 교차한 시기'라고 규정할 수 있다. 그리하여 한때 노동자계급은 자신의 계급적 역량을 전 사회적인 차원으로 투사할 수 있는 미래의 계급으로 여겨졌다.[16] 노동자계급의 번영이 가능하도록 경제를 재구성하는 일이 공동체의 안정과 국익에 직결되었다. 노동과 자본은 자신들이 보유한 권력 자원의 성격과 수준—노동자계급의 조직력, 자본가계급의 생산수단 지배력—을 인지한 채, 상호 협력이 가져다줄 이점과 공존의 길을 모색했던 것이다. 또한 임금 상승, 생산 현장 내 권력 강화 등 노동자계급의 발전은 자본이 더 선진화된 생산방식을 도입하도록 유도하거나 강제하는 요인도 되었다. 노동과 자본의 적대적이면서도 협력적인 공존과 이에 기반을 둔 국가적 발전 전략은 1970년대 중반에 이르기까지 비교적 성공적인 모습을 보여주었다.

요컨대 20세기 중반 서구 선진 자본주의 국가가 성취한 상대적 불평등의 완화는 '누진적 과세'로 환원될 수 없는 여러 조건을 통해 가능했다. 공공정책 결정에 대한 노동자계급 대중의 깊은 관심은 물론, 자신들의 의사를 공적 영역에서 관철시킬 수 있는 노동자계급의 조직적 역량, 그리고 그 결과물로서 '사회적 대타협'이 핵심 요소였다. 다시 말해 평등주의적 민주주의의 실현은 역동적 정치 과정으로서 다양한 정치사회적 주체들이 보여준 갈등과 투쟁, 협상과 타협이 교차한 민주적 계급투쟁(democratic class struggle)의 산물이었다.[17]

대항세력이 없으면 자본도 없다

그러나 전후 '자본주의의 황금기'는 오래 지속되지 않았다. 《21세기 자본》에서도 지적하듯이 1970년대 중반을 기점으로 상황은 달라지기 시작했다. 물론 이 문제에 관해 피케티가 처음으로 주목한 것은 아니다. 많은 사회과학자들이 다양한 방향에서 각자의 문제의식을 발전시켜왔다. 따라서 피케티의 관점과 주장 역시 어느 날 갑자기 출현한 우연의 산물이라고 해석하기보다

왜 우리는 더 불평등해지는가

는 기존 논의들의 맥락 속에서 그 위치를 확인해볼 필요가 있다.

오늘날 '피케티 열풍'과 관련해 특히나 흥미로운 수렴점 중 하나는 몇몇 논자가 최근 제기해온 비관적 전망이다. 많은 국가가 전 지구화(globalization)와 신자유주의의 파고를 거치면서 '평등주의와 민주주의의 교차'는 오늘날 더는 유효하지 않다는 주장이 대두되었다. 민주주의는 전 지구화를 향한 자본주의의 돌진과 보조를 맞추지 못한 채, 개별 국가의 통치 능력을 넘어선 다국적 기업의 강력한 성장을 민주적으로 통제할 수단을 상실하고 있다.[18] 자본주의와 민주주의가 점차 분리되어 가는 과정에는 기존 제도들을 둘러싼 다양한 변화가 놓여 있다.

먼저 노동자계급 내부에서 분열이 일어났다. 1960년대 중반 이후로 선진 자본주의 국가에서는 육체노동자 계급의 규모가 상대적으로 감소한 반면, 행정 및 관리·서비스 직종 등에 종사하는 (신)중간계급이 증대하기 시작했다. 고등교육이 사회적 계층 상승의 통로로 대두된 동시에 기존의 '단일한' 계급의식과 대비되는 균열점이 나타났다. 연금 등 각종 제도 개혁을 둘러싼 공공 부문과 민간 부문 노동자 간의 균열, 노동시장 내 성별 역할에 따른 균열, 나아가서는 고용 형태상 정규직·임시직 노동자 간의 균열 등이 그 사례다.

노동자계급 외부의 정치적 배경도 변했다. 특히 영국과 미국에서는 노동조합을 강경하게 탄압했다. 다른 사회적 가치보다 시장의 자율성과 개인의 이윤 동기를 장려하는 사회 분위기, 그리고 공공 부문 민영화와 시장 개입 축소 등을 기치로 내세운 '대처리즘(Thatcherism)'과 '레이거노믹스(Reaganomics)'의 결과물이다. 사회적 대타협을 구성하던 제도들이 경제적 비효율의 원인으로 치부되기 시작했다. 노동조합은 저성장-고실업의 주범으로 비난받았다. 대처 집권기 영국에서는 노동조합의 '특권적 지위'가 노동시장을 경직시키고 실업률을 높이는 원인이 된다는 논의가 확산되었다. '노동조합이 국가 경제를 망치고 있다'는 이념적 공세가 전 방위적으로 행해진 셈이다. 변화된 국가 정책을 둘러싼 갈등은 투쟁과 충돌로 이어졌고, 이 시기 노동자계급의 패배는 노동과 자본 사이의 권력 균형을 자본에 유리하도록 변화시켰다.

아울러 대중의 정치 참여 기구였던 노동조합-대중정당이 연계된 사회적 모델이 해체되기 시작했다. 노동자계급과 지지 대중의 이해를 정치적으로 반영하고 중재했던 사회(민주)주의 정당은 복지국가 발전과 개혁 노선을 둘러싸고 대내외적으로 갈등을 겪으면서 대중적 지지를 잃어갔다. 결국 이들은 변화된 현실을 적극적으로 돌파해나갈 이념, 정책적 방향성을 상실한 채 보수주의 세력과의 정권 교체에 직면한다.[19] 노동조합의 조직률 축소 등 노동자계급의 조직과 제도들이 해체되면서, 시민들 또한 정치적으로 파편화되고 점차 정치적으로 수동적인 존재로 변모해갔다. TV 등 대중매체의 발전은 역설적으로 권력 엘리트들의 대중 조작 기법을 정교화하는 데 기여했으며, 정당 간 경

쟁은 정책을 둘러싼 첨예한 논쟁이 아닌 진부한 엔터테인먼트로 전락했다.[20]

이러한 맥락에서 영국 사회학자인 콜린 크라우치(Colin Crouch)는 오늘날 현실을 가리켜 자본주의와 민주주의의 결합이 해체된 '포스트 민주주의(post-democracy)'라는 용어로 묘사하기도 한다. 서구 선진 자본주의 국가에서는 1980년대를 기점으로 노동자계급의 권력이 포물선의 '꼭짓점'에서 내려오게 된다.[21] 더불어 민주주의의 형식적 요소는 그대로 남아 있지만, 제도가 담고 있던 평등주의적 내용은 해체된다. 각종 공공 부문의 민영화, 기존 복지제도의 실질적인 후퇴가 대표적인 사례다. 그 결과 정치가 사실상 특권적인 소수 엘리트의 통제권에 귀속되고, 자본이 노동자계급에 비해 비대칭적으로 강력한 권력을 쥐고 있는 현상을 목도하게 된다. 요컨대 '민주주의가 그 껍데기만 남아버렸다'는 지적이다.

최근에는 심지어 '자본주의의 종말'을 예견하는 논의마저 등장했다. 독일 사회학자이자 사민당 정권의 브레인이었던 슈트렉(Wolfgang Streeck)은 피케티의 주장과 유사한 맥락에서, 1) 지속적인 경제성장의 저하와, 2) 공공·민간 부문 전반의 부채 증대, 3) 소득과 자산 양측에서 경제적 불평등의 증대가 전 지구적 차원에서 불안정한 삶을 양산하고 있다고 지적한다. 특히나 이 세 가지 경향은 서로를 강화한다는 점에서 심각한 문제다. 경제적 불평등 증대가 경제성장률을 저하시키고 저성장 경제가 불평등과 분배 갈등을 강화하는 와중에 부채 증대는 경제성장을 저하하면서도 금융화와 구조적으로 연계되어 불평등을 심화시키는 데 기여한다는 것이다.

경제적 불평등 심화로 오늘날 많은 사람이 자본주의 경제와 민주정의 양립 가능성 자체에 회의를 품고 있으며, 유럽의 자본주의는 탈민주주의화, 탈정치화의 경로를 밟아가고 있다. 따라서 앞서 지적한 세 가지 악순환의 고리를 단절할 수 있는 대항세력들(countervailing forces)이 존재하지 않는 한, 오늘날 자본주의가 직면하고 있는 문제들은 파국적 위기로 발전할 수 있다는 주장이다.[22]

현대 자본주의에 대한 비관론자들의 공통적인 견해는 한마디로 다음과 같이 요약될 수 있다. 과거 자본가들의 '야성적 충동(animal spirit)'을 길들일 수 있었던 정치적 주체, 말하자면 대항세력이 보이지 않는다는 주장이다. 경제적 불평등을 비롯해 과거 자본주의의 병폐들을 교정하던 제도, 정치적 제약들이 쇠퇴하면서 현대 자본주의는 그 '적수'를 찾을 수 없는 상황이다. 시장의 팽창은 자본주의의 존속 자체를 위협할 거대한 리스크를 양산해내고 있다. 1945년 이후 약 30년간 지속되었던 자본주의와 민주주의의 결합이 해체되면서 앞으로 남은 것은 자본주의의 장기적이고 고통스러운 쇠퇴(decay)일지도 모른다.[23]

불평등 문제를 정치화할 방법은 무엇일까

이러한 맥락에서 《21세기 자본》은 오늘날 비루한 현실의 한 단면을 보여주는 흥미로운 책이다. 피케티의 주체 없는 '대안'은 20세기 중반 노동자계급의 역할에 대한 제한적 인식은 물론, 1980년대 노동자계급의 패배와 몰락 이후 새로운 대항세력을 찾을 수 없었던 비관적 전망과도 무관하지 않아 보인다. 현실적으로 존재하는 어떤 대안적 주체로부터 출발해 정책을 도출한 것이 아니라, 주체와 권력의 문제를 공백으로 남겨둔 채 마련된 대안이라 토대 없는 정책 논의로 귀결된다. 그 결과는 일종의 '과세 만능주의'처럼 보이는 앙상한 '대안'이다. 그렇다면 누진적 과세를 통해 불평등이 완화된 사회는 더 '민주주의적'인가? 현대 민주주의의 위기를 해결하기 위한 또 다른 물음을 이어나갈 필요가 있다.

《21세기 자본》에 나타난 민주주의 개념은 실상 '능력에 따른 성취' 그리고 '자유로운 계층 이동 가능성'을 핵심으로 하는 능력주의에 가깝게 해석된다. 오늘날 불평등이 민주주의에 해악인 이유는 개인의 성공이 그가 가진 능력보다 출신 혹은 상속된 부와 같은 세습적 요인에 더 많이 좌우되기 때문이다. 바로 이러한 맥락에서 세습자본가 혹은 지대 추구자는 도덕적으로 정의롭지 못한 존재다. 피케티는 심지어 이들을 "민주주의의 적"이라고까지 표현하며 강하게 비판한다. 따라서 민주주의가 봉착한 위기를 극복하고 다시금 정당성을 제고하기 위해서는, 과거 케인스주의가 '금리생활자들의 안락사'를 유도했듯이 정치적 해법(자본가들에 대한 누진적 과세!)으로 문제를 풀어나가야 한다.[24]

그러나 '민주주의의 문제'는 교육(능력주의) 대 상속(세습) 중 무엇이 더 정당한가라는 도덕적, 윤리적 쟁점으로 환원되지 않는다. 계층 간 이동성이 높아진다고 해서 민주적인 것은 아니다. 능력주의는 민주주의와 '교차'할 수는 있을지언정, 필연적으로 조화로운 개념은 아니다. 심지어 피케티조차도 고등교육의 확대가 세대 간 계층 이동성을 높였다는 증거를 찾아보기 어렵다는 점을 인정한다. 그럼에도 불구하고 민주주의에 대한 대중의 신념이 능력주의에 기반을 두고 있기 때문에, 다시 말해 사람들은 능력에 따른 계층 상승이 가능하다는 '희망'을 여전히 갖고 있기에 민주주의가 유지된다는 것이다. 따라서 대중의 믿음이 유지되도록 능력주의를 강화하는 것이 결과적으로 민주주의의 가치를 지켜낸다는 주장이다.

그러나 이는 민주주의의 문제, 나아가 정치의 문제를 협소하게 해석한 결과다. 앞서 언급했듯이 정치와 민주주의는 무엇보다 권력의 문제를 수반한다.[25] 자본가들의 이익에 반하는 고율의 과세는 아무런 기반 없이 추진될 수 없다. 이미 민주주의가 소수 엘리트의 권력에 포획된 상황에서, 어떻게 일상의 불평등을 경험하고 있는 대중이 (초)국가기구에 영향력을 행사할 수

왜 우리는 더 불평등해지는가

있을 것인가? 20세기 중반 서구 선진 자본주의 국가가 보여주었듯이, 이는 갈등과 투쟁의 결정적 순간에 의지를 관철시킬 수 있는가라는 권력의 문제이며, 대중이 정책적 시혜-그것이 자본에 대한 과세이든 무엇이든-의 대상이 아니라 정책을 기획하고 실현시켜나갈 정치적 행위자로 어떻게 등장할 수 있는가라는 주체의 문제다.

더 생각해봐야 할 근원적인 민주주의의 위기 요인은 다음과 같은 문제들이다. 보통 사람들이 품고 있는, 거의 아무것도 할 수 없다는 무력감의 확산, 대중적 지지에 기반을 둔 정치 개념의 쇠퇴. 이것이야말로 '세습자본주의'가 심화시킨 불평등 문제보다 민주주의의 위기를 더욱 심화시키는 요소라 할 수 있다. 따라서 더 중요한 것은, '고양이 목에 방울을 달 수 있는' 주체를 개발하는 문제, 다시 말해 '누가' 공동체의 집단적 주권자로서 스스로 문제를 제시하고 해결해나갈 수 있는가라는 물음이다.

다시 처음으로 돌아가 보자. "가난은 나라님도 구제하지 못한다"는 명제를 "가난은 나라가 구제해야 한다"는 명제로 대체해나갔던 것이 20세기 중반 서구 선진 자본주의 국가들의 역사였다면, 최근의 현실과 전망은 두 가지 압축적 문구로 표현할 수 있을지도 모른다. 첫째, 가난은 개인의 무능력에서 비롯된 일이며 나라님도 구제하지 못한다는 고전적 명제로의 복귀다. 둘째, 가난을 스스로 구제해왔던 대중의 역량 강화가 아니라 문제를 일소에 해결할 '위대한' 지도자의 출현을 바라는, '나라님'의 출현을 기원하는 메시아적 소망이다. 그리고 어쩌면 그 미래는 경제적 어려움을 약자에 대한 폭력과 배제로 '해결'하려는 우려스러운 모습으로 나타날지 모른다.

그리하여 우리에게 남은 것은 또 다른 선택의 문제다. 우리는 정말 가난과 경제적 불평등을 '민주주의적'으로 풀어나가길 원하는가? 만약 이 물음에 '그렇다'라고 답한다면 불평등을 넘어 파편화된 개인을 양산해내는 논리가 무엇인지, 어떤 사회적 메커니즘이 사람들을 끊임없이 분할시키고 있는지 따져보아야 한다. 분석은 대안 모색과 직결된다. 오늘날 분열을 극복할 새로운 연대성 구축의 논리는 무엇인지, 과거 노동자계급이 보여주었던 평등주의적 전망의 성과와 한계를 극복할 방법은 무엇인지 물어야 한다. 결코 간단하거나 쉬운 길은 아니지만, 올바른 답을 찾기 위해서는 올바른 질문이 선행되어야 할 것이다.

각주

1. 한국 사회도 예외는 아니다. 지난 2012년 대통령 선거의 주요 쟁점 중 하나가 복지국가 건설이었다. '복지국가 건설을 위해 무엇이 필요한가?'와 같은 거대 담론에서부터, 의료보험이나 연금 등 사회보장제도 개혁을 둘러싼 구체적 쟁점에 이르기까지 다양한 논의가 사람들의 관심을 사고 있다. 최근 정부 산하 국민대통합위원회가 실시한 여론조사에 따르면, 계층을 막론하고 국민 중 약 40%가 향후 우리 사회는 복지국가로 나아가야 한다고 답했다. 조사 결과는 가난과 불평등이 우리에게도 공동의 문제로 이미 인식되고 있음을 방증한다.

2. Thomas Piketty, *Capital in the Twenty-First Century* (Cambridge Massachusetts: Belknap Press, 2014), 479.

3. 래리 M. 바텔스, 《불평등 민주주의》, 이선주 옮김 (파주: 21세기북스, 2012).

4. Jonas Pontusson, David Rueda, and Christopher R. Way, "Comparative political economy of wage distribution: The role of partisanship and labour market institutions," *British Journal of Political Science* 32, no.2 (2002): 281-308.

5. Piketty, pp. 350-355.

6. 이른바 '능력주의(meritocracy)'를 의미한다. 각자의 재능에 따른 보상 성취를 정의의 기준으로 삼는 이념으로, 계급·성·인종과 같은 선천적 요인이 아닌 타고난 재능과 노력의 결합에 따른 보상을 강조한다. 이는 기회의 평등을 필요로 하며, 평등주의적 조정이나 세습주의를 방지할 모종의 중앙 통제 수단을 필요로 한다: George T. Kurian and J. M. Boryczka, *Encyclopedia of Political Science* (CQ Press, 2010), 1024.

7. Piketty, p. 474.

8. "자본주의 발전은 상층 지주계급을 약화시키고 다른 피지배계급들뿐만 아니라 노동자계급을 강화시킨다. 부르주아지와 노동자계급의 자세에서 우리는 자본주의가 민주주의로의 압력을 창출하는 것은 자본가들에 의한 것이 아니라 자본가들의 방해에도 불구하고 이루어지는 현상임을 알 수 있다. 민주주의는 자본주의 발전의 모순적 성격의 산물로서 필연적으로 피지배계급들, 특히 노동자계급과 그들의 자기 조직력을 창출했던 것이다.": 디트리히 뤼시마이어, 이블린 스티븐스, 존 D. 스티븐스, 《자본주의 발전과 민주주의: 민주주의의 비교역사 연구》, 박명림 외 옮김 (서울: 나남, 1997), 454-455쪽.

9. Piketty, p. 481.

10. 따라서 20세기 선진국에서 사회적 국가가 부상할 수 있었던 것처럼 오늘날 빈곤국과 신흥국에서 유사한 발전을 볼 수 있을지 여부에 관해서는 "이보다 더 불확실한 것은 없다."는 답변밖에 제시되지 않는다. 이들 국가의 세수 수준은 선진 자본주의 권역의 '사회적 국가'에 비해 현저하게 낮은 단계에 머물러 있기 때문에 각 국가는 정치, 문화적 분열을 극복하기 위한 고유의 방법을 모색해야 한다는 지적이다(Piketty, pp. 490-492).

11. Piketty, pp. 555-556.

12. 또 다른 사례로 그는 자본을 민주적으로 통제하기 위해 경제 정보의 투명성을 확보할 필요가 있다고 주장한다. 오늘날 전 지구적으로 자유롭게 움직이는 금융자본에 0.1%의 과세를 부과함으로써 금융 거래 현황을 공개하고, 여기서 수집된 정보를 바탕으로 불평등을 완화하기 위한 정책적 방안을 모색해야 한다는 주장이다(Piketty, pp. 519-520). 그러나 자본에 새로운 과세를 부과하는 것 역시 자본을 '강제'하거나 '설득'할 수 있는 힘을 가진 주체가 누구인지 물음을 먼저 제기할 때 비로소 유의미한 현실적 논의로 자리 잡을 수 있다.

13. 그러나 《21세기 자본》〈서문〉에서 피케티는 불평등 문제에 관해 '순수경

제학적 논의'에 머무르는 것을 누구보다도 원치 않으며 논의의 진전을 위해서 역사학, 사회학, 정치학 등의 연구 방법을 동원해야 한다는 견해를 밝히기도 했다. 따라서 피케티를 협소한 의미의 경제학자로 치부하는 것은 오히려 그의 의도에 반하는 해석일지도 모른다.

14. 통상 '코포라티즘(corporatism)' 혹은 '코포라티즘적 계급타협'으로 불리는 이 개념은 용어 사용자에 따라 다양한 방식으로 규정되지만, 가장 일반적인 수준에서 "노동과 자본의 조직된 이해집단이 전체 사회 수준에서 '더 일반적인' 이해에 관한 합의를 기반으로 구성원들을 규율하는 체제"라고 할 수 있다. 한국의 경우 김영삼 정부 시기 노사관계개혁위원회(1996-1997), 김대중 정부 시기 노사정위원회(1998-1999)를 사회협약제도를 구축하려 했던 하나의 시도로 평가할 수 있다. Colin Crouch, "Revised Diversity: From the neo-liberal decade to beyond Maastricht." in *Industrial Relations in Europe*. Ruysseveldt. J. V. and J. Visser. (eds.) (London: Thousand Oaks, Calif: Sage Publications, 1996).

15. 물론 노동과 자본의 공동 결정이 두 세력 간의 권력이 동등함을 의미하지는 않았다. 노동자계급의 역량이 가장 강력했다고 평가되는 스웨덴에서조차 자본은 생산수단의 배타적 소유에서 유래한 권력에 기반을 두어 노동에 비해 구조적인 우위를 점했으며, 노동은 이러한 권력 불균형을 극복할 전망을 제시하는 데 한계를 보였다. 그 결과는 20세기 사회민주주의의 몰락으로 이어진다.: Jonas Pontusson, *The Limits of Social Democracy: Investment Politics in Sweden*, (Ithaca: Cornell University Press, 1992), 220-237.

16. 콜린 크라우치,《포스트 민주주의》, 이한 옮김 (서울: 미지북스, 2008), 91쪽.

17. Walter Korpi, *The Democratic Class Struggle* (London: Routledge & Kegan Paul, 1983).

18. Crouch, 《포스트 민주주의》, 46-47쪽.

19. 또한 1970년대 후반을 기점으로 단행된 금융자유화와 경쟁적 규제 완화
는 초국적 기업, 금융자본의 권력을 강화했다. 거시경제정책은 기존의
사회협약제도처럼 이해 당사자 간의 협의보다, 민주적 통제에서 벗어난
관료들의 재량에 따라 결정되는 추세다. 독립된 중앙은행이나 유럽연합
내 여러 경제 분과 위원회가 그 예다.

20. Crouch, 《포스트 민주주의》, 34-35쪽

21. 특히 노동자계급의 전 사회적 영향력이 가장 막강했던 스웨덴 역시, 전
지구적 불안정·저임금 노동의 확산과 경쟁 심화로 인해 실업 문제가
심각하다는 지적이 대두된다: Wolfgang Streeck, "How will capitalism
end?" *New Left Review* 87 (2014), 51-54.

22. Wolfgang Streeck, "How will capitalism end?" pp. 37-47.; 특히나 흥미
로운 지점은 슈트렉이 2004년 제기된 한 논쟁에서 자본가들을 '교육'시
킬 수 있다고 주장하며 희망의 끈을 놓지 않았으나 불과 10년 만에 자
신의 입장을 바꿔 비관론자로 변모했다는 점이다(Wolfgang Streeck,
"Educating capitalists: a rejoinder to Wright and Tsakalotos," *Socio-
Economic Review* 2, no.3 (2004): 425-438). 2008년 금융위기의 여파가 아
직 완전히 해결되지 않은 상황에서 개혁은 지지부진할뿐더러 자본주의
를 견제할 대항세력(노동자계급)이 쇠퇴한 이후 이를 대체할 대안적 움
직임을 현실에서 찾아볼 수 없기 때문이다.

23. 그리고 역설적으로 이는 자본주의의 장래에 가장 큰 약점으로 나타날 수
있는데, 사회 시스템은 내적 이질성—자본주의의 경우 조직된 노동자계
급—이 존재하여 사회 전체가 단일한 목적에 매몰되는 것을 방지할 수
있을 경우에만 번성할 수 있기 때문이다. 즉, 새로운 정치적 주체는 사회
조직의 원리로서 다원주의를 유지하기 위해서라도 필요하다.

24. Piketty, pp. 422-423.

왜 우리는 더 불평등해지는가

25. "우리는 민주주의와 그 조건을 어떻게 인식해야 할 것인가? 우리의 가장
기본적인 전제는 민주주의는 무엇보다도 권력의 문제라는 것이다. 민주
화는 우선, 그리고 무엇보다도 정치적 평등의 증대를 의미한다. (…) 민
주주의가 적대적인 조건들에 직면해서도 등장하고 안정화되고 스스로
유지될 수 있는지를 결정하는 가장 중요한 요인은 권력관계이다. 우선
서로 다른 계급들과 계급연합들 사이의 세력 균형이 있다. 이것은 가장
압도적으로 중요한 요소다."(뤼시마이어 등, 27-28쪽).

참고문헌

디트리히 뤼시마이어, 이블린 스티븐스, 존 D. 스티븐스. 《자본주의 발전과
    민주주의: 민주주의의 비교역사 연구》. 박명림 외 옮김. 서울: 나남, 1997.
래리 M. 바텔스. 《불평등 민주주의》. 이선주 옮김. 파주: 21세기북스, 2012.
콜린 크라우치. 《포스트 민주주의》. 이한 옮김. 서울: 미지북스, 2008.
Colin Crouch. "Revised Diversity: From the neo-liberal decade to beyond
    Maastricht." *in Industrial Relations in Europe*. Ruysseveldt. J. V. and J.
    Visser. (eds.) London: Thousand Oaks, Calif: Sage Publications, 1996.
Korpi, Walter. *The Democratic Class Struggle*. London: Routledge & Kegan
    Paul, 1983.
Kurian, George T, and J. M. Boryczka. *Encyclopedia of Political Science*. CQ
    Press, 2010.
Piketty, Thomas. *Capital in the Twenty-First Century*. Cambridge Massachusetts:
    The Belknap Press of Harvard University Press, 2014.
Pontusson, Jonas. *The Limits of Social Democracy: Investment Politics in Sweden*.
    Ithaca: Cornell University Press, 1992.

Pontusson, Jonas, David Rueda, and Christopher R. Way. "Comparative political economy of wage distribution: The role of partisanship and labour market institutions." *British Journal of Political Science* 32, no.2 (2002): 281-308.

Streeck, Wolfgang. "Educating capitalists: a rejoinder to Wright and Tsakalotos." *Socio-Economic Review* 2, no.3 (2004): 425-438.

_____. "How will capitalism end?" *New Left Review* 87 (2014): 35-64.

왜 우리는 더 불평등해지는가

5장

세계적
불평등의
뿌리는 무엇인가

———

김어진

김어진

고려대학교를 졸업하고 경상대학교에서 〈제국주의 이론을 통해서 본 한국 자본주의의 지위와 성격 검토〉로 박사 학위(경제학)를 받았다. 현재 경상대 연구교수다. 자본론, 한국경제론, 제국주의론 등을 강의하고 있다. 제국주의뿐 아니라 아류 제국주의 국가군과, 세계화와 글로벌 대기업의 변화 등에 관한 연구에 몰두하고 있다. 제국주의야말로 자본주의의 진정한 속살이라고 생각한다. 〈고전적 제국주의론의 재구성〉〈경제위기와 제국주의〉〈지식기반경제와 노르딕 모델〉〈창조경제의 정치경제학〉〈삼성전자를 통해서 본 '클러스터' 이론과 '글로벌생산네트워크' 이론의 한계─삼성 WAY의 실체는 무엇인가?〉 등 다수의 논문을 썼다. 반전 네트워크 단체인 반전평화연대(준) 간사로도 활동하고 있다.

* 이 논문은 2010년 한국연구재단의 지원을 받아 수행된 연구(NRF-2010-413-B00027)의 일환이다.

불평등 수준이 자본주의 이래 가장 극심했던 시기로 돌아가고 있다고 말하는 피케티는 세계적 불평등에 대해서는 뭐라 말할까?[1] 세계적 불평등에 대한 피케티의 지적 또한 매우 실감난다. 월소득 평균을 기준으로 보면 서유럽, 북미, 일본은 사하라 이남 아프리카에 비해 17배 정도 높다.

　"전 세계의 불평등은 1인당 월소득이 150-250유로 정도인 지역에서부터 이 소득의 10-20배 더 높은 2500-3000유로를 버는 지역에 이르기까지 다양하게 나타난다. 전자는 사하라 사막 이남 아프리카와 인도이고 후자는 서유럽·북미·일본이다."[2]

　위와 같은 피케티의 진술이 깜짝 놀랄 만한 새로운 사실은 물론 아니다. 시장 자유화는 경제적 불평등의 폭을 넓힐 수 있지만, 역동적 성장도 동반해 빈민들의 소득도 동시에 증가하게 하리라는 워싱턴 컨센서스의 주장이 거짓말이라는 것은 이미 널리 알려진 진실이다. 오죽하면 신자유주의 세계화가 'Neoliberal Lies(거짓말)'이라는 표현이 나왔을까. 이미 유엔개발보고서에 따르면 세계 인구 중 가장 부유한 20%와 가장 가난한 20% 사이의 격차는 1960년대에 30 대 1, 1990년대에 60 대 1, 그리고 1997년에 74 대 1로 증가했다.[3]

앞서 지적됐듯이 피케티의 언급에서 특별히 흥미로운 것은 2010년대 초 부의 세계적 불평등이 1900~1910년에 유럽에서 관찰된 수준에 필적한다는 사실이다. 최상위 0.1%에 속하는 사람들은 오늘날 세계 총자산의 거의 20%, 상위 1%는 50%, 상위 10%는 80~90%를 소유한다. 하위 50%가 소유하는 것은 의심할 여지없이 전체 부의 5%에도 못 미친다.[4]

전 세계에서 가장 부유한 그룹에 속하는 0.1%는 45억 성인 가운데 450만 명인데, 분명히 평균 1000만 유로 정도의 자산을 소유한다. 이는 1인당 6만 유로인 세계 평균 자산의 거의 170배이며, 모두 합쳐 전 세계 부의 거의 20%를 차지한다. 가장 부유한 1%인 4500만 명은 평균 1인당 약 300만 유로를 소유한다. (대체로 이 집단은 개인 재산이 100만 유로 이상인 사람들이다.) 이는 세계 평균 자산의 약 50배 규모이며 모두 합해 전 세계 부의 50%를 차지한다.[5]

특히 피케티는 부자 상속자들의 재산 증가율이 기업가의 부를 대표하는 빌 게이츠의 재산 증가율 못지않다고 지적한다. 그러면서 세계 화장품 업계의 선두 주자 로레알의 상속녀 재산 증가율을 예로 든다. 하루도 일하지 않는 릴리앙 베탕쿠르의 재산도 정확히 빌 게이츠의 재산만큼이나 빠르게 늘어났다는 것이다. 이런 수준의 부를 소유한 사람은 매년 자산의 10% 남짓을 가지고도 손쉽게 최고의 인생을 살 수 있으며, 따라서 자신의 소득 거의 전부를 재투자할 수 있다고 설명한다. 피케티는 우리에게 불평등은 자본주의에서는 생래적인 것이라고 말한다.[6]

금융위기로 오히려 위와 같은 부의 편중이 더해갔다. 지난 20년 동안 소득 최상위층 1%가 자신의 자산을 60%까지 증가시켜왔으며, 금융위기로 이런 과정이 느려진 것이 아니라 오히려 촉진되었다.[7]

이탈리아에 로레알이 있다면 한국에는 삼성이 있다. 삼성 SDS와 에버랜드는 편법 증여의 핵심 기업이다. 2014년 6월에도 삼성에버랜드는 2015년 1분기 증시 상장을 결정해 에버랜드 최대 주주 이재용은 자산을 수백 배 불릴 수 있게 됐다. 고작 48억 3000만 원으로 사들인 주식이 몇 조원에 달하는 재산으로 불어났다. 정작 삼성의 부를 만들어온 노동자들은 노조 인정을 받기 위해 목숨을 걸어야 하거나 직업병 판정을 위해 오랜 세월을 싸워야 했지만 단 하루도 일하지 않던 28세 유학생이었던 재벌2세는 초고속 승진을 거쳐 아버지에게서 받은 돈 61억 원으로 수조 원대 재산을 거머쥔 재벌 총수가 된다.

피케티에 따르면 신고되지 않은 부자들의 부까지 감안하면 세계적 불평등 수준은 더 높다. 부유한 국가들이 보유한 순자산은 그 나라 부자들이 자신의 자산 일부를 조세피난처에 숨긴 덕분에 잘 감추어진다.[8] 피케티는 조세피난처에 은닉된 미등록 금융자산 규모가 부유한 국가들의 공식적인 순외채보다 더 많다는 가브리엘 주크먼(Gabriel Zucman)의 자료도 소개한다. 주크먼에 따르면 이 은닉자산의 총액은 전 세계 GDP의 약 10%에 달한다. 스위스 은행들이 관리하는 1조 8000억 유로는 유럽연합 전체 금융자산의 6%에 상당하는데[9] 독일, 프랑스, 영국, 스페인의 부자들이 여기에 신고하지 않은 소득을 숨겨 두고 있다. 지난 2009년 4월 런던에서 G20 국가 정상들이 은행비밀주의 종언을 선포했지만, 스위스로 조세 회피를 위한 자금이 더 많이 흘러들어 가는 것이 현실이다.

피케티는 몇몇 비정부기구의 통계를 보면 주크먼 교수의 통계보다 더 큰 규모(2배나 3배 더 큰)라고 말한다. 기업들이 매년 조세 회피를 통해 개발도상국들로부터 9000억 달러 이상을 절취[10]하고 있는 사례를 보면, 부의 은닉은 불평등을 심화하는 중요한 요인임이 분명하다. 한국이라고 다를까. 2014년 4월 말 현재 금감원에 등록된 외국인투자자 3만 8437명 가운데 조세 회피 지역에 법인을 설립한 사람이 7626명(20%)에 이른다. 주식보유액 기준으로는 전체 424조 2000억 원의 11%인 46조 원이다. 이 때문에 피케티 책이 불편한 한국의 부자도 적지 않을 것 같다.

왜 우리는 더 불평등해지는가

세계적 불평등은 어디에서 시작되었나

그런데 피케티는 최상위 집단과 최하위 집단 사이의 격차는 더 커졌지만 대륙 간 격차나 국가 간 불평등은 수렴 경향을 보이고 있다고 말한다.

"오늘날 비록 부유한 국가들과 가난한 국가들 사이의 불평등은 여전한 현실이다. 그러나 세계적으로 신흥국들이 선진국들을 따라잡아 격차를 좁혀가는 수렴 과정은 잘 진행되고 있는 것으로 보인다."[11]

이처럼 피케티는 국가 간 불평등이 수렴기에 들어갔다고 보기 때문에 불평등은 어느 정도 "국가적(National)" 차원의 문제라고 본다. 물론 피케티가 국가 간 불평등을 간과하고 있는 것은 전혀 아니다. 북미의 1인당 생산이 남미 1인당 생산의 4배가 되는 현실을 짚고 있고, 유럽을 중심부와 주변부로 나눠 표현한 걸 보면 지역 내에서의 불균등 현상도 이해하는 듯하다.

피케티가 국가 간 불평등이 수렴되고 있다고 보는 데에는 나름의 근거가 있다. 부유한 국가들의 국민소득 중에서 해외순소득이 차지하는 비중이 점점 0에 가까워진다는 것이 그 근거다. 여기에서 해외순소득이란, 특정 국가가 해외에서 얻은 소득에서 타 국가가 해당 국가에서 얻은 소득을 뺀 차액을 뜻한다. 피

케티는 국민소득과 국내생산이 거의 균형을 이룬다면, 즉 해외
순소득이 차지하는 비중이 0에 가깝다면 세계적 불평등 현상은
줄어들 것이라고 여러 차례 언급한다.

국민소득(National Income) = 국내생산(National Product) + 해외
순소득(Net Foreign Income)

피케티는 부유한 국가일수록 국민소득이 국내생산보다 높은
데 그 이유는 해외순소득 때문이라고 말한다. 독일과 일본은 해
외순소득이 특히 더 높고, 아프리카의 경우는 특히 낮다. 독일
과 일본은 무역흑자를 통해 지난 수십 년간 상당한 수익률을 자
랑하는 대규모 해외자본을 축적할 수 있었다는 것이다.[12] 아프
리카의 경우에는 국내생산이 국민소득보다 턱없이 높다.

그럼에도 피케티는 현 시점에서 대부분의 국가가 부국이든,
신흥국이든, 그 어느 때보다 국민소득과 국내생산이 균형적
(balanced)이라고 말한다. 프랑스·미국·독일·중국·브라질·이
탈리아 등의 경우 국민소득과 국내생산의 차이가 1-2% 수준이
라는 것이다.

지난 300년 동안 식민지 시대를 주도한 영국과 프랑스 두 강
대국의 해외순소득은 격동의 역사만큼이나 매우 특이한 방식으
로 변화했다. 이 두 나라가 세계의 다른 지역에서 소유한 순자
산은 18, 19세기에 점차 증가했고, 1차대전 직전에 급격히 올랐

왜 우리는 더 불평등해지는가

다가 1914-1945년에 격감했다. 이후에는 비교적 낮은 수준에서 안정세를 보이고 있다.[13] 독일의 경우에도 고전적 제국주의가 본격적으로 발호했던 1870년대부터 1차대전 전후의 시기에 해외순자산 소득 비중이 가장 높았다. (〈표1〉 참고)

피케티에 따르면 1차대전 시기까지는 해외순자산 비중이 어느 때보다 높았다. 1750-1800년대부터 선진 자본주의 국가들에게 해외자산이 매우 중요해지기 시작한다. 19세기 동안 영국은 전 세계에서 상당한 자산을 모았고 그 규모는 일찍이 유례가 없었을 정도다. 1차대전 직전까지 영국은 세계 최고의 식민제국을 건설했고, 국민소득의 2배에 가까운 해외자산을 보유하고 있었다. 이는 당시 영국 농경지 총가치의 6배에 해당된다. 20세기

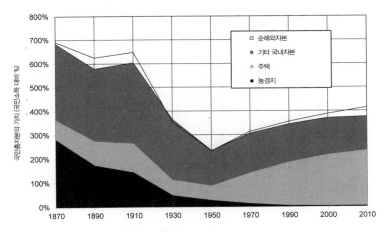

표1. 독일의 자본 추이: 1870-2010[14]
자료 출처: piketty.pse.ens.fr/capital21c

로 접어들 무렵 해외에 투자한 자본이 배당금, 이자, 임대료로 연간 약 5%의 수익을 낳아 영국의 국민소득이 국내생산액보다 10%가량 높을 수 있었던 것이다. 피케티에 따르면 이런 투자 수익으로 꽤 많은 사회집단이 생활할 수 있었다.[15]

영국에 이어 세계 2위 강대국이었던 프랑스는 어떤가. 1900-1910년 동안 프랑스 국민소득은 매해 국내생산보다 약 5-6% 높았다. 해외자산에서 얻은 소득(프랑스 시민들의 해외자산에서 얻은 배당금·이자·로열티·임대료 등)이 북부, 동부 지역의 총산업 생산량과 맞먹었다.[16] 그 뒤를 이은 독일은 식민지 규모가 매우 작았지만, 산업이 고도로 발달한 덕에 영국, 프랑스가 점령한 지역 외의 다른 국가들에서 많은 자산을 축적할 수 있었다. 비록 프랑스에 아슬아슬하게 뒤진 세계 3위의 투자국이었지만 말이다. 영국, 프랑스, 독일은 미국에도 일부 투자했고, 아시아와 아프리카에도 일부 투자했다. 전반적으로 봤을 때 1913년 유럽 강대국들은 아시아와 아프리카 국내 자본의 3분의 1에서 절반을, 산업자본의 4분의 3 이상을 소유했던 것으로 추정된다.

피케티는 이런 상황 때문에 영국, 프랑스, 독일이 정치, 군사적으로 매우 긴장할 수밖에 없었노라 한다. 독일 빌헬름 2세가 중동과 아프리카 등지에서 영역을 넓히려다 1905년과 1911년에 모로코에서 프랑스와 충돌할 뻔한 사건을 보더라도 그렇다는 것이다. 식민지 자산을 둘러싼 유럽 강대국 간의 경쟁이 1차대전이라는 군사적 충돌로 이어졌음도 피케티는 상기시킨다.[17]

왜 우리는 더 불평등해지는가

피케티는 1차대전 직전에 영국과 프랑스가 보유했던 거대한 규모의 해외자산은 1914–1945년 동안 전쟁과 공황이라는 충격을 겪으면서 완전히 사라졌으며 이로 인해 1970년–2010년 부유한 국가들의 해외순자산 소득 비중이 예전만큼 중요하지 않게 됐다고 말한다.[19] 〈표2〉에서 볼 수 있듯이 심지어 미국의 경우 1950년대 이후에는 해외순자산 소득 비중이 마이너스 값을 보이기도 한다.

물론 피케티는 이 안정세가 계속될 것인지에 대해서는 별말을 하지 않는다. "21세기에는 어떤 국가들이 어느 정도까지 다른 국가의 자산을 소유하게 될까? 선진국의 해외순자산 비중이 식민지 시대 수준으로 돌아갈까 아니면 그 수준을 뛰어넘을까?"[20]

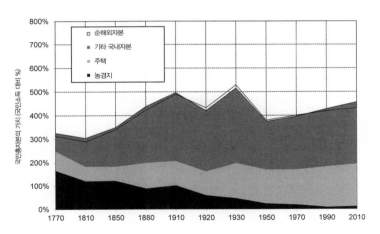

표2. 미국의 자본 추이: 1770–2010[18]
자료 출처: piketty.pse.ens.fr/capital21c

피케티는 1장에서 의미심장한 질문을 던지기도 한다. 식민지 시대처럼 해외자산을 유지하려면 정치적 지배 형식이 필요할 터인데(군사주의) 21세기의 새로운 지리적 환경에서도 이런 현상이 나타난다면 그럴 수 있는 조건은 무엇인가? 이 질문에 답하려면 피케티가 국가 간 불평등의 기준으로 삼았던 지표를 포함해 세계적 불평등이 심화되는 근본 원인을 좀더 파헤칠 필요가 있다.

세계적 불평등은 왜 일어나는가

선진국들끼리만 돈 놓고 돈 먹는 위계 구조가 문제

그런데 피케티의 설명은 현실을 왜곡할 여지가 있다. 해외순소득 비중이 감소하는 것을 국가 간 불평등 수렴 현상의 원인으로 설명하고 있기 때문이다. 도리어 그 현상은 해외투자가 특정 지역에 집중됨으로써 세계경제의 꼭대기를 차지하는 주요 나라들 사이에서만 부가 순환되고 있음을 보여주는 역설적 징표로도 해석될 수 있기 때문이다. 물론《21세기 자본》을 보면 피케티가 이 사실을 모르고 있지 않다는 것을 알 수 있다. 그러나 아쉽게도 피케티는 이런 현실을 부의 지리적 편중을 강화하는 구조와 연결시키지는 않은 것 같다.

자본 투자는 1960년대부터 주로 미국, 유럽, 일본 사이에서 이

왜 우리는 더 불평등해지는가

뭐졌다. 미국, 유럽, 일본의 자본들은 주로 자국 아니면 세계경제의 세 기둥이랄 수 있는 미국, 유럽, 일본을 투자 대상으로 삼았다. 20세기 초 영국 자본은 대부분 인도에 투자했지만, 1950년대에는 그 비중이 매우 줄었다. 영국 자본의 활동 범위는 인도나 아시아가 아닌 유럽에 한정됐다.

다시 말해 해외투자는 선진국들과 기껏해야 일부 신흥공업국 사이에서만 이뤄졌고, 제3세계 대부분 국가는 철저하게 배제됐다. 1980~1990년에 개발도상국으로 흘러들어 간 해외직접투자 비율이 25%에서 30%로 상승했지만, "개발도상국들 내에서는 해외투자가 극소수 나라들에만 집중됐다고 본다. 중국을 제외한 개발도상국들에는 지난 20년 동안 거의 자본이 유입되지 않았다. 개발도상국에 대한 해외직접투자 총액의 80%가 10개 나라에 집중됐다."[21] 그래서 특히 미국의 경우 2000년대 중반까지는 국경선 바깥으로의 해외투자(outward)보다 국경선 안으로의 해외투자(inward)가 더 많았다. 프랑스만 보더라도 그렇다.

	1990	1995	2000	2005	2010	2011	2012	2013
유입(inward)	616,655	885,506	1,531,607	2,651,721	4,273,559	4,663,142	5,077,750	5,366,043
유출(outward)	505,346	680,066	1,421,017	1,874,263	2,623,646	2,879,531	3,057,326	3,178,693
해외직접투자 GDP비중	0.6%	1.3%	1.5%	0.3%	2.0%	2.6%	2.4%	2.1%

표3. 미국의 해외직접투자 비중과 현황.
출처 : OECD(자료 업데이트 2014년 4월). 단위 : 100만 달러.

프랑스 경제학자 프랑수아 셰네에 따르면, 프랑스의 해외투자 액을 경제권역별로 보면 미국이 20%로 1위다. 55% 정도는 유럽 연합 가맹국들이다.

따라서 해외순자산 비중이 0이라 할지라도 해외투자가 주로 선진국 사이에서 일어나 그들 사이에서만 돈이 오간다면 세계 적 불평등은 더욱 심화될 것이다. 중요한 것은 GDP에서 해외순 자산이 얼마를 차지하느냐가 아니라 해외투자가 이뤄지는 지리 적 집중이 보여주는 세계경제의 위계 구조이다.

지식과 기술은 정말 확산될 수 있는가

피케티는 불평등 양상을 보면 수렴과 양극화가 번갈아 나타 나는데, 수렴 즉 불평등이 줄어드는 방향으로 나아가도록 하는 메커니즘은 지식의 확산과 기술 훈련에 대한 투자임을 강조한 다. 세습이나 특권에 대한 대안으로 교육·지식 및 기술의 확산 을 강조하는 구태의연한 틀을 받아들이는 듯하다.

"지식과 기술의 확산은 국가 내, 국가 간 불평등을 줄일 뿐만 아니 라 전반적인 생산성을 높일 수 있는 주요한 메커니즘이다. 이를 잘 보여주는 것이 바로 지금의 중국을 비롯한 신흥공업국들이다. 예전 엔 가난했던 신흥공업국들이 선진국을 따라잡을 수 있었던 것이 바 로 이 메커니즘 때문이다. 저개발 국가들은 부유한 국가들의 생산

방식을 채택하고 다른 국가들과 경쟁할 수 있는 기술을 습득했다. 이로써 생산성을 높이고 국민소득을 늘려왔다. 이와 같은 기술의 수렴은 자유무역과 개방을 통해서 촉진될 수도 있지만 이는 기본적으로 시장 메커니즘이 아니라 탁월한 공공재라 할 수 있는 지식이 확산되고 전 세계적으로 공유되는 과정을 통해서 이뤄졌다."[22]

"요컨대, 역사적 경험에 비추어볼 때 국내뿐만 아니라 국제적 차원에서 수렴의 주요한 메커니즘은 지식의 확산이다. 다시 말해서 가난한 국가들은 부유한 국가들의 소유가 되는 것이 아니라 부유한 국가들과 똑같은 수준의 전문적인 노하우, 기술, 교육 수준을 확보하는 만큼 부유한 국가들을 따라잡을 수 있다."[23]

기술과 지식이 아시아 일부 국가들의 경제성장의 중요한 동력이 되었던 것은 사실이다. 일본이 그랬고 대만, 한국, 싱가포르, 홍콩이 그랬다. 이제 중국도 대학 부설 연구소에 막대한 돈을 지원해 기술 수준을 상당히 높였다. 한국, 인도, 호주, 브라질 같은 국가들이 아류 제국주의 국가로 성장할 수 있었던 데에도 기술 혁신이라는 요소를 빠뜨릴 수 없다.[24] 인도는 특허 출원에서만 세계 3위권 안에 들고 브라질의 경우에도 바이오에탄올, 심해유전 탐사, 광업, 철강, 석유화학, 펄프제지, 항공우주 분야 기술이 세계적인 수준이다.[25] 호주도 숙련 기술을 가진 이민자들을 유입하는 정책을 통해 높은 기술 수준을 유지하고 있다.

특히 중국이 '세계의 공장'으로 불릴 정도로 경쟁력을 확보하게
된 것은 단순히 풍부한 노동력 때문만은 아니다.[26]

　그러나 지식과 기술의 확산이 불평등을 줄이는 견인차 구실
을 한다는 주장은 절반만 맞는 진실이다. 왜냐하면 이것은 매
우 특정한 조건 속에서만 가능하기 때문이다. 선진국의 기술을
어느 정도라도 따라잡을 수 있으려면 정부 차원에서 해당 산업
에 막대한 보조금을 지원해줘야 한다.[27] 또한 중국·한국·브라
질 등의 일부 대기업들이 선진 기술을 습득해 세계적인 대기업
들과 경쟁할 수 있었던 데에는 지정학적인 조건[28]도 작용했다.
특히 한국의 경우, 냉전시대 미국의 지정학적 전략 덕을 본 셈
이다. 미국이 전략적으로 군사원조 및 경제원조[29]를 한 데다 베
트남전쟁에서 미국에 군사적으로 협력한 대가로 획득한 달러로
일본에서 기계와 원자재를 수입할 수 있는 대규모 설비투자금
을 마련할 수 있었던 것이다. 또한 미국은 남한의 제품들을 흡
수하는 중요한 시장 역할도 했다. 산업 기술을 확보할 수 있었
던 데에는 이런 배경이 있었다.

　기술 추격에 어느 정도 성공한 국가들의 특징 중 하나는 국
가가 전략적으로 특정 분야를 집중해 개발했다는 것이다. 특히
한국, 중국, 이스라엘, 터키, 브라질 등의 공통점은 군사적 부문
의 기술을 산업과 연계시키는 것에 성공했다는 점이다. 스톡홀
름국제평화연구소(SIPRI) 분석가들은 기술 추격에 성공한 국가
들은 국가가 주요 대기업에게 무기 개발 기술에 투자하도록 지

원, 강제하는 구조를 갖고 있으며 이런 내용을 미국과 공유하고 있다고 추정해, 연구하고 있다. 연구소는 그런 대표적인 국가로 이스라엘, 남한, 터키를 들고 있다.[30]

아무튼 일부 아시아 국가들은 특정 부문에서 선도 기술 획득에 성공할 수도 있다. 그러나 이것은 특정한 조건에서만 가능하다는 점을 유념해서 살펴봐야 한다.

기술 확산이 경제블럭 및 국가 내에서의 불평등을 제거하지 못할뿐더러 기술 확산조차 여러 장벽에 막혀 있다는 점도 간과할 수 없다. 예를 들어 범용 기술이나 모듈화가 개발도상국이 기술에 접근할 수 있는 '기회의 창'이 되는 경우도 있지만, 대체로 중간 기술 수준 이상을 넘어서지 못하는 노동집약적 생산 기지로 국한되는 경우가 대부분이다. 심지어 모듈화가 오히려 시장의 다양한 반응에 대처하는 것을 어렵게 만들고 고정된 디자인에 의존해야 하는 경직성을 강화해 오히려 기술 협력을 정체시킨다는 지적도 있다.[31] 핵심 부품과 원천기술은 여전히 미국·독일·일본이 장악하고 있기 때문이다. 지정학적인 특별한 이유가 아니라면 초국적 기업들은 조립과 같은 저부가가치 부문만을 이전한다. 이른바 '사다리 걷어차기'는 자본주의 초기만이 아니라 현대 자본주의의 고유한 특징이기도 하다. 그리스의 마르크스주의 경제학자인 카셰디(Carchedi)는 리카도의 비교우위설을 비판하면서 기술 혁신이 국가 간 불균등성을 낳는다는 점을 지적[32]한 바 있다. 실제로 선진국의 기술이 개발도상국이나

후진국에 제대로 이전되는 경우는 극히 드물다. IMF와 세계은
행이 아프리카 국가들에 행한 원조 가운데 60%가 기술원조 차
관인데 별 성과는 없다.

지식과 기술의 확산이 국가 간의 불평등 격차를 줄일 수 있다
는 피케티의 전망은 매우 순진하다. 신자유주의 세계화는 세계
를 평평하게 만들기는커녕(평등한 국가관계) 더욱 울퉁불퉁하게
만들었다.

지식과 기술의 확산을 세계적 불평등 완화의 수단으로 보는
견해는 장벽과 위계질서로 이뤄진 세계경제의 구조를 논하지
않는 한 매우 추상적인 언급일 뿐이다.

기술 경쟁이 격화되고 기술 수명이 짧아져 벌어지는 이른바
'기술 덤불' 현상도 만만치 않다. 지적재산권이 덤불 같은 효과
를 낸다는 것이다. 지적재산권은 특허권, 상표권 등으로 구성돼
있는데 특히 특허권은 기업의 기술력을 결정짓는다. 이런 이유
로 작은 기술들까지도 특허를 받게 되어, 선행 연구된 기술들이
후속 기술 혁신을 저해하는 결과를 낳기도 한다.[33] 이처럼 기술
추격이나 접근에 '건너기 힘든 장벽'이 존재하는 것이 자본주의
적 세계화의 현실이다.

제국주의는 얼굴을 바꾸었을 뿐이다

피케티는 2차대전 이후부터 해외순소득 비중이 약화된 것을 식민주의적 현상이 사라진 것으로 보는 듯하다. 4장 〈구유럽에서 새로운 세계로〉를 보면, 제국주의를 레닌이 《제국주의론(*Imperialism: The Highest Stage of Capitalism*)》을 썼던 1차대전 시기의 식민지로 이해하는 피케티의 시각을 엿볼 수 있다.

물론 지금의 세계질서는 2차대전 이전 시기, 다시 말해 제국주의가 식민지 쟁탈전을 벌였던 시기는 아니다. 자본주의는 일정한 변화를 겪어 제국주의의 모습도 바뀌었다. 식민제국이 해체되고 해당 지역에 세수를 확보하게 된 독립적인 국가가 들어서고, 아시아와 남미 등에서 공업화가 부분적으로 성공하면서 세계자본주의 중심부에 편입되는 나라들이 생겨났다. 그 결과 미소 냉전 때문에 생겨난 지역의 공백을 그 지역의 맹주 국가가 메우는 현상도 벌어졌다. 호주, 이란, 터키, 이집트, 이스라엘, 브라질, 남아공, 인도 등 아류 제국주의 국가라고 할 만한 국가들이 여기에 해당된다. 공백이 거의 없는 아시아 지역에서는 세계시장에 적극 진출해 어느 정도 자리를 잡아 제국주의 열강의 하위 파트너 역할도 하는 한국 같은 자본주의 국가를 여기에 포함시킬 수도 있겠다.[34]

피케티는 세계자본주의체제를 2차대전 이후부터는 사실상 지배와 종속이 사라진 체제로 보는 듯하다. 그러나 2차대전 후 미국은 "공공연히 세계제국이나 세계적 패권을 추구하는 척하는 것을 포기했"[35]지만 IMF와 세계은행을 통해서 민영화, 탈규제, 자유화 등을 제3세계와 구 스탈린주의 국가들에 강요해왔다.[36] IMF와 세계은행 등이 세계적 불평등을 구조화한 점을 피케티가 주목하지 못한 것이 애석할 뿐이다.

IMF와 세계은행은 제3세계에 사실상 '경제적 식민주의' 구조를 강요해왔다.[37] IMF는 차관을 통해, 세계은행은 대규모 개발 사업을 진두지휘하면서, WTO는 일부 선진 자본주의 국가들에게만 유리한 무역 규칙을 통해서 자산과 수익을 늘려왔다. 개발도상국들은 세계은행이나 IMF에 빌린 원리금을 갚느라 매해 5000억 달러를 쓰고 있다.[38] 또한 부유한 국가들이 IMF와 세계은행을 통해 부과한 무역 규칙 때문에 개발도상국들은 매년 약 6000억 달러의 손실을 입고 있다.[39] 1953년 런던협약을 통해 독일이 전쟁 부채의 51%를 탕감받은 것과는 달리, IMF와 세계은행 등 국제금융기구에서 돈을 빌린 최빈국들이나 개발도상국들은 1980년과 2001년 사이에 채권자들에게 마셜 플랜의 56배나 되는 돈을 지불했다![40] 한 통계 자료에 따르면 개발도상국들은 1980년에 1달러 외채에 대해 이미 7.5달러를 상환(원금의 7.5배를 갚은 셈)했으며 2014년인 현재에도 4달러를 더 갚아야 하는 상황이다.[41] 이른바 IMF와 세계은행 등 '글로벌 거버넌스'들은 좀더 세련된 표어로 얼굴을 바꾸었을 뿐, 본질적으로는 선진 자본주의 국가들의 주요 채권자들의 자산을 늘리는 데에 이바지해

왜 우리는 더 불평등해지는가

왔다. 2차대전 이후 IMF와 세계은행은 일부 개발도상국들이나 제3세계 국가들을 신용불량국가로 만들어왔다. 이 과정은 우연이거나 일시적인 것이 아니라 체계적이고 구조적인 것이었다.[42]

2007년 세계 경제위기 이후 '새로운 식민주의'가 등장했다는 지적도 만만치 않다. 이른바 '땅 뺏기(Land Grabbing)'는 2007년 전 세계적인 금융위기와 식량위기를 계기로 급격히 확대됐다. 특히 2007년 여름 서브프라임 모기지가 붕괴되면서 일어난 주식시장 위기로 금융시장의 많은 투자자가 수익을 창출하기 위해서 금과 원유, 그리고 옥수수와 밀 같은 이른바 '안전상품'에 투자하기 시작했다. 이들은 아프리카뿐 아니라 브라질과 아르헨티나, 인도네시아 등지에서 농지 개발 관련 주식을 사들였다. 전 세계의 토지 취득 현황을 감시하는 웹사이트를 운영하는 스페인의 비정부기구 그레인에 따르면, 2007년부터 현재까지 외국인 그룹이 최소한 4,500만 헥타르의 토지를 취득했다고 한다. 이는 남한 전체 면적의 4.5배를 웃도는 넓이다. 물론 비밀리에 각국 정부 사이에서, 또는 정부와 기업 사이에서 협약 교섭이 이뤄지는 경우가 다반사다. 그 때문에 실제 규모는 더 클 것이다. 사실 오늘날에도 여전히 아프리카뿐 아니라 남미와 아시아 등지에서 선진 자본주의 국가의 대자본들은 토지를 대규모 매입하는 방식으로 해외자산을 사들이는 경우가 빈번하다. 지난 10년 동안 서유럽의 크기보다 큰 토지가 부유한 국가들의 기업들에 의해 개발도상국들에서 수탈됐다. 이런 토지의 가치를

정량화한다면 2조 달러에 달한다.[43]

아류 제국주의 국가들 역시 새로운 경제 영토를 찾아 뛰어들고 있다. 한국의 대우그룹이 99년간 마다가스카르 전체 농경지의 절반을 거의 무상으로 임대받는 계약을 체결한 것은 여러 사례의 일부일 뿐이다.[44]

고전적 제국주의는 사라졌다. 그러나 새로운 제국주의로 얼굴을 바꾸었을 뿐이다. 신자유주의 체제는 경쟁하는 여러 자본과 국가가 위계를 이루고 있는 피라미드 꼴이다. 그리고 그 위계는 해외투자, 국제차관, 국제무역뿐 아니라 세계적 생산체계에도 아로새겨져 있다.

애플과 삼성의 방식이
세계적 불평등을 해결할 수 있는가

세계적 불평등을 지속적으로 재생산하는 수직적인 세계적 생산체계의 현실도 봐야 한다. 국가 간 불평등을 포함한 세계적 불평등은 세계적 생산체계에도 아로새겨져 있다. 선진 자본주의 주요 국가들은 수직적인 생산체계에서 우위를 점함으로써 생산 비용을 절감해서 막대한 이익을 얻고 있다.

조정자 역할을 하는 기업이 존재하는 중심-주변 체계에서는 위계 때문에 불균등한 권력이 나타난다. 세계적 생산체계에서

왜 우리는 더 불평등해지는가

고수익 자리를 선점하는 애플이나 삼성 같은 '조정자'는 생산체계의 형태와 방향에 막대한 영향을 미치며, 자신들을 중심으로 국제적 하청 관계를 만들어나간다. 이것은 전자산업에만 국한되지 않는다. 독일의 포르쉐와 BMW 같은 선도적인 자동차 회사들은 부품 및 시스템 공급업체들을 나름의 방식으로 통제하고 있다. 물론 이처럼 우위에 있을 수 있는 것은 기술 혁신 능력이나 자금 운용 능력, 국민국가의 후원이나 로비력[45] 등 여러 요소가 결합된 결과다.[46]

기술 혁신에 대한 과점을 통해 고수익을 누리는 지위에 오르는 기업들은 이른바 '인텔 방식'을 통해서 여러 경쟁자를 제압하고, 자신이 고수익의 자리를 독차지하는 방식의 세계적 생산체계를 구축한다. 인텔(Intel Inside) 방식은 일종의 고유명사인데, 인텔은 1980년대 말 IBM · 모토롤라 · 애플이 일명 'CPU 동맹'을 맺었을 때 반도체 칩 독점을 위해 할 수 있는 모든 일을 다 했다. 인텔은 CPU라는 하드웨어를 독점했고 마이크로소프트는 운영체제를 독점해서 여러 경쟁자를 제압했다. 인텔은 마치 삼성과 애플처럼 10년 동안 같은 반도체기업 AMD과 법정 공방을 했는데 당시 소송 문서를 보면 인텔은 자신의 이윤을 지키기 위해 델 · 소니 · 도시바 · 게이트웨이 · 히타치 등의 주요 고객에게 리베이트를 지급하고 마케팅 보조금을 지원하는 대신 차별화된 가격을 제시하며 인텔과의 독점 거래를 강요했다. AMD와 거래했다는 이유로 컴팩에 서버칩 납품을 중단하기도 했다. 당시 컴팩 경영진은 "머리에 총이 겨눠진 심정"이라고 발언하기도 했다. 인텔은 자신들이 만든 컴파일러를 AMD 제품에서 사용하면 성능이 저하되도록 의도적으로 조작하는 일도 서슴지 않았다.

다시 말해 세계적 생산체계는 세계적 차원에서 우위를 점하기 위해 일정한 위계질서를 형성한다. 애플과 삼성전자는 모두 전 세계적으로 공급망을 수직적(vertical)으로 관리함으로써 잉여가치를 착출한다. 애플의 아이폰과 아이패드의 경우 디자인·설계는 미국에서 하고, 관련 부품은 유럽·일본·한국에서 생산한다. 그리고 중국에서 최종 조립한다. 전 세계 40여 개국 150여 개 협력업체가 부품 조달과 최종 조립에 참여한다. 애플은 디자인과 설계에만 집중한다는 통념과는 달리 디자인부터 조립과 판매에 이르는 전 과정을 매우 수직적으로 관리하고 있다. 부품 공급업체들과 수평적 관계를 맺는 사례는 찾기 어렵다. 실리콘밸리 전문 기자로 유명한 애덤 라신스키(Adam Lashinsky)는 "애플은 미국이 나토에 '조언을 구했던' 것과 비슷한 방식으로 부품회사를 대한다. 애플에는 파트너십이란 없고 오로지 애플만 있을 뿐"[47]이라고 지적한 바 있다.

그래서 선진국이 후진국에 기술을 전수한다는 것은 매우 특수한 경우로 한정된다. 세계적 생산체계로 인해 각종 기술이 세계적으로 전파된다는 것은 환상에 가깝다. 물론 기업들 간의 기술 제휴 흐름이 있긴 하다. 그러나 그 경우 제휴 협정은 경쟁자

왜 우리는 더 불평등해지는가

의 핵심 능력을 강탈하고 주도권을 장악하기 위한 공격적인 의
도가 깔려 있는 것이다.[48]

다수 자본과 다수 자본주의 국가는 경쟁을 통해 서로의 존재
를 확인한다. 그 경쟁의 형태는 국면마다 다르게 나타나지만 말
이다. 사실 현실의 자본주의는 1차대전과 같은 식민지를 둘러싸
고 선진 자본주의 국가들 사이에서 전면전이 발발하는 방식의
제국주의는 아니다. 그러나 21세기의 자본이 보여주는 세계는
엄연히 주요 경쟁국들 사이의 치열한 경쟁이 수많은 장벽과 국
가 간의 구조적인 불균등성을 재생산하는 전쟁터에 가깝다.

세계적 불평등 구조를 유지시키는 군사력

세계적 불평등 구조의 정점에 존재하는 것이 바로 군사주의
다. 자본주의의 군사주의는 단지 1차대전 당시의 식민주의 시기
에만 국한되지 않는다. 강력한 군사력이 다른 나라를 경제적으
로 지배하는 동력으로 작용하는 현실을 감안하면 해외자산 비
중만으로 불평등이 줄어드는 경향을 논하는 것은 매우 성급하
고 왜곡된 결론이기까지 하겠다.

〈표4〉는 미국의 GDP 대비 군사비 비중이다. 미국의 해외순소
득 비중(1-2%)보다 높다.

1990년대 말 세계 전체의 30%를 차지하던 미국의 군비 지출

연도	GDP (billion)	군사비	GDP 비중 (%)	연도	GDP (billion)	군사비	GDP 비중 (%)
1960	526.4	41.3	7.85	1987	4736.4	28	5.95
1961	544.8	43.1	7.91	1988	5100.4	29	5.69
1962	585.7	52.4	8.94	1989	5482.1	30	5.54
1963	617.8	53.4	8.64	1990	5800.5	29	5.16
1964	663.6	54.7	8.25	1991	5992.1	27	4.56
1965	719.1	50.6	7.04	1992	6342.3	29	4.7
1966	787.7	58.	7.38	1993	6667.4	29	4.37
1967	832.4	71.4	8.58	1994	7085.2	28	3.98
1968	909.8	81.8	9	1995	7414.7	27	3.67
1969	984.4	82.5	8.38	1996	7838.5	26	3.39
1970	1038.3	81.7	7.87	1997	8332.4	27	3.25
1971	1126.8	78.8	7	1998	8793.5	26	3.05
1972	1237.9	79.2	6.4	1999	9353.5	27	2.94
1973	1382.3	76.7	5.55	2000	9951.5	29	2.96
1974	1499.5	79.3	5.29	2001	10286.2	30	2.96
1975	1637.7	86.4	5.28	2002	10642.3	34	3.27
1976	1824.6	89.5	4.91	2003	11142.2	40	3.63
1977	2030.1	97.2	4.79	2004	11853.3	45	3.85
1978	2293.8	10.4	4.56	2005	12623	49	3.92
1979	2562.2	11.6	4.54	2006	13377.2	52	3.9
1980	2788.1	13.4	4.81	2007	14028.7	55	3.93
1981	3126.8	15.7	5.04	2008	14369.1	61	4.29
1982	3253.2	18.5	5.7	2009	13939	66	4.74
1983	3534.6	20.9	5.94	2010	14508.2	69	4.78
1984	3930.9	22.7	5.79	2011	14958.6	70	4.72
1985	4217.5	25.2	5.99	2012	15601.5	71	4.59
1986	4460.1	27	6.13	2013	16335	70	4.3

표4. 미 GDP 대비 군사 비중 추이(1960-2013)
자료 출처: http://www.usgovernmentspending.com

왜 우리는 더 불평등해지는가

은 35%로 증가했다. 신무기, 심지어 더 치명적인 무기에 관심이 줄어든 것도 아니었다.

이와 같은 군사주의는 경제적으로 우위를 점하기 위한 체계적인 자본의 논리에 따른 것이다. 왜 그런지 잠시 살펴보자.

마르크스는 자본가들을 "서로 싸우는 형제들"이라고 묘사했다. 노동자, 농민과 빈민 들에 대해서는 동일한 이해관계를 공유하고 있지만, 자기들끼리는 서로 죽기 살기로 싸우기 때문이다. 또한 자본가들은 다른 나라 자본가들에 맞서 자신의 이익을 보호하기 위해 자국 국가에 의존한다. 자본주의가 성장하는 과정에서 자본가들은 기존의 전(前) 자본주의 국가를 자신들의 이익에 맞게 재편해 변모시켜왔다. 역사상 최초의 자본주의 국가인 영국의 자본가들은 17-18세기에 기존 국가를 장악하고 해군을 재정비해 세계를 정복하기 시작했고, 19세기에 자본주의가 급성장하면서 서유럽과 북미의 자본들은 국가를 장악한 후 군비를 증강해 해외로 뻗어나갔다.

자본주의가 성장하면서 자본가들은 원료와 새로 착취할 곳 등이 필요했고, 자본주의 국가들의 육군과 해군은 해외로 나가서 제국을 건설했다. 프랑스는 아프리카의 3분의 1과 인도차이나와 베트남 북부를 포함한 제국을 건설했다. 영국은 아프리카의 나머지 3분의 1과 인도 전체와 중동 대부분을 포함한 제국을 건설했다. 1880-1890년대에 자본주의가 발달한 일본도 조선, 대만, 만주를 포함한 제국을 건설했다. 이런 제국들은 단지 지역

사람들을 착취하는 데만 관심을 기울였던 것이 아니라 다른 자본가들이 자기 지역 사람들을 착취하지 못하도록 가로막는 데도 관심이 있었다. 영국은 인도 지배권을 확고히 하기 위해 벵갈 지역을 차지하고 있던 프랑스와 전쟁을 해서 프랑스 세력을 몰아내기도 했다.

따라서 제국 건설은 경쟁 제국 간의 경제적 경쟁을, 누가 어디를 지배하는가에 관한 군사적 경쟁으로 전환시킨다. 그래서 자본주의는 제국주의로 이어지고, 제국주의는 서로 다른 제국주의 간 충돌을 낳는다. 그래서 20세기 전반에 '누가 어디를 지배할 것인가'를 둘러싸고 자본주의 국가들끼리 끔찍한 전쟁을 벌였던 것이다. 1903-1905년에는 만주(중국 북부)와 조선을 누가 지배할 것인가를 두고 러일전쟁이 일어났다. 1914년에는 세계를 누가 지배할 것인가를 두고 독일과 오스트리아를 한편으로, 영국과 프랑스와 러시아를 다른 한편으로 해서 1차대전이 일어났다. 1930년대에는 일본이 극동에서 중국, 동남아시아 등 다른 제국들의 지역으로 진출하면서 전쟁이 터졌다. 그리고 독일이 영국과 프랑스로 영토를 확장하려 하자 또 전쟁이 터졌다. 이때까지를 '고전적 제국주의 시대'라고 부를 수 있을 것이다.

레닌은 《제국주의론》에서 '고전적 제국주의 시대'를 분석했다. 물론 레닌이 이 책을 쓴 이후 90년이 넘는 동안 자본주의에는 많은 변화가 일어났다. 첫째, 미국의 군비 규모가 워낙 커져 나머지 자본주의 국가들의 규모를 압도하게 됐다. 예를 들

왜 우리는 더 불평등해지는가

어, 미국 군사력은 유럽연합 국가들의 군사력을 합친 것보다 4배 이상 크다. 둘째, 자본주의 기업들의 국경을 넘나드는 활동이 확대되자 누구를 공격할 것인가라는 문제를 놓고 자본가들이 상당히 신중해졌다. 자기네 공장이 있는 다른 나라를 폭격하고 싶진 않을 것이기 때문이다. 이런 두 가지 요인 때문에 전쟁이 일어날 가능성이 적어졌다. 이 때문에 1945년 이후 주요 선진 자본주의 국가들 사이에서는 전쟁이 일어나지 않았다. 그 대신 1950-1953년 한국에서, 그리고 베트남·알제리·아프리카 등 제3세계에서 전쟁이 일어났다.

그러나 아래의 요인들은 반대로 군사적 충돌 가능성을 높이고 있다. 첫째, 세계화 때문에 경쟁이 더 치열해지면서 자본가들은 특정한 한 나라에서 활동할 때 그 국가가 국내에서 자신의 이익을 보호해주기를 더욱 바라게 되었다. 투자가 보장받기를 요구하고, 무역협상, 자유무역협정, WTO · IMF · 세계은행 협상, 그리고 환율 협상도 국가에 의존하게 된다. 본거지를 두고 있는 그 국가가 협상 과정에서 최대한 강력하게 영향력을 행사해주기를 바랄 것이다. 사실상 미국은 보잉, 마이크로소프트, 제너럴 모터스, 포드 등 미국 대기업과 깊은 관계를 맺고 있다. 기업의 이익과 긴밀히 연결된 이런 자본주의 국가들은 자신의 이익을 보호하기 위해 세계에서 나름 영향력을 가지고 있다는 것을 보여줘야 하고, 이를 위해 군사력을 필요로 한다. 미국이 이라크를 폭격한 1991년 직후 이라크를 비롯한 중동 국가들이 프랑스

에어버스와 거래를 잠시 끊고 미국 보잉사와 계약을 체결한 것도 바로 이런 배경 때문이다. 이것이 냉전 종식 이후 자본주의 국가들이 세계 곳곳에서 일어나는 분쟁에 어떻게 개입할 것인가를 둘러싸고 서로 다퉈온 까닭이다.

둘째, 오늘날 미국은 전처럼 다른 국가들에 이래라 저래라 하면서 자기 의지를 관철하기가 어려워졌다. 미국은 여전히 군사적으로 최강대국이지만, 경제적으로는 옛날만큼 강력하지 않다. 1960년대 세계경제의 절반을 차지했던 미국의 경제력은 이제 20% 남짓한 상황이다. 유럽연합 국가들을 합해놓은 정도의 규모일 뿐이다. 비록 미국 경제 규모가 일본 경제보다는 더 크지만, 미국 기업들은 지속적으로 일본 기업들의 도전에 직면하고 있다. 미국 지배층 중 일부는 중국의 경제성장을 보면서 20년 후에는 중국 경제 규모가 미국과 비슷해지리라 예상하며 불안해하고 있다. "어떻게 해야 미국 대기업들이 세계에서 우위를 차지할 수 있을까"라는 걱정은 바로 군사력을 경제 분야에서도 우위를 차지할 수 있도록 사용해야 한다는 새로운 지배 전략으로 나타났고 그 결과가 바로 '대테러 전쟁'이었다.

군사력을 경제력으로 쉽게 전환할 수 있는 방법은 바로 모든 자본주의 국가에 필요한 원료를 지배하는 것이라고 미국 지배층은 판단했다. 물론 그 원료는 석유였다. 미국도 엄청난 양의 석유를 생산하지만 특히 중동산 석유가 미국에게는 중요했다. 중동산 석유가 미국보다는 유럽이나 일본, 특히 중국에 중요하

왜 우리는 더 불평등해지는가

기 때문이다.

네오콘 싱크탱크인 '새로운 미국의 세기를 위한 프로젝트 (PNAC)'의 계산은 이라크를 장악하고, 사우디아라비아에 대한 미국의 통제를 공고히 하고, 이라크의 미군 기지를 사용해서 중동의 경비견인 이스라엘을 지원한다는 것이었다. 이를 통해 세계 석유 공급 과정을 통제함으로써 무역, 투자, 지적재산권 등의 문제에서 미국이 압력을 행사할 수 있다는 것이었다. 이것이 미국의 '대테러 전쟁'의 배경이었다. 세계에서 미국의 경제적 지위를 높이기 위해 어떻게 군사력을 사용할 것인가에 대한 대답이었다. 그러나 2001년부터 시작된 전쟁은 미국의 지위를 더욱 약화시켰고 그 여파는 꽤 크다. 우크라이나 사태는 미국의 처지가 예전 같지 않다는 것을 보여준 사례일 뿐이다.

피케티의 관측과 달리 정치적 제압이나 강제력은 고전적 제국주의에서만 나타난 과거의 유물이 아니다. 그것은 자본주의의 붙박이장롱이다. 군사주의는 단지 군수업체들의 특별한 이익을 위한 것만도 아니었다. 피케티가 의식하고 썼는지는 알 수 없으나 "전쟁을 통해 부가 회춘"하듯이 자본주의는 군사주의를 먹고 자란다. 2차대전 이후부터 냉전 시기, 그리고 1980년대 이후에도 군비가 경제 전체를 성장시키는 동력이 되는 경향은 계속됐다.

이런 배경 덕분에 대략 1982년 이후 미국 경제는 성장할 수 있었고 미국의 중앙은행, 연방준비제도이사회(FRB)의 금리 인하 조치에 힘입어 1987년 10월 세계 주가 폭락 뒤에도 계속 성장할 수 있었다. 산업 구조조정이 시작되고 실질임금이 하락하자 이윤율이 회복됐다. 비록 1950년대보다 훨씬 더 높은 수준은 아니었지만, 1970년대 수준으로 회복됐다. 그러나 군사주의에 의존하는 방식에는 한계가 있다. 경제 전선에서 일본과 독일이 미국에 굴복하게 하려면, 미국은 세계경찰임을 입증해야 하지만 자신들이 세계경찰임을 입증하려 할수록 경제적 지위가 하락한다는 일종의 덫에 빠졌다. 냉전 시기 상대적으로 군비 부담이 적었던 일본과 서독은 고정자본 투자에 열중했는데 이것이 고정자본 양을 국제적으로 증대시켜놓는 바람에 1960년대 말쯤에는 생산에 필요한 자본 양이 다시 증가하면서 이윤율이 떨어지기 시작했다. 자본주의와 군사주의의 관계를 잘 설명했던 마르크스주의 경제학자 마이클 키드런(Michael Kidron)이 지적했듯이 상시무기경제[49]는 오로지 자본주의 위기에 일시적인 안식처를 제공할 뿐이다. 군사주의는 자본주의를 잠시 회춘시켜줄 수 있는지는 모르지만 그 일시적인 해결책은 더 큰 위기의 뇌관이 될 수 있음을 잊지 말아야 한다.

군사주의를 이렇게 길게 서술한 까닭은 군사주의야말로 세계적 불평등의 핵심 원인이라는 주장을 하기 위해서다. 최대 추정치 4억 달러 전쟁의 최소 추정치인 1조 달러를 수용하더라도 아프가니스탄과 이라크에서의 전쟁 비용은 세계에서 12번째로 경제력이 큰 나라의 연간 GDP 규모를 훌쩍 뛰어넘었다.[50]

왜 우리는 더 불평등해지는가

조지프 스티글리츠는 '3조 달러의 기회비용'[51]을 말한다. 스티글리츠는 "(1조 달러가 있으면) 800만 채의 주택을 무상으로 공급하거나 공립학교 교사 1500만 명을 1년간 채용할 수 있다. 5억 3000만 명의 어린이에게 1년간 무료 건강보험 혜택을 누릴 수 있게 하고, 4300만 명의 대학생에게 4년간 장학금을 줄 수 있다. 3조 달러가 할 수 있는 일은 여기에 3을 곱하면 된다."[52]고 말했다. 결국 2001년부터 10년 동안 아프가니스탄 점령과 이라크 전쟁으로 평범한 미국인들을 위한 50년간의 사회보장금을 날렸다는 점을 감안한다면, 미국의 불평등은 세계자본주의체제에서 초강대국 지위를 유지하려는 발버둥과 관련 있다.

세계적 불평등 구조를 분명히 이해하기 위해 우리는 자본주의의 군사주의적 성격에 대해서 좀더 깊이 이해할 필요가 있다.

이것은 제국주의 개념의 문제로 우리를 인도한다. 사실 제국주의를 식민지와 연결하는 것은 상식에 가깝다고도 말할 수 있다. 그러나 제국주의를 경제적 경쟁과 지정학적 경쟁의 결합으로서의 현대 자본주의의 특징으로 이해한다면 세계적 불평등을 해외자산의 크기만이 아니라 선진국들의 경쟁 우위를 위한 글로벌 거버넌스, 수직적인 생산체계, 군사주의 같은 좀더 근본적인 구조와 연결시킬 수 있을 것이다.

자산가치보다 더 중요한 것은 특정 지역에 대한 지배력이다. 그것이 더 많은 수익과 이익을 가져오기 때문일 것이다. 국제무역에서 경쟁자에 비해 더 많은 계약을 따 내고 더 많은 규모의 수익을 얻을 수 있도록 한다. 더 싼값으로 노동력을 조달하고, 더 싼값으로 부품을 구입할 수 있는 경쟁 조건도 안겨준다. 그래서 수직적 노동 분업 체계를 구축할 수 있도록 한다.

세계적 불평등의 진짜 배경은 말하지 않았다

피라미드 같은 위계질서로 돼 있는 오늘날의 자본주의야말로 세계적 불평등의 배경이다. 마치 이 위계질서는 새들이 무리 지어 날아가는 형상이다. 한 마리가 맨 앞에서 날고, 나머지들은 서로 다투며 바짝 그 뒤를 쫓는 모습을 연상시킨다. 그러나 이 새들에게는 전 세계 노동자와 농민과 빈민을 착취해서 살아간다는 공통점이 있다. 노동자들이 생산한 살점을 무상으로 얻어내려 한다는 점에서 모든 자본가는 같다. '21세기 자본'은 생산비 절감과 기술 혁신, 대량생산을 통한 시장점유율 확보를 내걸고 지구적 차원에서 '시간과의 경쟁(competing against time)'[53]을 하고 있다. 무모한 투자와 기술 개발이 늦어져 생기는 손실의 대가는 전 세계 노동자가 치르고 있다.

《21세기 자본》에는 자유무역과, 자본 이동의 자유와 확대가 세계적 불평등을 감소시킨다는 주류경제학의 금과옥조에 유보적인 태도를 보이는 구절이 꽤 있다. 그러나 앞서 지적했듯이 피케티는 자본주의적 세계화 자체가 국가 간의 불평등을 더 심

190   왜 우리는 더 불평등해지는가

화시키고 종국에는 세계적 불평등과 양극화를 낳는다고 보는 것 같지는 않다. 이것은 불평등이 자본주의 역사 이래 가장 심각하다는 그의 언급과는 맞지 않는다. 그러나 세계적 불평등 구조를 파헤치려면 자본주의가 경제적 경쟁과 지정학적 경쟁이 어우러진 위계질서이고, 이 구조는 세계 노동자들에 대한 착취에 뿌리를 두고 있음을 파악해야 한다.

각주

1. 세계적 불평등(global inequality)은 지역 간 불평등(inter-region inequality), 국가 간 불평등(inter-country inequality)과 국가 내의 불평등(within-country inequality)을 모두 포괄하는 개념이다. 세계적 불평등에 관한 체계적인 연구에 대해서는 다음의 논문 참고: 정성진, 〈세계적 양극화: 마르크스 가치론적 관점〉, 《민주사회와 정책연구》 제9권 (2006): 13-47쪽.

2. Thomas Piketty, *Capital in the Twenty-First Century* (Cambridge Massachusetts: Belknap Press, 2014), 64.

3. UN Development Programme, *Human Development Report 1999* (New York: Oxford University Press, 1999), 3.

4. Piketty, p. 438.

5. 앞의 책.

6. 앞의 책, p. 440.

7. "The cost of inequality: how wealth and income extremes hurt us all," *OXFAM Media Briefing*, January 18, 2013. (웹 자료: http://www.oxfam. org/sites/www.oxfam.org/files/cost-of-inequality-oxfam-mb180113. pdf).

8. Piketty, pp. 466-467.

9. 스위스에서 운용되는 외국 자금은 주크먼 교수가 집계한 1조 8000억 유로보다 훨씬 많을 것으로 추정되며 스위스인 이름으로 된 차명계좌까지 합치면 2조에서 2조 2000억 유로는 훨씬 넘을 것으로 보인다고 이탈리아 일간지 《일 솔레 24 오레(*Il Sole 24 Ore*)》가 보도했다.

10. Dev Kar and Sarah Freitas, *Illicit Financial Flows From Developing Countries: 2001-2010* (Global Financial Integrity Report, Ford Foundation, 2012). (웹 자료: htttp://www.gfintegrity.org/report/illicit-financial-flows-

왜 우리는 더 불평등해지는가

from-developing-countries-2001-2010/).

11. Piketty, p. 64.

12. 앞의 책, p. 68.

13. 앞의 책, p. 120.

14. 앞의 책, p. 141.

15. 앞의 책, pp. 120-121.

16. 앞의 책, p. 69.

17. 앞의 책, pp. 141-142.

18. 앞의 책, p. 151.

19. 앞의 책, pp. 116-122.

20. 앞의 책, pp. 190-191.

21. James Burke and Gerald Epstein, "Threat Effects of the Internationalisation of Production," *Political Economy Research Institute Working Paper Series* 15 (2001).

22. Piketty, p. 21.

23. 앞의 책, p. 71.

24. 이에 대해서는 김어진, 〈제국주의 이론을 통해 본 한국 자본주의의 지위와 성격에 관한 연구〉 (경상대 박사 학위 논문, 2012) 참고.

25. 권기수 외, 〈브라질 경제의 부상과 한-브라질 산업협력 확대 방안〉 (서울: 대외경제정책연구소, 2011).

26. 중국 국가권력은 종합적인 국가 하이테크 파크 단지 54개를 설립하는 등 전 세계의 기술을 빨아들이기 위해 매우 적극적인 태세를 취해왔다. 특히 베이징 중관촌 사이언스 파크에는 세계 500대 기업과, 베이징대·칭화대 등 80개 대학과 관련된 연구 기관 그리고 200개 이상의 연구소가 입주해 있다. 중국은 '과학 교육 진흥' 정책에 따라 지난 1996-2005년 동안 대학에 약 3000조 위안을 투자했다.

27. 영국과 미국 등 지금의 부국들은 정부의 별다른 개입 없이 고전적 자유주의(자유방임과 자유무역)를 토대로 발전한 게 아니다. 그와 정반대로 자국 산업을 맹렬하게 보호해서(보호 관세 및 정부 보조금) 고부가가치 산업을 육성했다. 이에 대해서는 장하준의《사다리 걷어차기》(서울: 부키, 2004) 참고.

28. 이에 대해서는 Bruce Cumings, "The Origins and development of the Northeast Asian political economy," *Institutional Organization* 38 (1984): 1-40 참고.

29. 1945년 이래 한국은 130억 달러에 달하는 미국의 군사, 경제 원조를 받았다. 경제 원조와 차관만 60억 달러였는데 이는 미국의 아프리카 전체 원조 68억 달러에 근접하며, 소련의 제3세계 경제원조 총액 76억 달러에 약간 못 미치는 규모다.

30. 특히 잭슨(Susan Jackson)은 한국의 91개 무기 생산 관련 기업들과 하청 기업 4000곳을 분석하면서 이들이 어떻게 재벌기업, 미 국방부와 연계돼 있고 이 기업들이 생산한 무기가 어떻게 동남아시아로 수출되는지를 흥미롭게 분석했다. 이에 대해서는 Susan Jackson, "Arm Production," *SIPRI Year Book* (London: Oxford University Press, 2011), 240-244 참고.

31. Ernst Dieter, "The New Mobility of Knowledge: Digital Information Systems and Global Flagship Networks," *Economics Study Area Working Papers* 30 (East-West Center, Economics Study Area. Yuqing Xing, 2001).

32. Guglielmo Carchedi, "Comparative advantage, capital accumulation and socialism," *Economy and Society* 15, no. 4 (1986): 427-444.

33. 기술 덤불 현상에 대해서는 다음의 논문 참고. Francine Shapiro, *Eye Movement Desensitization and Reprocessing: Basic Principles, Protocols, and Procedures* (New York; London: Guildford Press, 2001).

왜 우리는 더 불평등해지는가

34. 이에 대해서는 김어진 〈제국주의 이론〉 경상대 박사 학위 논문 참고.

35. David Held et al.(eds.), *Global Transformation: Politics, Economics, and Culture* (Cambridge: Stanford University Press, 1999), 443-444.

36. IMF와 세계은행이 미국 재무부와 긴밀하게 연결되어 있다는 것은 공공 연한 비밀이다. 1997-1998년 아시아 금융위기 당시 IMF가 한국, 태국, 인도네시아에 긴축 조치를 부과했을 때 당시 IMF 관리국장 미셸 캉드쉬 는 다음과 같이 선언했다. "지금 우리가 하고 있는 일은 미국의 세계 외 교 기본 목적과 일치한다."(*Financial Times*, 9 Feb, 1998)

37. 리처드 피트 외 16인,《불경한 삼위일체》, 박형준, 황성원 옮김 (서울: 삼 인, 2007), 160.

38. "International Debt Statistics," last modified February 20, 2014. http:// data.worldbank.org/data-catalog/international-debt-statistics

39. Robert Pollin, *Contours of Descent: U. S. Economic Fractures and the Landscape of Global Austerity* (London: Verso, 2005).

40. 다미앵 미예·에릭 뚜생,《신용불량국가》, 조홍식 옮김 (서울: 창비, 2006), 136쪽.

41. Piketty, p. 185.

42. 다미앵 미예·에릭 뚜생, 48-66쪽.

43. Fred Pearce, *The Land Grabbers: The New Fight over Who Owns the Earth* (Beacon Press, 2012).

44. 이 계약에 따르면, 고용을 창출하고 사회 기반 시설을 건설한다는 약속 을 대가로 토지를 무상 임대하기로 돼 있었다.《파이낸셜 타임즈》가 이 거래를 폭로한 지 불과 몇 주 만에 당시 정부는 무너졌다. 땅 뺏기 사례 에 관해서는 다음의 책 참고: 스테파노 리베르티,《땅 뺏기》, 유강은 옮김 (서울: 레디앙, 2014), 114-116쪽.

45. 2011년 위키리크스 폭로에서 드러났듯이 미국 외교관들은 미국의 대표

적 제조업 기업인 보잉사의 항공기 판매를 위해 해외에서 각종 로비를 벌인다. 구글은 매해 워싱턴 로비스트에 1820만 달러를 쓰고 있다. 위와 같은 국가와 자본 간의 '정실적' 관계는 동아시아의 특수성 때문이 아니라 자본주의 국가와 자본 사이의 "구조적 상호 의존성"이라는 일반적 성격 때문에 나타난 결과다. 《뉴욕 타임스》는 이렇게 보도했다. "미 국무부 경제 부문 국장 로버트 호매츠는 '이것이 21세기의 현실이다. 정부들은 자국 기업들을 지원하는 데 더 큰 구실을 하고 있으며 우리도 똑같이 해야 한다'고 말했다."

46. 베넷 해리슨, 《세계화 시대 대기업의 진화》, 최은영 외 옮김 (파주: 한울 아카데미, 2007), 236쪽.

47. 이영호, 《애플의 위기》 (서울: 산문출판, 2012).

48. 프랑수아 셰네, 《자본의 세계화》, 서익진 옮김 (파주: 한울, 2003), 206쪽.

49. 지속적인 군비 지출 덕택에 현대 자본주의가 누린 전후 호황을 설명하는 개념. 마르크스는 위기를 지연하거나 막는 구실을 할 수 있는 상쇄 경향이 존재한다고 강조했다. 예컨대, 노동생산성 증가, 실질임금 삭감, 지배계급의 소비를 위한 사치품과 무기 생산이 이윤율 저하를 상쇄하는 구실을 한다. 이 중 1930년대 이래 주된 것은 이윤의 많은 부분을 생산적 투자가 아닌 무기 사용을 통해 얻는 것이다. 모든 주요 자본주의 열강이 가담한 2차대전과 이 전쟁을 일으킨 재무장 덕분에 세계경제도 불황에서 빠져나올 수 있었다. 2차대전 이후 지속적인 군비 지출(상시무기경제) 덕택에 자본주의는 위기를 피할 수 있었을 뿐 아니라 자본주의 역사에서 가장 큰 호황을 누렸다. 그러나 상시무기경제의 작동에도 한계는 있었다. 무기 생산은 갈수록 많은 자원을 투입함으로써만 유지될 수 있었고 군비 지출 부담도 체제 전반에 고르게 적용되지 않았다. 초강대국이었던 미국과 소련이 서로 긴장 상태에서 가장 큰 부담을 졌고 독일과 일본은 군비 지출 부담이 거의 없었다. 이 때문에 독일과 일본의 증가하는 설비

왜 우리는 더 불평등해지는가

투자 규모로 고정자본 양은 국제적으로 증대됐다. 1960년대 말쯤 생산에 필요한 자본 양이 다시 증가하면서 이윤율이 떨어졌다.

50. 비제이 메타, 《전쟁의 경제학: F16은 세계를 어떻게 빈곤에 빠뜨리는가》, 한상연 옮김 (서울: 개마고원, 2012), 220쪽.

51. 조지프 스티글리츠·린다 발메스, 《오바마의 과제: 3조 달러의 행방》, 서정민 옮김 (서울: 전략과 문화, 2009), 19쪽.

52. 앞의 책, 19-20쪽.

53. 애플 CEO 티모시 쿡이 애플 직원들에게 필독서로 읽히는 책 제목이기도 하다.

참고문헌

권기수·김진오·박미숙 외. 〈브라질 경제의 부상과 한-브라질 산업협력 확대 방안〉. 서울: 대외경제정책연구소, 2011.

김어진. 〈제국주의 이론을 통해 본 한국 자본주의의 지위와 성격에 관한 연구〉. 경상대학교 박사 학위 논문, 2012.

다미앵 미예·에릭 뚜생. 《신용불량국가》. 조홍식 옮김. 서울: 창비, 2006.

리처드 피트 외 16인. 《불경한 삼위일체》. 박형준·황성원 옮김. 서울: 삼인, 2007.

베넷 해리슨. 《세계화 시대 대기업의 진화》. 최은영 외 옮김. 파주: 한울아카데미, 2007.

비제이 메타. 《전쟁의 경제학: F16은 세계를 어떻게 빈곤에 빠뜨리는가》. 한상연 옮김. 서울: 개마고원, 2012.

스테파노 리베르티. 《땅뺏기》. 유강은 옮김. 서울: 레디앙, 2014.

이영호. 《애플의 위기》. 서울: 산문출판, 2012.

장하준. 《사다리 걷어차기》. 서울: 부키, 2004.

정성진. 〈세계적 양극화: 마르크스 가치론적 관점〉. 《민주사회와 정책연구》. 제9권 (2006): 13-47쪽.

조지프 스티글리츠·린다 발메스. 《미국의 이라크 전쟁 비용의 해부-오바마의 과제 3조 달러의 행방》. 서정민 옮김. 서울: 전략과 문화, 2009.

프랑수아 셰네. 《자본의 세계화》. 서익진 옮김. 파주: 한울, 2003.

Burke, James, and G. Epstein. "Threat Effects of the Internationalisation of Production." *Political Economy Research Institute working paper series* 15 (2001).

Carchedi, Guglielmo. "Comparative advantage, capital accumulation and socialism." *Economy and Society* 15, no. 4 (1986): 427-444.

Cumings, Bruce. "The Origins and development of the Northeast Asian political economy." *Institutional Organization* 38 (1984): 1-40

Kar, Dev, and Sarah Freitas. Illicit Financial Flows From Developing Countries: 2001-2010. *Global Financial Integrity Report*, Ford Foundation, 2012. (웹 자료: http://www.gfintegrity.org/report/illicit-financial-flows-from-developing-countries-2001-2010/)

Dieter, Ernst. "The New Mobility of Knowledge: Digital Information Systems and Global Flagship Networks," in *Economics Study Area Working Papers* 30, East-West Center, Economics Study Area.Yuqing Xing, 2001.

Held David, A. McGres, D. Goldblatt and J. Perraton (eds.). *Global Transformation: Politics, Economics, and Culture*. Cambridge: Stanford University Press, 1999.

Jackson, Susan "Arm Production." *SIPRI Year Book*, London: Oxford University Press, 2011.

Pearce, Fred. *The Land Grabbers: The New Fight over Who Owns the Earth*. Beacon Press, 2012.

Piketty, Thomas. *Capital in the Twenty-First Century*. Cambridge Massachusetts: Belknap Press, 2014.

Pollin, Robert. *Contours of Descent: U. S. Economic Fractures and the Landscape of Global Austerity*. London: Verso, 2005.

Shapiro, Francine. *Eye Movement Desensitization and Reprocessing: Basic Principles, Protocols, and Procedures*. New York; London: Guildford Press, 2001.

UN Development Programme. *Human Development Report 1999*. New York: Oxford University Press, 1999.

기타 자료

"The cost of inequality: how wealth and income extremes hurt us all." OXFAM Media Briefing, January 18, 2013. http://www.oxfam.org/files/cost-of-inequality-oxfam-mb180113.pdf

"International Debt Statistics." Last modified February 20, 2014. http://data.worldbank.org/data-catalog/international-debt-statistics

9장

세금으로
'고르디우스의 매듭'을
끊을 수 있을까

김공회

김공회

서울과 런던에서 경제학을 공부하고 현재 국민대에서 강의한다. 당인리대안정책발전소 연구위원이기도 하다. 자본주의 세계경제의 성립과 발달에 관한 이론적 탐구를 하고 있으며, 이러한 관심을 지역 차원에서 좀더 구체화하려 노력 중이다. 경제사상의 발달사 및 사회과학에서 경제학의 위상에 대해서도 관심이 많다. 〈World Economy〉〈리카도적 틀을 넘어서: 가치이론적 국제경제이론의 개요〉〈경제위기와 복지국가〉〈인지자본주의론의 가치이론 이해 비판: '비물질노동'의 개념화와 측정을 중심으로〉 등의 논문을 썼고, 《한국의 좌파 경제학자들》을 함께 썼다.

* 이 글은 김공회(2014)의 몇몇 부분을 수정 · 보완한 것이다.

피케티의 《21세기 자본》은 하나의 분배론인 것만큼이나 자본주의 역사에 대한 방대한 개괄서이기도 하다. 그에 따르면 특히 20세기는 불평등이 최고조에 달했다가 극적으로 떨어진 다음 다시금 증가한, 매우 역동적인 시기였다. 왜 이런 일이 벌어졌는가? 피케티는 이러한 움직임의 배후에서 작동하는 핵심 동력으로 '자본수익률(r)>경제성장률(g)'이라는 부등식을 내놓고 있다. 이 부등식이 성립한다면, 정상적인 경제성장하에서도 자산을 가진 사람들이 점점 더 부자가 되고, 따라서 불평등은 심화된다. 가장 정상적이고 순수하게 작동하고 있을 때조차도 자본주의는 불평등을 심화시키는 경향을 가지고 있다는 것이다. 그러나 피케티는 이것을 '철의 법칙'으로는 보지 않는다. 여러 가지 우연과 인위적인 정책 개입을 통해 부등호의 방향이 얼마든지 뒤집힐 수 있기 때문이다.

20세기에 대한 독특한 해석

그러한 우연과 정책 개입은 역사상 여러 번 있었겠지만, 피케티에 따르면 r>g 부등식의 부등호 방향을 바꿀 정도로 강력했던 것은 20세기가 처음이었다. 바로 두 차례의 세계대전과 부자에게 가혹한 고율의 세제 덕분이다. "여러 사건(전쟁으로 인한 파괴, 1914-1945년의 충격으로 가능해진 누진세 정책, 2차대전 이후 30년 동안의 이례적인 성장)이 한꺼번에 일어나면서 역사적으로 전례 없는 상황이 나타났고, 이는 거의 한 세기 동안 지속되었다."[1] 〈표1〉과 〈표2〉는 이를 잘 요약하고 있다.

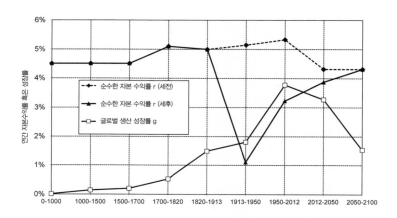

표1. 자본수익률 대비 경제성장률: 고대–2010년[2]
(자료 출처: piketty.pse.ens.fr/capital21c)

왜 우리는 더 불평등해지는가

시기 (년)	국민 소득 성장률	평균 자본 세율	자본 이득	자본 손실	자본수익률				세후 수익률 - 성장률 격차
					(관측값)		(순수값)		
					세전	세후	세전	세후	
	g	r	q	d	r_1	r_2	r_3	r_4	r_4-g
	A	B	C	D	E	F	G	H	I
0-1000	0.0%	0%	0%	0%	n.a.	n.a.	4.5%	4.5%	+
1000-1500	0.1%	0%	0%	0%	n.a.	n.a.	4.5%	4.5%	+
1500-1700	0.2%	0%	0%	0%	n.a.	n.a.	4.5%	4.5%	+
1700-1820	0.5%	0%	0%	0%	n.a.	n.a.	5.1%	5.1%	+
1820-1913	1.5%	0%	0%	0%	n.a.	n.a.	5.0%	5.0%	+
1913-1950	1.8%	30%	0%	-2.5%	n.a.	n.a.	5.1%	1.1%	-
1950-2012	3.8%	30%	0%	-0.5%	n.a.	n.a.	5.3%	3.2%	-
2012-2050	3.3%	10%	0%	0%	n.a.	n.a.	4.3%	3.9%	+
2050-2100	1.5%	0%	0%	0%	n.a.	n.a.	4.3%	4.3%	+

표2. 세후 자본수익률 대비 경제성장률: 고대-2010년

- 모든 수치는 해당 기간 중 연평균치.

- E-H: 순수 자본수익률은 관측 자본수익률에서 각종 비공식적·암묵적 비용을 뺀 것. 《21세기 자본》 제6장 참조. 위 그래프가 등장하는 제10장에서는 자본수익률이 순수값으로만 고려됨.

- 세후수익률 = 세전수익률×(1-r) + q + d. 피케티가 《조세 혁명을 위하여(Pour une révolution fiscale)》에서 사용한 공식[3]. 단, 《21세기 자본》에서는 자본이득이 고려되지 않아 0으로 처리.

자료 출처: 《Pour une révolution fiscale》 및 《Capital in the Twenty-First Century》의 온라인 부록의 자료를 가공해 저자가 작성.

사실 이런 식의 설명이 우리에게 그리 낯선 것은 아니다. 케인스주의적 타협이니 자본주의의 황금기니 복지국가니 하는 낯익은 표현들은, 강조점은 저마다 다르지만 사실상 피케티가 말하는 불평등 완화 시기를 일컫는다. 또한 최근 불평등의 심화는 주로 '신자유주의'라는 표제 아래 다양한 방식으로 논의되고 있기도 하다. 따라서 그를 정말로 두드러지게 만드는 것은, 불평등의 심화-완화-심화를 표현하는 그의 U자 모양의 곡선들이 아니다. 중요한 것은 그러한 움직임의 내적 논리로 자본수익률과 경제성장률 간의 관계를 강조한다는 점이고, 또한 자본수익률과 경제성장률 간의 관계를 결정하는 핵심 요인으로 세제를 꼽는다는 점이다. 바로 이 두 점에서 피케티는 자본주의 역사, 특히 20세기 역사에 대한 상당히 독특한 해석을 내놓은 셈이다.

세제에 지나치게 의미를 부여했다

어쨌든 피케티의 핵심 질문은 불평등에 대한 것이다.《21세기 자본》제3부에서 피케티는 20세기 불평등의 움직임(심화-완화-심화)을 꽤 상세하게 분석한다. 문제는 이러한 복합적인 분석에도 불구하고 그가 유독 '세제'만을 강조한다는 것이다. 결과적으로 그는 세제가 20세기 중반 불평등 완화에 기여한 여러 요인 중 가장 중요한 것이라고 주장한 셈이고, 다시 거꾸로 이 세제

왜 우리는 더 불평등해지는가

를 중심으로 역사를 재구성하기에 이른다. 세제 개혁을 오늘날 불평등 심화에 대한 처방으로 내놓는 것은 그 필연적 결론이다.

명백히 이것은 세제에 지나친 의미를 부여하는 것이다. 만약 그의 말대로 가혹한 세제가 최상층 부자들[4]의 자본수익률을 낮추는 데 효과적이었다면, 왜 그토록 많은 경제사 책이나 최고 부자들의 전기, 당대의 회고록 등에서 세제를 좀처럼 다루지 않는 것일까? 혹시 이것은 세제가 다른 어떤 요인들에 따라 종속적으로 결정되는 부차적인 것이기 때문은 아닐까? 좀더 직접적으로, 정말로 20세기에 세제는 자본수익률을 현저하게 낮출 정도로 대단했던 것일까? 1장 〈99%를 위한 경제학인가, 9%를 위한 경제학인가〉에서 우리는 $r > g$ 부등식이 역전되더라도 여전히 최상층의 자본수익률은 성장률보다 높을 수 있음을 보았다. 이러한 논리적 가능성은 실제 현실에서 자본을 가진 사람들이 흔히 사용하는 다양한 세금 회피 수단들이 바로 그 '가혹한 세제'의 시기에 발달했다는 사실로부터 그 현실성을 획득한다. 만약 이러한 탈세 노력들, 예컨대 실제로는 부자들의 수익인 것을 비용인 것처럼 속이거나(예: 대기업 임원의 관용차 이용), 수익 자체를 아예 숨기는(예: 조세 도피처 이용) 등의 노력들이 성공적이라면, 공식적인 정부의 자료상으로는 자본수익률이 떨어지는 것처럼 나타날 수도 있다.

여기까지는 앞에서도 언급한 바다. 그러나 세제-자본수익률-불평등 간의 논리적 고리를 잇는 피케티의 방식에는 좀더 방법론적인, 그리하여 치명적인 문제점이 도사리고 있다.

먼저 우리는 〈표2〉에서 확인할 수 있는 것과 같이 r>g 부등식의 역전에는 세제뿐 아니라 전쟁도 크게 기여했다는 사실을 기억해야 한다. 특히 1913~1950년 사이에 최종적인 자본수익률(1.1%)은 세전 수익률(5.1%)에 비해 4.0%p, 즉 무려 80% 가까이 줄어들었는데, 이 중 세제에 따른 감소는 1.53%p로, 자본 파괴(전쟁)에 따른 감소(2.5%p)에 비해 그 영향력은 상대적으로 적다. 더구나 전쟁이 아니었다면 고소득자에게 거의 재앙에 가까운 누진적인 소득세제가 도입되기 어려웠으리라는 점에서, 적어도 20세기 전반기에만 한정해서 보면 자본수익률 감소에 있어 전쟁의 의의는 세제에 비해 훨씬 더 크다고 봐야 한다. 이 문제에 대해선 이후에 좀더 다룰 것이다.

좀더 내재적으로 따져보면, 피케티가 불평등 정도의 변화 추이—이를 추적하는 대표적인 지표가 각국의 소득 최상위 1% 또는 10%의 소득 비중 변화 추이다—는 각국의 과세 자료에 의거해서 파악하는 반면, 그 핵심 동학으로서 r>g 부등식은 세계적 차원에서 파악한 점은 피케티에게 아주 치명적인 결함이다. 분석의 차원을 이렇게 뒤섞는 것은 잘못이다. 만약 피케티의 생각대로 이 부등식이 불평등의 동향 변화에 있어 중요한 동인을 표현하는 것이라면, 그것의 관철과 역전은 일국 차원에서도, 특히 개별 선진국들 내에서도 관찰되어야 하며, 사실은 그것만이 피케티의 주장을 제대로 뒷받침해줄 수 있다. 실제로 (자본에 대한) 과세가 이뤄지는 것도 일국 차원이니 말이다.

그러나 〈표3〉과 그로부터 작성된 〈표4〉 및 〈표5〉는 r>g 부등식의 동향이 일국 차원에서는 피케티의 결론과는 다르게 나타날 수 있음을 보여준다. 피케티의 고국이기도 한 프랑스는 가장 오래된 과세 자료를 보유하고 있는 나라로, 그가 검토 대상으로 삼은 가장 중요한 나라다. 더구나 애초에 그는 《21세기 자본》을 프랑스어로 쓰지 않았는가. 따라서 피케티의 핵심적인 가설은 프랑스에서도 성립되어야 할 것이다. 그러나 〈표3〉에서 나타나듯, 1920년대 이후 지금까지 세후 자본수익률이 국민소득의 성장률보다 낮은 시기는 극히 일부에 지나지 않는다. 그런데 여기서 두 가지 흥미로운 사실을 발견할 수 있다. 하나는, 어떤 자본수익률을 보느냐에 따라 결과가 매우 다를 수 있다는 점이다. 피케티는 보통 자료에서 확인되는 자본수익률(관측값)과 별도로 '순수한' 자본수익률이라는 개념을 내놓는다. 이는 통상적인 비용(예: 자산운용사에 지불하는 수수료)에는 들어가지 않는 다양한 비공식적 비용(예: 자산운용사를 결정하기까지 들인 발품)까지도 공제한 수익률로서, 이러한 비용은 엄밀히 말해 '자본수익'이라기보다는 '노동수익'이므로 빼는 것이 타당하다는 게 피케티의 설명이다. 그리하여 순수수익률은 관측수익률보다 보통 1-2% 정도 낮게 마련인데, 결과적으로 〈표3〉에서 보듯 순수수익률을 쓸 경우 자본수익률이 국민소득 성장률보다 낮아지기가 한층 쉽다(1회 대 3회).

시기 (년)	국민 소득 성장률	평균 자본 세율	자본 이득	자본 손실	자본수익률 (관측값) 세전	자본수익률 (관측값) 세후	자본수익률 (순수값) 세전	자본수익률 (순수값) 세후	세후 수익률 – 성장률 격차 r_2-g	세후 수익률 – 성장률 격차 r_4-g
	g	r	q	d	r_1	r_2	r_3	r_4	r_2-g	r_4-g
	A	B	C	D	E	F	G	H	I	J
1820	1.2%	8%	0.3%	0.0%	5.8%	5.6%	4.8%	4.7%	+	+
1830	1.0%	8%	0.3%	0.0%	6.2%	6.0%	5.2%	5.1%	+	+
1840	1.8%	8%	0.1%	0.0%	6.7%	6.3%	5.7%	5.3%	+	+
1850	1.8%	8%	0.4%	0.0%	7.4%	7.6%	6.1%	6.0%	+	+
1860	0.9%	8%	-0.1%	0.0%	7.1%	6.6%	5.8%	5.2%	+	+
1870	0.2%	8%	-1.3%	0.0%	6.8%	4.9%	5.8%	4.0%	+	+
1880	-0.1%	8%	-0.4%	0.0%	4.5%	3.8%	4.0%	3.3%	+	+
1890	1.4%	8%	-0.3%	0.0%	4.1%	3.5%	3.6%	3.0%	+	+
1900	1.1%	10%	0.0%	0.0%	4.2%	3.8%	3.7%	3.3%	+	+
1910	0.6%	8%	0.0%	0.0%	5.6%	5.1%	4.6%	4.2%	+	+
1920	1.9%	15%	-4.5%	-2.1%	9.8%	1.7%	6.8%	-0.8%	+	-
1930	0.4%	19%	-1.2%	0.0%	8.3%	5.5%	6.3%	3.9%	+	+
1940	1.4%	31%	-0.8%	-4.0%	6.4%	-1.7%	5.4%	-1.1%	-	-
1950	5.4%	26%	0.6%	0.0%	10.9%	8.1%	6.9%	5.7%	+	+
1960	6.2%	27%	2.5%	0.0%	8.7%	8.3%	5.7%	6.7%	+	+
1970	4.0%	29%	-0.5%	0.0%	7.3%	4.1%	5.3%	3.3%	+	-
1980	2.0%	33%	-0.1%	0.0%	6.7%	3.9%	4.7%	3.0%	+	+
1990	1.6%	30%	-1.0%	0.0%	8.1%	4.3%	6.1%	3.3%	+	+
2000	1.4%	34%	4.3%	0.0%	5.9%	7.7%	4.9%	7.5%	+	+
2010	1.4%	34%	0.0%	0.0%	4.7%	2.8%	3.7%	2.4%	+	+
1820 -1913	1.8	8	-0.1	0.0	5.9	5.3	5.0	4.5	+	+
1913-1950	1.3	20	-2.6	-2.0	7.9	1.8	5.8	1.6	+	+
1950-2010	3.4	30	0.9	0.0	7.9	6.1	5.3	4.6	+	+

왜 우리는 더 불평등해지는가

표3 (왼쪽). 경제성장률 대 자본수익률: 프랑스, 1900–2010년[5]
– 모든 수치는 10년에 대한 연간 평균치.
– C–H에 대한 기본 설명은 〈표1〉과 같음. 단, G·H 열의 맨 아래 각각 세 수치는 따로 제공
된 게 없어서 10년 단위 자료로부터 단순 추정.
자료 출처: 《Pour une révolution fiscale》 및 《Capital in the Twenty-First Century》
의 온라인 부록의 자료를 가공해 저자가 작성.

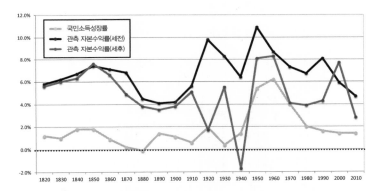

표4. 성장률 vs 관측된 자본수익률(세전, 세후)

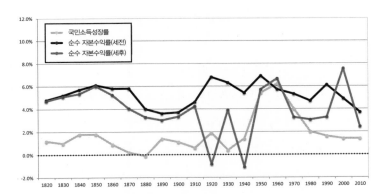

표5. 성장률 vs 순수한 자본수익률(세전, 세후)

두 번째 특기할 사항은 바로 시간지평의 길이다. 〈표2〉에서 피케티는 짧게는 40여 년, 길게는 1000년에 대한 평균치를 쓴다. 반면 〈표3〉는 10년 단위의 자료를 썼는데, 두 표를 기반으로 그린 그래프를 보면 알 수 있듯이, 기간을 짧게 잡을수록 변동성이 크게 나타난다. 이를 알기 쉽게 보이기 위해 〈표6〉으로 도식화했다. 이는 미국의 실질국민총생산의 연평균 증가율을 다양한 시간지평에서 그린 것이다. 시간지평이 길어질수록 그래프가 평탄해짐을 알 수 있다. 또한 비교를 위해 〈표3〉의 하단에는 〈표2〉에서와 유사한 식으로 기간을 끊어놓기도 했다. 여기서 보듯, 상단의 10년 단위 자료에서 나타나는 변동성이 크게 줄지 않는가. 이것이 의미하는 바는, 단위 기간을 길게 잡을수록 해당 기간에서 관찰되는 이례적인 결과가 그 기간 전체에 걸쳐 나타나는 것인지, 아니면 단기간에 벌어진 커다란 충격 때문인지를 구별할 수 없게 된다는 것이다. 반대로, 단기적으로 보면 엄청난 충격도 장기적으로 평균치를 잡을 때는 약간의 움직임으로 나타날 수도 있다.

〈표3〉은 이 두 가지 가능성을 모두 보여준다. 먼저 10년 단위의 관측값을 가지고 자본수익률(세후)을 보았을 때 1940년대에 목격됐던 r>g 부등식의 역전이 좀더 장기적인 시계(1913-1950년)에선 나타나지 않는다. 반대로, 〈표3〉의 F열과 H열, 그리고 I열과 J열을 비교해보라. 위에서 말했듯 순수값은 관측값에 비해 작으므로 자본의 순수수익률이 경제성장률보다 낮아지기가 쉽

왜 우리는 더 불평등해지는가

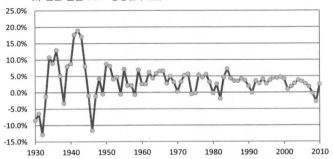

(a) 연간 실질 GDP 성장률 (매년)

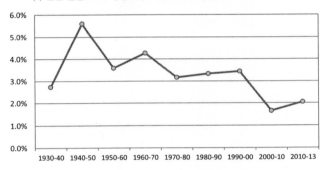

(b) 연간 실질 GDP 성장률 (매 10년 단위 연평균)

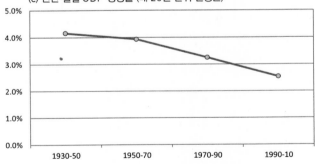

(c) 연간 실질 GDP 성장률 (매 20년 단위 연평균)

표6. 상이한 시간지평에 따른 미국의 연평균 국민총생산(GDP) 성장률 추이

고, 실제로 J열에서 보듯 1820-2010년 사이에 세 번이나 그렇게 됐다. 시간 단위를 좀더 크게 보면 어떠한가? 가장 두드러져 보이는 게 1913-1950년인데, 이때 관측값 기준으로 보면 수익률과 성장률 격차가 0.5%p(=1.8-1.3%)인 데 반해 순수값 기준으로 보면 그것은 0.3%p(=1.6-1.3%)로 떨어진다. 결과적으로야 여전히 r>g의 부등호 방향이 바뀌지는 않지만, 만약 우리가 좀더 정교한 자료로 계산할 수 있었다면 그렇게 될지도 모를 일이다. 즉 20년대(대공황)와 40년대(2차대전)의 커다란 충격이, 보기에 따라선 1913-1950년 사이에 걸쳐 꾸준히 벌어진 어떤 효과인 것처럼 나타날 수 있다는 얘기다.

이러한 추론은 〈표2〉로 곧장 확장할 수 있다. 여기서 1913-1950년 및 1950-2012년 사이에 r>g 부등식의 역전—피케티에게는 매우 핵심적인—이, 첫째, 순수값이 아니라 관측값을 대상으로 했을 때는 일어나지 않았을 수도 있고, 둘째, 10년 단위로, 또는 그보다 짧은 시간 단위로 보았을 때는 단속적으로만 목격될 수 있었다는 것이다. 물론 이러한 가능성에 대한 언급은 《21세기 자본》에서는 전혀 찾아볼 수 없다.

이상의 논의로부터 우리는 매우 흥미로운, 그리고 매우 강력한 결론을 얻을 수 있다. r>g 부등식에서 부등호의 방향이 최종적으로 어떻게 되든, 피케티가 주장한 대로 자본에 대한 세금 그 자체가 거기에 결정적인 영향을 미친 것 같지는 않다는 것이다. 세제란 하루아침에 바뀌는 게 아니다. 최고소득세율만 놓고

보더라도, 프랑스에서 그것은 1940년대부터 세기말까지 60%대
에 꾸준히 머물렀다. 따라서 만약 이러한 세제가 결정적이었다
면, 부등호의 역전도 그 기간 동안 꾸준하게 관찰되어야 마땅하
다. 그런데 피케티 자신이 내놓은 자료에는, 그러한 역전이 있
었다 하더라도 매우 드물게 나타났음을 보여준다. 이로부터 우
리는 적어도 프랑스의 경우 자본수익률을 (단순히 낮추는 게 아
니라) 국민소득의 성장률 미만으로 낮출 정도로 세제의 영향력
이 강력했다고 볼 수는 없다. 이러한 결론을 선진 자본주의 각
국에 확대 적용하지 못할 까닭이 있을까?

세제보다는 전쟁, 전쟁보다는 공황!

세제가 아니라면 과연 무엇이 자본수익률(의 하락)에 영향을
미친 것일까? 일단 위에서도 지적했듯이, 1913-1950년에 한해
말한다면, 세제보다 전쟁의 영향이 훨씬 더 강력했다. 물론 그
렇다고 피케티가 자본수익률을 낮춰 불평등을 완화하기 위해
전쟁을 일으켜야 한다고 주장할 수는 없을 것이다.

아마도 경제학의 여러 분파 중에서 이런 문제에 가장 깊고 끈
질기게 천착한 이들이 마르크스와 그 후예들일 것이다. 그들이
내놓는 전통적인 대답은 바로 공황이다. 학자들은 공황의 원인
을 두고 다양한 견해를 내놓았지만, 공황이란 생산이 무정부적

으로 이루어지는 자본주의하에서 자본의 경쟁과 축적의 진행에 따른 필연적인 결과라는 데 대해서는 이견이 없다.

공황의 여러 특징 중에서 마르크스가 특히 강조한 것이 바로 그 주기성이다. 혹자는 마르크스가 자본주의 체제 자체를 끝장 낼 '최종적인' 공황을 생각했다고 주장하기도 하나, 여기에 대해서는 이견이 많고 이를 따지는 것은 이 글의 범위를 벗어난다. 하지만 어떻게 보더라도 그가 공황이 자본주의 경제가 발달함에 따라 다양한 범위에서 주기적으로 발생한다고 본 것은 틀림없다. 바로 그런 의미에서 공황은 '파괴'이기도 하지만 '재생'이기도 하다. 따라서 공황으로 커다란 자본 파괴를 겪은 직후에는 매우 높은 자본수익률이 실현되기도 한다. 〈표4〉와 〈표5〉는 바로 이런 공황의 주기성과 '재생'을 어느 정도 보여준다고 할 수 있다. 비록 이들 역시 10년 단위의 연평균치라서 정확한 실상을 나타낸다고 할 수는 없겠지만 말이다.

사실 전쟁의 의의도 이상과 같은 의미에서 생각할 수 있다. 피케티는 20세기 초 두 번에 걸친 전쟁이 이후 엄청난 양의 자본을 파괴하고, 그럼으로써 의도치 않게 이후 불평등 완화에 크게 기여했다고 말한다. 하지만 이렇게 자본주의의 위기와 재편의 반복을 우연적인 사건의 결과로만 보는 태도는 일찍이 마르크스가 당대의 경제학자들을 보면서 비판했던 바다.

"리카도는 공황에 대해, 즉 생산 과정 그 자체로부터 발생하는 세계시장의 일반적 공황에 대해 실제로는 아는 바가 없었다. 그는 1800년에서 1815년 사이에 벌어진 공황들을, (나폴레옹의) 대륙봉쇄의 결과 시장이 경제적이 아닌 정치적인 이유로 억지로 축소되었기 때문에, 그것들이 흉작 때문에 일어났다거나, 화폐가치 하락 또는 식민지 작물의 가격 하락 등에 의해 일어났다고 설명할 수도 있었다. 또한 그는 1815년 이후의 공황들에 대해서는, 일부는 흉작 때문에, 그리고 일부는 곡물 가격 하락 때문에 벌어졌다고 설명할 수 있었다. 그 자신의 이론에 따르면 잉글랜드가 유럽 대륙으로부터 격리되었던 전쟁 동안에 곡물 가격에 상승 압력을 가했던 앞서의 원인들은 작동을 멈추었기 때문이다. 또한 이 시기의 공황들은 부분적으로는 전쟁으로부터 평화로의 이행이 '무역 채널의 갑작스런 변경'을 가져와서 빚어졌다고 설명되기도 했다. 이후에 벌어진 역사적 현상들, 특히 세계시장에서 거의 정기적인 주기를 가지고 일어나는 공황들은, 더는 리카도의 후계자들로 하여금 사실을 부정하거나 이를 우연에 돌리는 것을 허용하지 않았다."[6]

하지만 위 서술을 '자본주의하에서는 전쟁이 아니라 (주기적인) 공황이 중요하다'는 식으로 이해하는 것은 일면적이다. 자본주의하에서는 전쟁의 의의 자체가 바뀌기 때문이다. 피케티와 같이 마르크스주의 사회과학의 의의를 전면 부정하는 학자로서는 감조차도 못 잡는 것이 바로 이것이다. 실제로 칸트(Immanuel Kant)와 같은 근대 계몽사상가들은 전쟁을 일종의 야만 상태로 보면서 근대적 자본주의가 확립됨에 따라 곧 평화로운 상업적 교류가 전쟁을 대체할 것으로 내다봤다[7]. 이것이 그들이 자본주의의 수많은 폐해에도 불구하고 그 '진보성'을 인정했던 한 이유다. 그러나 그들의 예상과 달리 자본주의하에서도 전쟁은 오늘날까지 끊이지 않고 있는데, 이는 바로 전쟁이 과잉 축적된 자본을 해소하는 데 매우 유용한 수단이 된다는 점과 무관하지 않다. 이러한 시각에 입각해 마르크스주의 경제학자들은 전쟁, 나아가 평화 시의 군비 경쟁 일반까지도 자본 축적의 동학으로 설명하는 꽤 설득력 있는 틀을 내놓고 있다. 어떤 의미에선, 경제 상황에 대한 온갖 정보와 이를 다룰 수 있는 고급 인력을 가지고 있는 최강대국 정부나 대자본들조차도 예측하지 못하는 공황보다도, 정부가 어느 정도 통제할 수 있는 전쟁[8]과 같은 수단은 경제의 조절을 위한 꽤 매혹적인 수단일지 모른다.

세제를 제대로 보는 법

그렇다면 자본수익률에 관한 한 세제는 그저 무의미한 것인가? 당연히 그렇지는 않다. 피케티가 세제의 의의를 과대평가한 것은 그가 세제에 대한 적절한 시각을 확립하지 못했기 때문이다. 자본주의 경제의 전체적인 메커니즘 속에 세제를 위치시킬 수 있어야 한다.

왜 우리는 더 불평등해지는가

국가 역할과 계급관계를 보아야 한다

경제협력개발기구(OECD)에 속한 나라들만 보면 현재 대체로 연간 국내총생산의 20-30% 정도가 세금으로 걷힌다. 기본적으로 세금이란 국가가 돈이 필요해 걷는 것이지, 그 반대가 아니다. 돈이 필요 없다면 세금을 걷을 이유가 없고, 백성이 거기 순순히 동의할 까닭도 없다. 역사적으로 세금을 걷는 가장 중요한 이유는 전쟁 비용 마련이었다. 이를 이해하기 위해 18세기 말 나폴레옹 전쟁기의 영국 정부까지 떠올릴 필요는 없다. 오늘날의 보편적인 소득세제, 피케티가 강조하는 급진적 누진세제 자체가 20세기 초반 전쟁 비용 때문에 도입된 것이기 때문이다. 현대에 와서 선진 자본주의 국가들은 이러한 필요를 전쟁을 일으키지 않을 때조차도 국민들에게 납득시키는 데 성공했다. 그 결과 ('열전'이 아닌) '냉전'을 지속하기 위해서나 심지어 있지도 않은 전쟁을 준비한다는 명목으로도 국민에게서 엄청난 돈을 걷을 수 있게 되었다.

다른 한편, 오늘날 세금은 크게 소득세(개인, 법인), 재산세(상속, 증여, 부동산 등), 소비세 등으로 나뉘는데[9], 같은 액수의 세금이라도 걷는 방식, 즉 그 세목별 구성은 매우 다양할 수 있다. 예컨대 〈표7〉에서 보듯, 미국에서 1934년에 국내총생산의 4.8%에 지나지 않던 총 세수가 불과 10년 만에 20% 수준으로 증가했고, 세목별 구성도 소비세 위주(총 세수 중 45.8% 차지)에서 소득세 위주(78.9%)로 바뀌었다. 이는 소비세가 줄어든 게 아니라 세수 증가분의 대부분이 소득세로 걷혔기 때문일 것이다. 또한 일반적으로 소득세나 재산세의 징수에는 그 기반이 되는 소득과 재산의 파악이 선행되므로 많은 비용이 야기되는 경향이 있다. 따라서 상대적으로 세무행정이 덜 발달한 나라들에서는 소비세가 큰 비중을 차지할 것이다. 끝으로, 똑같은 서유럽이라도 덴마크는 2011년 기준으로 소득세의 비중이 60.9%로 OECD에 속한 나라들 중에서 제일 높은 반면, 프랑스는 22.7%로 OECD 평균(33.5%)보다 훨씬 낮다[10].

이렇게 국가가 맡은 역할의 범위에 따라 조세의 총량이 결정되며(애초 걷을 때부터 사용처가 정해져 있는 목적세 따위는 여기선 고려하지 않는다), 나아가 주어진 액수를 어떤 방식으로 걷을 것인가, 즉 각각의 세목을 어떤 비율로 할 것인가는 나라마다, 시대마다 다를 수 있다. 국가는 이렇게 다양한 명목으로 거둬들인 세금을 가지고 자신에게 주어진 책무를 수행한다. 다시 말해,

	액수(100만 달러)		비중		GDP 대비	
	1934년	1944년	1934년	1944년	1934년	1944년
총 계	2,955	43,747	100.0%	100.0%	4.8%	20.5%
소득세	784	34,543	26.5%	78.9%	-	-
소비세	1,354	4,759	45.8%	10.9%	-	-
재산세		507		1.2%	-	-
기 타	-	3,938	28.7%	8.9%	-	-

표7. 미국에서의 세수의 규모 및 세목별 구성의 변화 추이[11]

왜 우리는 더 불평등해지는가

세제란 일차적으로 국가의 역할을 어떻게 보느냐 하는 문제에 종속되어 있다고 할 것이다. 하지만 국가의 역할이란 것 자체가 정해져 있는 게 아니다. 그것은 국가, 즉 자본주의 국가를 구성하는 두 핵심 축인 노동과 자본 간의 계급관계에 의해 궁극적으로 결정된다.

이 대목에서, 20세기 중반 이후 선진 자본주의 나라들에서 '복지국가'가 등장했음을 언급하지 않을 수 없다. 이것은 경제와 사회의 재생산에 있어 국가의 성격과 역할이 이전에 비해 심대하게 변했음을, 그리고 그것을 바닥에서 결정해주는 계급 갈등의 양상과 양대 계급 간 타협의 내용이 근본적으로 달라졌음을 의미한다. 노동 쪽에서는 전쟁 때문에 파괴된 삶의 재생산을 보장해달라고 강력하게 요구하고 있었고, 자본가들도 점차 규모가 커지고 복잡해지는 경제의 운영을 위한 '공동위원회' 설립의 필요성에 대한 공감대를 형성하고 있었다.

이런 일을 국가가 수행하는 데는 물론 돈이 들지만, 그렇다고 급격한 세제상의 개편이 당장 필요하지는 않았다. 왜냐하면 20세기 중반에 서유럽과 북미의 선진국들에서는 이전 두 차례의 전쟁 덕분에, 부자들에겐 끔찍스러울 수 있었던 세제가 '국민적 동의' 아래 이미 도입되어 있었기 때문이다. 즉 그들은 기존의 세제를 그저 선택적으로 유지하고 슬쩍슬쩍 손보기만 해도 초기 복지국가 설립을 위한 재원을 마련할 수 있었는데, 과연 이것은 특히 오늘날 관점에서 보면 전쟁이 그들에게 가져다준 커다란 '선물'이라고 할 만하다[12].

물론 그러한 세제 도입의 공을 전쟁에만 돌리는 것은 올바르지 않다. 전쟁은 가장 중요한 배경이자 계기가 되기는 했지만, 세제의 실제적 내용을 결정한 것은 여전히 사회세력 간 세력관계였다. 이를테면, 영국에서 보편적 소득세제는 노동자들의 저항으로 도입되지 못할 뻔했으나, 결국엔 광범위한 공제제도가 함께 묶임으로써 사실상 노동자계급에게 추가적인 부담은 매우 적은 형태로 도입되었다. 그러나 이것은 이들 계급이 약해서라기보다는 반대로 이러한 보편세제의 수용을 통해 부자들에게 더욱 큰 희생을 강요할 수 있는 역량을 확보하고 있었음을 의미한다. 자본가 측에서도, 아마도 경제의 전반적인 붕괴에 대한, (노동자들의 요구에 따른) 기업과 산업의 국유화에 대한, 나아가 혁명을 통한 자국의 공산주의화에 대한 두려움과 이를 현실화할 수 있을 정도의 노동자 세력이 없었더라면 자신에게 가혹한 세제를 받아들였을 리 만무하다.[13]

이러한 관점에서 보았을 때, 만약 현대 국가에서 (피케티가 우려하는 정부 간 '조세 경쟁'과 같은 형태로) 세제가 약화되고 있다면, 이는 국가의 역할을 줄여야 한다는 모종의 사회적 '합의'를 반영하는 것이며, 말할 것도 없이 그 합의는 여러 사회세력 간의 세력관계의 표현이다. 어쨌든 조세의 규모와 구조는 각 나라와 각 시기의 사회경제적, 역사적 조건들, 곧 국가의 역할에 대한 사회적 합의의 수준, 또 그 근저에 있는 사회세력들 간의 세

왜 우리는 더 불평등해지는가

력관계를 반영해 천차만별로 결정된다고 하지 않을 수 없다.

그렇다면 결국 피케티에게 중요한 질문은 국가의 역할이 무엇인가 하는 것이다. 이는 거꾸로 우리가 그에게 물어야 할 사항이기도 하다. 물론 그가 《21세기 자본》에서 '사회적 국가'(흔히 말하는 복지국가)를 언급하긴 하지만 이는 지나치게 원론적인 수준에서일 뿐이다. 아울러 국가의 역할에 대한 사회적 합의 수준을 결정하는 계급관계의 의의를 어떻게 평가하는지도 함께 물어야 한다. 계급관계의 중요성에 대해서도 피케티는 불평등의 현상을 분석할 때는 인정하나 싶더니(최저임금제 도입을 서술하는 대목 등에서) 처방과 대안을 논할 때는 세제 개혁과 이를 위한 정치인들 간의 '민주적이고 합리적인 토론'에 모든 것을 거는 모습을 보였다.

자본주의를 움직이는 것은 자본 소유자와 비소유자의 갈등

위에서 자본주의하에서 세금을 바라보는 기본 시각으로, 국가의 역할에 대한 사회적 합의와 계급관계의 중요성을 강조했다. 좀더 분석적으로 보면, 세금은 경제 전체의 메커니즘 안에서, 그 일부로서 이해되어야 한다. 따라서 일단 자본주의 경제의 전체적인 얼개를 간단히 그려보자.

1장 〈99%를 위한 경제학인가, 9%를 위한 경제학인가〉에서 좀더 상세히 논한 대로, 자본주의 경제의 핵심은 생산이다. 마르크스와, 그와 동시대 혹은 이전의 경제학자들이 생각한 대로 바로 이 생산 영역에서 양대 계급인 자본가와 노동자가 직접 마주서며, 전자가 후자를 고용함으로써 생산이 이루어진다. 이 생산의 결과 한 해 동안의 총부가가치, 간단히 말해 GDP가 나오는 것이고, 이는 그해의 분배 재원을 형성한다. 따라서 1차적으로 분배는 노동과 자본 간의 분배, 곧 임금-이윤 분배일 수밖에 없다. 하지만 여기서 끝이 아니다. 위의 임금과 이윤은 각각 부가가치 생산에 직접적으로 관여하지 않는 사회의 다양한 계급에게 분배되기 때문이다. 크게 보면 이윤은 그것을 일차적으로 취하는 자본이 생산을 조직하고 생산의 산물을 판매할 때 도움을 준 다양한 자본가계급(예: 잉여 화폐 소유자, 각종 서비스 제공자)에게 이자나 지대 등의 형태로 분배될 것이고, 임금은 노동자에게 주거를 제공하는 자들에게 역시 지불될 것이다. 이러한 분배 이후에 각자의 손에 남는 것이 그들의 진정한 수입을 이룰 것이고, 그들은 이를 개인적 소비나 다음 해의 생산을 위한 투자에 쓸 것이다.

이상의 일반적 내용을, 모든 자산 소유자를 자본가로 보는 피케티의 틀에 맞게 채색하면 다음과 같다. 먼저 한 공동체의 인구는 크게 둘로 분류된다. 자본 소유자(C)와 비소유자다. 편의상 후자를 모두 노동자(L)라고 가정하자. 그러면 자본가는 성격에 따라 크게 셋으로 분류된다. 생산을 직접 조직하는 자본가(C_1)와 그에게 일정한 도움을 주지만 생산을 직접 행하지는 않는 자본가(C_2), 끝으로 생산 자체와는 아무런 관계가 없고 주거 서비스를 제공하는 대가로 일정한 지대를 챙기는 자본가(C_3)가 그들이다[14]. 이들 간의 분배는 아래 그림과 같이 이루어진다.

이 그림에서 명확히 드러나는 것은 분배와 관련해 자본 소유자와 비소유자가 어떤 식으로 서로 맞닥뜨리는가 하는 점이다. 결국 둘 간의 분배, 그리하여 (피케티는 자본 소유의 불평등을 소득불평등의 가장 중요한 원인으로 삼고 있으므로) 불평등 자체는 세금을 통한 2차적인 분배 영역까지 가기도 전에 이미 여기에서

C_1: 생산에 직접 종사하는 자본(소유자)

C_2: 생산을 간접적으로 돕는 자본(소유자)

C_3: 주거 서비스를 제공하는 자본(소유자)

L : 비자본 소유자=노동자

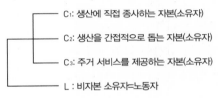

GDP

(1) C_1이 L을 직접 고용하여 생산. 이렇게 1년간 생산된 부가가치를 모두 모으면 그것이 국민소득(GDP)

이윤
임금

(2) 1차적으로 GDP는 C_1과 L 사이에서 이윤-임금으로 분배됨

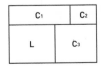

이윤	이자
임금	지대

(3) C_1은 생산에 도움을 주거나 생산된 상품의 실현을 담당한 다양한 자본 분파에 대해 이자나 지대 등의 형태로 보상. L은 주거 서비스의 제공자에게 지대 지불

C_1	C_2
L	C_3

(4) 최종적인 분배 형태

결정된다고 봐야 할 것이다. 그렇다면 어떻게 그러한가? 첫째로 이들은 총생산의 임금과 이윤으로의 분배를 둘러싸고 갈등한다 (L 대 C_1). 따라서 무엇보다 임금을 높이는 일이야말로 자본의 이익을 제한하는 가장 효과적인 수단인 것이다. 둘째로 자본의 비소유자는 주거와 관련해서도 자본가와 직접 부딪친다(L 대 C_3). 이 대목에서 두 집단은 주택 임대료의 결정을 두고 서로 갈등한다. 주거권의 보호와 주거 안정을 위한 세입자들의 투쟁이 불평등 완화를 위해 어떤 중요성을 갖는지가 여기서 드러난다. 그렇다면 노동자들은 기본적으로 생산적 자본가들을 돕는 자본 소유자들과는 어떻게 갈등하는가(L 대 C_2)? 원래 노동자들은 이들과 직접적으로는 별 상관이 없었으나 최근 들어 이 둘 간의 고리가 긴밀해지고 있다. 현대 자본주의에서 가계 신용이 급속도로 발달하고 있기 때문이다. 처음에 그것은 그저 고가의 내구재(자동차나 텔레비전) 구매를 돕는 정도였지만, 이러한 가계부채는 최근 우리나라에서도 전체 국민소득에 육박하는 정도로까지 발달했다. 이런 상황에서 L과 C_2는 이자율의 결정을 둘러싸고 갈등하고, 이는 경제 전체의 불평등 양상을 결정하는 한 계기를 이룬다. 예컨대 최고 대출이자율을 낮출 수 있다면 불평등이 줄고 서민들의 삶이 상당히 나아질 것이다.

이렇게 보면, 결국 앞의 그림에서 각 유형의 자본가가 거두는 총소득의 상대적 크기인 $(C_1+C_2+C_3)/(C_1+C_2+C_3+L)$이 피케티가 말하는 α값에 해당하는데, 이상의 논의로부터 피케티는 간과

왜 우리는 더 불평등해지는가

했던 이 값의 중요한 의의가 새삼 드러난다. 피케티는 이 값을 그저 거시적으로 관찰하면서 오랜 기간에 걸쳐 상당히 안정적인 값을 갖는 상수인 것처럼 취급했다. 그러나 이 값은 위와 같이 분해해서 생각해보면, 무산대중과 다양한 자본가계급 간의 갈등을 한꺼번에 나타내 주고 있다. 즉 이들 무산계급은 첫째, 자신을 직접 고용한 자본가(C_1)에 대항해 임금 인상을 요구함으로써, 둘째, 자신에게 고리로 돈을 빌려준 자본가(C_2)에 대항해 최고이자율 제한을 요구함으로써, 셋째, 자신에게 주거 서비스를 제공하는 집주인(C_3)에 대항해 임대료 인상 제한을 요구함으로써 맞설 수 있고, 또 실제로 그러한 과정이 사회 전체의 불평등의 양상을 가장 본원적으로 결정한다. 피케티가 안정적인 값을 갖는다고 한 α값이란 바로 이러한 역동적인 갈등의 동학을 내포하고 있는 것이다.

자본에 봉사하는 세금

이제야 우리는 세금의 의의를 제대로 따질 수 있게 되었다. 여기서 강조하고자 하는 점은, 세금을 통한 재정적(fiscal) 방식이 피케티가 생각하는 것만큼 불평등 해소에 결정적인 영향을 미치지는 못하리라는 것이다. 오히려 현대 국가에서 일반적으로 채택되고 있는 보편적 납세제도는 자본가들과 지배계급이 경제를 운영하고 미세하게 조정하는 좋은 수단이 된다.

앞서 말한 대로 세금의 크기가 어느 정도 정해져 있다고 해도, 그것을 걷는 방식은 다양하다. 이는 특히 계급 간 세력관계에 의해 본원적으로 결정된다고 말했는데, 이를테면 추가적인 세수가 필요할 때 마침 노동자의 힘이 약하다면 이를 노동자들이 부담하게 될 가능성이 크다는 것이다. 공공요금 인상이나 담뱃값 인상 등을 둘러싼 최근의 논란에서 볼 수 있듯이 말이다. 명품가방을 사거나 해외에서 신용카드를 쓸 때에 세금을 더 물리지 않고 왜 하필 담뱃값이겠는가?

다른 한편, 아무리 노동자들의 힘이 약하다고 해도 그들을 무작정 억누를 수는 없다. 결국 그들이 자본주의 시스템의 가장 중요한 엔진이고 자본이 이윤을 획득하기 위해서는 그들의 소비가 필수적이기 때문이다. 따라서 일정 수준을 넘어서는 부담은 노동자가 스스로 흡수할 수 없고, 결국 그것은 자본가가 부담할 수밖에 없다. 비유하자면 이렇다. 자본주의 경제란 살아 있는 유기체와 같아서, 그 안에서 사람은 하나의 주체가 아니라 거꾸로 시스템의 한 부속물로 전락하고 만다. 그렇다면 그 안에서 일하는 노동자는 기계나 매한가지이고, 그가 받는 임금이란 고작 기계를 유지, 보수하는 비용에 다름 아니다. 이때 기름값이 올랐다고 해보자. 자본가는 처음 얼마간은 기름을 조금 덜 치는 등의 방식으로 비용 증가를 막으려고 하겠지만, 그러한 절약이 기계의 기능을 방해하는 수준에 이르면 결국 자본가도 비용을 더 들여 기름을 더 쳐야 할 것이다.

왜 우리는 더 불평등해지는가

이제 편의상 노동자의 임금이 바로 그러한 한계 수준에 늘 머물러 있다고 가정해보자. 실제로 이것은 마르크스가 도입한 가정이기도 한데, 그렇다고 이 '한계 수준'이라는 표현에서 쪽방촌의 절망적인 상황까지 떠올릴 필요는 없다. 그때그때 계급 간의 세력관계에 의해 사회적으로 (일시적으로) 합의되는 최소한의 평균 상태라고 생각하면 된다. 예를 들어 스마트폰 요금을 이런 한계 안에 포함시킬 것인가, 어느 정도로 포함시킬 것인가 등의 문제에 '정답'이란 없다. 이해 당사자인 자본과 노동이 서로 갈등하면서 일시적으로 합의할 뿐이다. 당연히 이러한 평균 상태에는 해당 사회가 지닌 역사와 각종 개별적 특수성이 반영되어 있을 것인데, 그런 의미에서 마르크스는 임금의 결정에는 "역사적, 도덕적 요소"가 개입한다고 썼다[15]. 자, 이런 한계 상태에서 노동자는 당연히 세금을 낼 수가 없고, 모든 세금은 자본가들로부터 나오지 않을 수 없다. 실제로 보편적 소득세제가 도입된 이후에도 한동안 세금은 모두 자본가들이 냈다. 노동자들은 대체로 소득세를 면제받았으며, 당시 세수의 큰 비중을 차지하던 소비세도 대체로 부유층의 소비 품목에 부과되었다(지금도 소득세의 90% 이상을 상위 40%가 내고 있다).

이러한 방식의 과세를 자본가가 받아들이는 이유는 기본적으로 어쩔 수 없기도 했지만 더 중요한 것은 세금을 가지고 국가가 하는 일들이 결국은 자신들에게 이득이 되기 때문이었다. 그 일이란 결국 세 가지 범주로 나뉘는데, 첫째, 기본적인 사회질서 유지, 둘째, 경제적·사회적 인프라 건설, 셋째, 노동력의 용이한 재생산 도모가 그것이다. 이 모든 것이 전체 자본가에게는 이득으로 돌아온다. 자본을 재생산하는 데 드는 비용을 절감해주기 때문이다. 따라서 자본에 대한 과세가 불평등을 완화시킨다는 피케티의 주장은 세입 측면에 이목을 집중시켰을 때만 성립된다. 그러나 세출 측면까지 고려하면, 다시 말해 그들이 낸 세금이 결국 어떻게 쓰이는지를 보면 세제가 불평등 완화에 기여하는 정도에 대해 회의를 갖지 않을 수 없다[16].

물론 오늘날에는 노동자들이 전체 세수의 상당 부분을 담당한다. 굳이 재산이 없더라도, 그들은 소득세, 소비세, 사회보장세의 일부를 내지 않는가. 그런데 위에서 소개한 임금이론에 따르면 이것은 사전에 임금이 그 '한계 수준' 이상으로 올랐기에 가능한 것이기도 하다. 당연히 그러한 인상은 무엇보다 노동자들의 저항과 요구의 결과일 것이다. 그러나 세금의 징수는 이러한 임금 인상의 효과를 (일부) 상쇄한다.

"왜 현대 자본주의에서는 (……) 굳이 번거롭게 노동자에게 필요 이상의 임금을 지급하고 그 일부를 세금으로 내도록 하는 것일까? (……) 가장 기본적으로 오늘날 성행하는 세금 지불 형태는 임금 인상이라는 환상적인 안락감을 노동자계급에게 심어준다. 아니, 거꾸로 말하면, 그것은 치열한 계급투쟁의 결과 얻어낸 임금 인상이라는 '전리품'을 자본가계급이 은밀하게 회수해가는 교묘한 방식이라고도 말할 수 있다. (……) 임금 인상 후에 그 일부 또는 전부를 세금으로 떼어가는 이 방식은 노동력 가치가 임금이라는 형태로 자본가로부터 노동자에게 단번에 지급되고 마는 좀더 고전적인 방식에 비해, 노동력 가치를 사회적으로 좀더 세심하게 관리할 수 있는 여지를—이를테면, 노동력 가치 이상으로 불필요하게 임금이 올랐을 때 소득세율이나 부가가치세율 등을 조정하는 것—제공한다."[17]

위와 같은 인식에 입각하면, 현대 국가의 세제가 왜 이리도 복잡한지가 이해될 것이다. 이렇게 현대 국가의 보편적 납세제도는 경제를 조절하는 좋은 수단이기도 하지만, 동시에 매우 중요한 정치적 효과까지 달성한다. 그것은 "'국민'의 대다수인 노동자 및 그 가족들도 '정상시민'이라는 환상을 자아내 대의제 민주주의의 한계를 보완해준다는, 그러니까 그들 스스로 '주인의식'을 갖게 한다는 커다란 정치적 효과"를 거두고 있는 것이다. 그리하여 "정치의 차원에 '보통선거'가 있다면 경제의 차원에는 보편적인 납세제도가 있다. 이 둘은 근대 세계가 낳은 쌍생아다."[18]

세금으로 '고르디우스의 매듭'을 끊을 수 있을까

피케티는 경제적 불평등에 영향을 미치는 다양한 요인을 나름대로 고려했으면서도 막상 오늘날 심화하는 불평등에 대한 처방을 다룰 때는 이런 것들을 두루 참조하기보다는 세제 개혁만을 특별히 강조했다. 그리고 이 세제를 중심으로 역사를 재해석하기에까지 이르렀다. 그는 마치 세제 개혁을 '전가의 보도'로 여기는 듯하다.

그러나 세금의 불평등 완화 효과, 재분배 효과를 보려면 피케티와 같이 세입 측면만 봐서는 안 되고 세출 측면도 보아야 한다. 그럴 경우 재분배 효과는 피케티가 상정하는 것보다 작을 수밖에 없고, 오히려 경제적으로 보면 세금은 자본주의 경제의 재생산을 원활하게 하는 데 복무함으로써 자본에 봉사한다. 사실은 바로 이 점이 현대 경제에서 세금의 진정한 중요성이고, 특히 지금과 같은 불황기에는 더욱 그렇다.

어쨌든 피케티는 세금의 불평등 완화 효과를 r>g 부등식의 '역전'이라는 측면에서 포착하려고 했으나 이 글의 전반부에서 보였듯 이 시도는 결코 성공적이지 못했다. 자본수익률을 낮추는 데 세제가 결정적인 기여를 한 것이 아니라면 무엇 때문에 자본수익률이 떨어졌는가? 이 글에서는 자본수익률에 대한 견제를 자본 소유 계급들의 세력을 통제하고 불평등을 완화시킨다는 의미에서 바라본다면, 거기에 영향을 미치는 것은 그러

왜 우리는 더 불평등해지는가

한 계급들에 대한 피억압계급들의 직접적인 투쟁이라고 주장했다. 여기서는 이를 크게 임금 인상을 위한 투쟁, 금융 안정을 위한 투쟁, 주거 안정을 위한 투쟁 등 세 측면에서 도식화했다. 물론 이런 식의 범주화가 필연적인 것은 아니다. 그러나 이 세 가지 투쟁이 오늘날 대한민국에서 역사상 그 어느 때보다도 절실해보이는 것만은 분명하다. 비정규직이 전체 고용 인원의 3분의 1을 넘고 있으며, 노동자들의 평균임금은 정체하다 못해 줄어들고 있다. 가계부채가 1000조 원이 넘었는데도 금융 당국은 뒷짐을 풀지 않으면서, 최고이자율 제한을 낮추라는 요구엔 묵묵부답이다. 주거 현황은 어떠한가? 하우스푸어, 렌트푸어가 넘쳐나고 젊은이들이 집을 못 구해 결혼도 못하고 있는 마당에 정부는 부자들과 결탁해 집값 띄우기에 여념이 없다.

바로 이렇게 막막한 상황이기에 어쩌면 부자에 대한 대폭적인 세금 인상은 '고르디우스의 매듭'과 같이 복잡하게 얽힌 현실의 불평등의 고리들을 끊어줄 알렉산더의 칼과 같은 수단인지도 모르겠다. 그래서 더 우리에게 (헛된) 희망을 주는 것인지도 모르겠다. 하지만 사상 유례없는 저금리 시대에 무려 34.9%에 달하는 법정 최고이자율도 못 낮추고 있는 상황에서, 도대체 무슨 수로 이 사회의 최고 부자들에게 징벌 수준의 세금을 매길 수 있을까? 이것은 물론 피케티의 세제를 통한 처방이 쓸모없다는 뜻은 결코 아니다.

각주

1. Thomas Piketty, *Capital in the Twenty-First Century* (Cambridge Massachusetts: Belknap Press, 2014), 356.

2. 앞의 책.

3. Camille Landais, Thomas Piketty, and Emmanuel Saez, *Pour une Révolution Fiscale*, Paris: Seuil, 2011.

4. 여기서 '부자들'이란 그야말로 '최상층'이어야 한다. 십분위로 본다면 상위 10%여야 하고, 백분위로 본다면 상위 1%여야 한다. 피케티는 최상위 부자들의 소득 몫이 줄거나 느는 것을 불평등의 완화 또는 심화라고 보기 때문이다. 그러므로 만약 상위 10%의 소득 몫은 줄었는데 1%의 소득 몫은 반대로 늘었다면, 이것은 불평등이 감소한 게 아니라 증가한 것이라고 해석하는 게 피케티의 틀에 부합한다.

5. 미국 경제분석국 자료 참고 (웹 자료: http://www.bea.gov/).

6. Karl Marx, "Economic Manuscripts of 1861-63," in *Karl Marx Frederick Engels Collected Works*, Vol. 32 (New York: International Publishers, 1989), 128-129.

7. 임마누엘 칸트, 《영원한 평화를 위하여》, 이한구 옮김 (서울: 서광사, 1992).

8. 물론 이것이 정확한 표현은 아니다. 9·11 사태 이후 이라크를 침공한 미국이 이후 '수렁(quagmire)'에 빠진 것을 보면 말이다.

9. 사회보장기여금의 경우엔 세금으로 보기도 하고 보지 않기도 한다.

10. OECD Tax Database 참고 (웹 자료: http://www.oecd.org/tax/tax-policy/tax-database.htm).

11. 미국 백악관 자료 참고 (웹 자료: http://www.whitehouse.gov/omb).

12. 실제로 1차대전 때문에 한때 70% 이상으로까지 치솟았던(미국, 프랑스) 최고소득세율이 전쟁 이후 상당 정도로 원상 복구되었던 것을 보면, 2차

대전 이후 높은 세율이 유지된 것이 적어도 '당연한' 일은 아니었다.

13. Martin Daunton, *Just Taxes: The Politics of Taxation in Britain, 1914-1979* (New York : Cambridge University Press, 2007).

14. 이러한 구도가 완전한 것은 아니다. 첫째, 실업자나 독거노인과 같이 위 범주 어디에도 포함되지 않는 사람들이 이 사회에는 있다. 둘째, 적지 않은 사람들이 위의 넷 중 둘 이상의 범주에 포함된다. 어떤 이는 스스로 생산을 조직하는 자본가(C_1)이면서 주택 임대사업자(C_2)일 수도 있고, 또 다른 이는 노동자(L)이지만 은행에 상당한 예금을 가지고 있을 수 있다(C_2). 이런 두 가지 사항은 중요하긴 하지만 현재의 논의에서는 부차적이므로 당분간 무시하기로 한다.

15. 카를 마르크스, 《자본론 I(상)》, 김수행 옮김 (서울: 비봉출판사, 2002), 224쪽

16. 가장 노동자를 위한 조치조차도 결국엔 자본이 지불할 비용을 절감해줘 궁극적으로는 자본에 이득으로 되돌아오는 일이 허다하다. 일례로, 훌륭한 정보통신망의 구축은 인간의 삶을 풍요롭게 해줬지만, 노동자에 대한 매우 효율적인 통제 수단을 제공하기도 한다. 모름지기 경제적 분석이라면 바로 이 후자의 측면을 특히 강조하고 그 의의를 드러낼 수 있어야 한다.

17. 김공회, 〈경제위기와 복지국가〉, 《정치경제학의 대답: 세계대공황과 자본주의의 미래》, 김수행·장시복 외 지음 (서울: 사회평론, 2012), 458-459쪽.

18. 앞의 책.

참고문헌

김공회. 〈경제위기와 복지국가〉.《정치경제학의 대답: 세계대공황과 자본주의의 미래》. 김수행·장시복 외 지음. 서울: 사회평론, 2012. 439-462쪽.

_____. 〈토마 피케티의『21세기 자본』의 이론적 의의와 한국에의 시사점〉.《사회경제평론》. 제44호 (2014). 235-249쪽.

임마누엘 칸트.《영원한 평화를 위하여》. 이한구 옮김. 서울: 서광사, 1992.

카를 마르크스.《자본론 I(상)》. 김수행 옮김. 서울: 비봉출판사, 2002.

Daunton, Martin. *Just Taxes: The Politics of Taxation in Britain, 1914-1979.* New York : Cambridge University Press, 2007.

Landais, Camille, Thomas Piketty, and Emmanuel Saez. *Pour une Revolution Fiscale.* Paris: Seuil, 2011.

Marx, Karl. "Economic Manuscripts of 1861-63." in *Karl Marx Frederick Engels Collected Works.* Vol. 32. New York: International Publishers, 1989.

Piketty, Thomas. "On the Long-Run Evolution of Inheritance: France 1820-2050." *The Quarterly Journal of Economics.* Vol. CXXVI, Issue 3 (2011).

Piketty, Thomas. *Capital in the Twenty-First Century.* Cambridge Massachusetts: Belknap Press, 2014.

Piketty, Thomas and Gabriel Zucman. "Capital is Back: Wealth-Income Ratios in Rich Countries 1700-2010." (2013) (웹 자료: http://piketty.pse.ens.fr/files/PikettyZucman2013WP.pdf).

기타자료

OECD Tax Database (웹 자료: http://www.oecd.org/tax/tax-policy/tax-database.htm).

미국 경제분석국 자료 (웹 자료: http://www.bea.gov/).

미국 백악관 자료 (웹 자료: http://www.whitehouse.gov/omb).

7장

글로벌
자본세라는
상상

김어진

김어진

고려대학교를 졸업하고 경상대학교에서 〈제국주의 이론을 통해서 본 한국 자본주의의 지위와 성격 검토〉로 박사 학위(경제학)를 받았다. 현재 경상대 연구교수다. 자본론, 한국경제론, 제국주의론 등을 강의하고 있다. 제국주의뿐 아니라 아류 제국주의 국가군과, 세계화와 글로벌 대기업의 변화 등에 관한 연구에 몰두하고 있다. 제국주의야말로 자본주의의 진정한 속살이라고 생각한다. 〈고전적 제국주의론의 재구성〉〈경제위기와 제국주의〉〈지식기반경제와 노르딕 모델〉〈창조경제의 정치경제학〉〈삼성전자를 통해서 본 '클러스터' 이론과 '글로벌생산네트워크' 이론의 한계—삼성 WAY의 실체는 무엇인가?〉 등 다수의 논문을 썼다. 반전 네트워크 단체인 반전평화연대(준) 간사로도 활동하고 있다.

* 이 논문은 2010년 한국연구재단의 지원을 받아 수행된 연구(NRF-2010-413-B00027)의 일환이다.

피케티는 제4부에서 부의 불평등을 바로잡을 수 있는 정책적 대안을 제시한다. 최고소득세율을 2차대전 이후 가장 높았을 때로 올리고 자본세 도입을 위한 은행 시스템을 만들자는 것이다. 피케티의 《21세기 자본》에 손사래를 치는 보수주의자들은 갖가지 논리로 피케티를 반박한다. 피케티의 자본세가 유토피아적이라고 반대하는 보수적인 경제학자도 적지 않다. 그러나 현실적이지 않다는 게 보수주의적 비판의 합리적 핵심이라기보다 자본에 과세하는 현실을 반대하는 것이 진정한 핵심일 것 같다. 이들은 겉으로는 고상한 논리를 들이대지만, 아마도 대대손손 상속될 자산에, 그리고 화려한 수법으로 숨겨진 자산에 막대한 세금이 부과될 미래를 상상하는 것만으로도 끔찍해할 것이다.

  오늘날 깊어지는 부의 불평등에 대한 피케티의 대안은 매력적이다. 피케티는 부모로부터 물려받은 상속재산을 비롯한 '자본소득'이 차지하는 비중이 갈수록 커져, 자본에 부과하는 누진세가 불평등의 악순환을 피할 수 있게 해줄 것이라고 말한다.

피케티는 최고소득세율을 올리고 부채를 뺀 순자산에 소득세와 마찬가지의 누진세율을 적용한 자본세 도입을 제안한다. 부자들이 세금을 피해 국적 옮기는 것을 막기 위해 모든 나라가 공통적으로 글로벌 자본세를 부과해야 한다고 덧붙인다. 이를 도모하는 사회적 국가를 만들자고도 한다. 한마디로 21세기에 등장한 세계화된 세습자본주의를 규율하기 위해 복지국가를 건설하고 조세제도를 바꾸자는 것이다.

하나씩 살펴보자. 피케티는 최고소득세율을 2차대전 당시 미국과 유럽 수준으로 최대한 올리자고 한다. 당시 최고소득세율은 90%에 육박했다. 이렇게 최고소득세율을 80%로 올리면 부의 불평등 문제 해결에 도움을 줄 수 있다고 주장한다.

피케티가 말한 글로벌 자본세는 어떤가. 피케티가 자본소득을 불로소득으로 보고 자본소득에 누진세를 적용하자고 주장한 것은 국제적 금융 거래에 과세를 하자는 토빈세'보다 더 급진적이다. 피케티는 금융 거래에 과세하자는 주장에서 더 나아가 그것의 원천인 자본에 세금을 부과하자고 주장하기 때문이다. 피케티가 자본은 스스로 증식한다고 설명하는 대목은 마르크스의 설명과 비슷하다.

"일단 재산이 어느 정도 수준을 넘으면, 이 자본에서 나오는 거의 모든 소득이 재투자되기 때문에 포트폴리오 관리 및 위험을 감수하는 데 따른 규모 효과가 더욱 커진다. 이런 수준의 부를 소유한 사람은 매년 자산의 10% 남짓을 가지고도 손쉽게 최고의 인생을 살 수 있으며, 자신의 소득 거의 전부를 재투자할 수 있다. 이는 (자본주의의) 중요한 경제적 메커니즘으로, 부의 축적 및 분배의 장기적인 동학에서 극적인 결과를 낳는다."[2]

피케티가 이윤이나 이자뿐 아니라 자본 자체에 과세를 하자고 주장했다는 점에서 그는 통상적인 경제학자들보다 근원적이다. 그동안 분배 문제를 경제의 중심에 놓았던 리카도와 피에로 스라파(Piero Sraffa)도 잉여에 집중해 자본 자체를 다루지 않는 한계를 보여줬다. 반면 피케티는 자본 자체와 자본에 대한 규제에 관심을 두고 있는데, 이 점에서 전통적인 경제학의 소득분배 이론을 넘어선다는 평가도 있다.[3]

피케티는 각국 정부가 은행 자료를 자동으로 공유할 수 있도록 합의하고 이를 확대하도록 강제해 각국이 시민들의 순자산을 산출하는 데 필요한 모든 정보를 제공받을 수 있도록 하자고 제안한다.[4]

그는 천연자원의 재분배가 평화로운 방식으로 재분배되기 위해서라도 석유자본에 대한 최적의 세율 체제가 필요하다고 주장한다. 그에 따르면 인구가 8500만 명인 이집트의 모든 교육예산은 2012년 50억 달러에도 미치지 못하는 반면, 인구가 2000

만 명인 사우디아라비아는 3000억 달러를, 30만 명인 카타르는 1000억 달러의 석유 판매 수입을 거둬들인다. 피케티는 미국 군대가 이와 같은 석유자산의 막대한 수입을 보호하는 역할을 하고 있다고 지적하고 있다. 그는 석유 지대의 공정한 분배를 위해 대외원조뿐 아니라 중동의 석유부호들에게도 상당한 세금을 부과하는 국제적인 대응을 촉구한다.[5] 모두 다 훌륭한 대안이다.

그의 자본세가 매우 매력적인 대안이며 당장 도입하고자 할 만큼 실효성 있는 개혁 제도가 될 것임은 분명하다. 자본세가 즉각 복지를 위한 기초 재원으로 쓰인다면 2014년 초에 유럽연합에서 추진하기로 합의한 토빈세보다 더 한층 많은 재원을 확보하게 될 것이다.

토빈세의 세제 비율이 애초 제임스 토빈이 제시한 금융 거래액의 1%에서 0.1%로 줄어들기는 했지만, 금융 거래세로 징수되는 세금은 연간 310억에서 350억 유로(약 45-50조 원)에 달한다. 이 돈은 2013년 군사비 지출 세계 10위를 기록한 한국의 국방비 34조 5000억 원보다 10-15조가 더 많은 액수다. 이 돈이면, 전 세계 유아사망률 감소와 산모 건강 증진(100억 달러)뿐 아니라 에이즈·말라리아 등의 질병 대응(142억 달러) 및 초등교육 보편화와 성 평등·여성권리 신장 촉진(72억 달러)을 위해 쓰고도 남을 돈이다.[6]

정말 세제 때문에 불평등이 줄어들었나

조세제도 개선이 실제로 세습자본주의의 실질적인 교정 수단이나 처방이 될 수 있을까? 피케티는 미국과 영국이 1940년대에 부와 소득에 "거의 몰수" 수준으로 과세했다고 말한다. 그러나 당시 최고소득세율 등 일련의 전후 복지 시스템 가동의 배경을 알아보기 위해서는 역사적 사실을 좀더 자세하게 살펴볼 필요가 있다.

2차대전 이후 약 20년 동안 유럽 국가들은 복지 부문에 적극 개입했다. 노동자들이 교육·주거·의료비 등을 절약할 수 있게 해주었고, 자본가들에게는 고율의 과세를 적용해 세금을 거두었다.

2차대전 이후 영국의 복지 계획 프로그램은 1942년 12월 발행된 베버리지 보고서에 집약돼 있다. 질병·빈곤·실업 퇴치, 국민 의료 서비스, 가족수당, 완전고용 유지에 대한 포괄적 계획을 담은 이 보고서에 따르면, 임금 소득자들이 매주 1회 보험료를 납부하면 노령연금과 질병수당을 받을 수 있고 일자리를 잃을 경우 실업급여도 받게 된다. 국민의료제도(NHS)도 전후 노동당 정부의 최고의 업적이었다. 당시 "OECD에 가입한 민주주의 선진 공업국 18개국 중에서 영국은 국내총생산의 12.6%를 복지에 투입"[7]했다. 당시 서독과 프랑스, 심지어 스페인의 GDP 대비 복지 투입 비중은 영국보다 더 높았다.

이런 복지 정책은 전후 대호황 속에서 '건강한 노동력'이 절실했던 자본가들의 요구와도 맞아떨어졌다. 일련의 개혁 조치들에 보수주의자들이 반발하기도 했지만 말이다. 그래서 거대 섬유기업 코톨즈의 사장은 베버리지 계획이 "영국 역사상 가장 탁월한 고수익 장기 투자"라고 묘사했을 정도다.[8]

그러나 당시 부의 재분배는 계급 사이에서가 아니라 오히려 노동자들 사이에서 이뤄졌다. 예를 들어 자녀들이 없는 노동자들보다 자녀들이 있는 노동자들이 좀더 혜택을 보는 식이었다. 노동자들이 내는 보험료가 복지제도의 주된 재원이었기 때문에 노동자들이 받은 연금은 낮고 계급 간의 재분배도 효과적으로 이뤄지지 않았다.

1936-1938년에 최상위 부유층 5%가 영국 전체 부의 79%를 차지했는데, 1960년에도 비슷하게 75%를 차지했다. 소득재분배 효과가 있었는지 의문이 제기됐고, 베버리지는 결국 자신의 제안이 실효성이 없다고 번복해야 했다.[9] 2차대전 이후의 복지제도는 대호황 조건에서 완전고용을 위한 것이었다. 그러나 이 자본가들의 필요는 어느 정도 충족되었으나 소득재분배 효과는 크지 않았다.

그런데 피케티는 제4부에서 1940년대의 높은 과세율 등의 조세제도가 소득재분배에 결정적인 역할을 한 것처럼 서술하고 있다. 그러나 당시의 복지 혜택은 대호황뿐 아니라 노동자 투쟁이 크게 작용한 결과다.

왜 우리는 더 불평등해지는가

당시 각국의 정부와 기업가들이 어떤 조건에서 높은 과세를 받아들였는지를 봐야 한다. 자본가들은 노동자들이 열심히 일할 수 있는 건강 상태를 유지하기를 바란다. 그러나 그 비용은 다른 이들, 즉 경쟁관계에 있는 자본가들이나 노동자들이 치르기를 바란다. 그래서 노동력 재생산을 위해 자신의 호주머니에서 돈이 나가는 고율의 과세를 선뜻 받아들이려 하지 않는다.

피케티가 말했듯이(〈표1〉 참조) 보편적인 소득세제와 최고소득세율 도입은 기본적으로 전쟁 때문이었다. 1910년대 이전에는 미국·영국·독일·프랑스의 최고소득세율이 10%이하였다. 그러나 1차대전 직후에 네 나라 모두에서 최고소득세율이 급격하게 올라 미국은 거의 80%에 육박했다.[11] 최고소득세율은 대공황 시

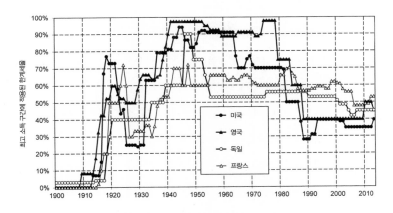

표1. 1900-2013년 동안 각국의 최고소득세율 추이[10]
(자료 출처: piketty.pse.ens.fr/capital21c)

기에 잠깐 낮아졌다가 2차대전 때 미국의 경우에는 90%를 넘기까지 했다(그러나 이 세율은 1980년대 후반에 30% 이하로까지 급락했다). 당시 영국의 최고소득세율은 99.25%였다!

그리고 2차대전 이후에도 최고소득세율이 유지될 수 있었던 배경에는 노동자계급의 강력한 투쟁이 있었다. 대공황과 2차대전을 겪으면서 유럽 노동자들은 그 어느 때보다도 활발하게 운동을 전개해 총파업 등이 각국에서 벌어졌다.

유럽 각국의 정부들은 사회혁명을 피하기 위해 무엇이라도 하지 않으면 안 될 위기에 처했다. 전쟁이 끝나면서 파시즘은 붕괴되었지만 이번에는 사회혁명으로 이어지지나 않을까 전전긍긍한 것이다. 그런 두려움은 현실이 됐다. 그리스, 이탈리아, 영국, 프랑스에서 노동자들이 폭발적으로 들고일어난 것이다. 이 투쟁들은 경제, 정치적 요구로까지 나아갔다.

1943년 3월 초 순전히 경제적인 요구들—폭격으로 인한 피해 보상과 임금 인상—로 파업을 시작한 이탈리아 노동자들은 곧 즉각적 평화와 독일과의 동맹 중단이라는 정치적 요구까지 내걸었다. 1944년 12월 시칠리아에서는 강제 징집 반대 봉기가 일어났다. 1945년 독일이 패하자 거대한 북부 산업 도시인 밀라노와 토리노의 노동자들이 들고일어나 도시를 장악했다. 노동자들은 나치와 싸웠고, 전쟁을 빌미로 더 한층 노동자들을 착취한 자본가들과도 맞섰다. 영국에서도 1차대전 때보다 더 많은 민중이 들고일어났다. "그들에게 사회 개혁을 하사하라. 그렇지 않으면 그들은 당신들에게 사회혁명을 선사할 것이다." 헤일셤 경의 이 말이 유행할 정도였다.

그리스도 절호의 기회를 맞았다. 그리스에서 레지스탕스들은 1944년까지 700만 명 인구 가운데 200만 명에 이르는 지지자를 확보했다. 독일이 물러간 뒤 레지스탕스들은 거의 나라 전체를 통제하게 됐다. 처칠과 스탈린이 합의한 대로 영국이 점령군으로 들어오자 노동자들은 총파업으로 맞섰다. 그리스 주재 영국 대사는 "이곳에서 벌어지고 있는 것은 적어도 혁명 그 이상이다."는 편지를 처칠에게 보내야 했다.[12]

1945년 영국 노동당 정부가 영국 역사상 가장 체계적인 개혁 강령을 발표했던 것도 이런 배경에서였다. 노동자들이 혁명을 일으키는 것을 막기 위해서였다. 영국 정부는 고율의 소득세제를 실시해 불로소득을 거두어들이는 한편 노동자들을 위한 의료, 교육 등 기본적인 공공서비스도 제공했다.

피케티가 불평등 정도가 상대적으로 덜하다고 말한 스웨덴 같은 나라에서 복지 체계가 더 견고해질 수 있었던 데는 몇 가지 다른 이유가 있다. 2차대전 기간에 얻은 전쟁 특수가 대표적이다. 스칸디나비아의 국가들은 세계 공황에서 빨리 회복하고 다른 유럽 국가들에 비해 전쟁 피해가 심각하지 않았던 유리한 위치에 있었다. 독일을 선두로 한 열강들의 군비 경쟁 때문에 특히 스웨덴과 덴마크의 경우 무역량이 급증했다. 스웨덴이 1930-1940년대 세계에서 가장 높은 경제성장률을 보였던 것은 전쟁 기간 동안 운송, 제조업, 공공 부문의 급속한 팽창 덕분이었는데,[13] 특히 고품질 철광석을 독일로 수출해 많은 돈을 벌어들였다. 소련의 영향력을 차단하기 위해 미국이 북유럽 국가들에 마셜 플랜을 제공했다는 점도 빼놓을 수 없는 성장 요인이다. 아울러 에릭 홉스봄(Eric Hobsbawm)은 《극단의 시대》에서 특히 냉전 상황이 서유럽 자본가들이 노동자들과 타협한 결정적 요인이었다고 지적한다.

스웨덴에서는 사회민주당이 장기 집권하면서 복지국가 토대를 구축했지만, 복지국가를 견고하게 하는 데 큰 영향을 끼친 것 역시 노동운동이었다. 2차대전 이후 스웨덴에서도 대규모 파업이 줄을 이었다. 엔지니어링 노동자들이 파업을 주도했는데, 스웨덴에서는 이미 대공황기에 혁명에 맞먹는 사건이 많이 일어났다.

이런 각국 노동자들의 투쟁 덕분에 노동자들에게 좀더 유리한 조세제도와 복지제도가 도입될 수 있었던 것이다. 각국의 정부와 기업가들은 이윤 중 일부가 아니라 존립 자체를 흔드는 이와 같은 시대적 상황이 아니었다면 결코 변화를 꾀하지 않았을 것이다.

부유층 과세는 소득재분배의 출발일 뿐

피케티는 조세 회피 지역에 숨겨져 있는 모든 불로소득이나 감춰진 자산이 투명하게 공개될 수 있는 시스템이 만들어지고 소득에 관한 모든 자료가 공개돼 이 세계가 얼마나 불평등한지가 드러난다면 최상위 부자들에 대한 과세가 가능해지지 않겠느냐고 제안한다.

그러나 전 세계 부자들의 은닉 재산이 드러나도록 할 자본세가 가능하려면 무엇보다 각국 정부의 우호적인 연대와 협력이 필수적이다. 정치적 의지만 있다면 당장 내일이라도 추진할 수 있겠지만, 국제 협력이 없다면 불가능하다.

글로벌 자본세에 대한 우파들의 반발도 있을 것이다. 우파는 글로벌 자본세가 몽상적이라고 비판한다. 그러나 글로벌 자본세가 비현실적인 이유는 자본세가 너무 과도한 요구여서가 아니다. 현재 장기 침체로 가는 세계경제 상황 때문에 국민국가들 간의 경쟁이 치열해져 서로 협력할 가능성이 더욱 줄어들고 있어서다.

오바마는 집권 초 세계경제 위기에 대처하려고 G20 정상회의 등을 활용해 주요 강대국들의 이해관계를 조정하려고 했다. 그러나 국가 간의 이해관계가 첨예하게 대립해 불협화음이 커지면서 실패하고 말았다. 미국은 중국의 위안화가 너무 저평가돼 있다고 불만을 표시한다. 그리고 아시아·태평양 지역에서 유리한 경제권을 형성하려고 중국과 경쟁하고 있다. 일본 아베 정권은 자국 경기를 부양하려고 이웃나라의 무역수지에 악영향을 끼칠 경제정책(일명 '아베노믹스')을 추진한다. 경제적 경쟁에서 지지 않으려고 서로 군함을 늘리고 자신들의 앞마당과 뒷마당에서 에너지 패권을 강화하려 한다. 지구 공멸이란 위기 앞에서도 교토의정서를 놓고 입씨름만 계속하는 게 오늘날 국제 정세의 현실이다.

따라서 부자들의 은닉 재산 정보를 속속들이 다 밝혀내고 이들의 자산에 상당한 세금을 부과하려면 매우 급진적인 좌파 정부들이 전 세계적으로 들어서게 할 만한, 혁명을 방불케 할 수준의 국제적 계급투쟁이 필요하다. 토빈세가 주목을 받은 이유 중에는 1999년 시애틀 시위 이후 본격화된 반자본주의 운동과 유럽 내에서 중도좌파 정부 수립 등이 있다.

1980년대에 신자유주의가 등장하면서 부의 분배가 다시 자본 쪽으로 유리해졌듯이, 과세 제도도 부자들에게 유리하게 바뀌었다는 냉혹한 현실을 무시할 수 없다면, 피케티의 처방조차도 지배자들의 단념과 포기를 이끌어낼 만한 급진적인 방식을 통해서만 가능할 것이다.

사실 피케티는 유로존 내의 공동조세의 도입을 주장하는데, 이는 유럽사회당 다수파의 주장과도 맞닿아 있다. 피케티가 최고소득세율이나 자본세 등으로 현재의 유로존 위기를 해결할 재원을 마련함으로써 유럽사회당의 입장을 정책적으로 지원하

왜 우리는 더 불평등해지는가

려는 측면이 강하다는 분석도 있다.[14] 만약 최고소득세율이나 자본세 등으로 늘어난 세수를 자본가들을 위한 빚잔치에 쓴다면 소득재분배 효과를 거둘 수 있을까? 그렇다고 피케티의 처방이 유럽연합 내에서 전혀 받아들여지기 어려운 대안인 것은 아니다. 유의할 것은 부자들에게 세금을 걷어 무엇을 할 것인가도 중요하다. 2차대전 이후 부자들이 많이 냈다던 그 세금은 전쟁으로 생긴 부채를 갚는 데 쓰였다.

그럼에도 피케티의 처방은 분명 의미 있는 개혁이 될 것이다. 피케티의 대안이 현실화되는 것을 상상만 하는 것으로도 즐겁다. 상상을 현실이 되게 하자. 그러려면 더 많은 부유세뿐 아니라 질 높은 공공서비스를 무상으로 이용할 수 있도록 하는 실효성 있는 복지정책, 자유로운 이주, 천연자원을 평화롭고 민주적으로 이용하기 위한 조처 등도 필요하다. 불평등을 낳은 자본주의의 각종 폐해와 원인에 대한 근본적인 문제 제기와 도전이 필요하다.

세습자본주의의 뿌리를 극명하게 보여준 그가 제안하는 교정 수단이 조세제도에만 머무를 이유는 없다. 부유층 과세는 소득 재분배의 출발일 뿐이다. 스웨덴은 유럽에서 부유층에 대한 과세 비율이 높았고 복지국가의 표본으로 여겨지지만, 사회민주당 집권 20년이 지난 1950년대 중반, 상위 10%의 소득자들이 세금 공제 후 총소득의 27%를 차지할 정도로 여전히 높은 수치를 유지했다. 영국의 수치(24.5%)와 비교해 봐도 그렇다. 그래서 1970년대 초반의 스웨덴 정부 보고서조차 "사회정책하에서 소득재분배는 재분배 효과가 거의 없는 제도에 불과하다"는 결론을 내리기도 했다. 사실 노르딕 국가들의 교육제도 역시 이미 오래전부터 차별을 세습화해 상류계급 자녀들에게 유리한 것이 되었다.[15]

부유세 또한 불평등을 완화할 복지 재원으로는 턱없이 부족하다. 그러므로 다른 방안을 생각해봐야 한다. 예를 들어 군비를 복지의 재원으로 쓰자고 요구하면 어떤가. 미국의 경우만 놓고 보면 해마다 지출되는 군비의 6%만 있어도 중간치 임금의 교사 100만 명을 더 고용할 수 있고 무기 개발 비용에 들어가는 예산 중 1250억 달러를 삭감하면 미국 도시의 대중교통 체계를 획기적으로 개선할 수 있다는 통계도 있다.[16] 또한 아프가니스탄과 이라크 전쟁 비용은 미국 평범한 이들의 50년간의 사회보장비용이다. 사실 소득불평등 해소를 위해 재원이 부족한 것은 아니다. 경제 위기로 경쟁이 격화되면서 체제의 운영자들이 도무지 양보를 하려 들지 않기 때문이다. 따라서 소득불평등이 해소되고 탐욕과 부의 대물림이 계속되지 않으려면 이 체제의 우선순위에 근본적인 물음을 던지는 대중의 실질적 도전이 필요하다.

피케티의 진단에 대응하는 처방은 부의 불평등을 낳는 자본주의 자체에 대한 도전을 통해서만 가능하다. 피케티의 미온적 처방조차도 계급투쟁적 방식을 통해서야 실현 가능하다.

왜 우리는 더 불평등해지는가

각주

1. 토빈세는 국제투기자본의 무분별한 외환 거래를 막기 위해 국가들 사이의 금융 거래에 매기는 세금이다. 미국 경제학자 제임스 토빈(James Tobin)이 제안한 이래 금융거래과세시민연합(ATTAC)의 줄기찬 요구로 주목을 받아왔다. 토빈세 주장은 거의 20여 년간 수면 아래 있다가 1990년대 말 아시아 경제위기를 계기로 다시 주목받으면서 신자유주의 세계화가 가져오는 폐해를 막기 위한 대안 중 하나로 여겨졌다. 특히 2011년 전 세계적으로 번진 월가 점령 시위 이후 국제투기자본의 부당한 거래에 대한 비판이 거세졌고 과세에 대한 정당성이 재확인되었다. 결국 유럽연합 집행위원회 산하 11개국은 2014년 1월부터 은행과 주식 거래에 대한 금융 거래세를 도입한다고 밝혔다.

2. Thomas Piketty, *Capital in the Twenty-First Century* (Cambridge Massachusetts: Belknap Press, 2014), 440.

3. 홍훈, 〈피케티의 새로운 점과 오래된 점: 사상/이론사적인 조망〉, 《2014년도 한국사회경제학회 여름 정기학술대회 자료집》, 2014.

4. Piketty, pp. 520-521.

5. Piketty, pp. 357-358.

6. 좀더 자세한 자료는 '세계군축행동의 날 2011' 자료 참고(웹 자료: http://demilitarize.org).

7. 토니 클리프·도니 글룩스타인, 《마르크스주의에서 본 영국 노동당의 역사》, 이수현 옮김 (서울: 책갈피, 2008), 336쪽.

8. 앞의 책, 333쪽.

9. 이언 버첼, 《서유럽 사회주의의 역사》, 배일룡·서창현 옮김 (서울: 갈무리, 1995), 74쪽.

10. Piketty, p. 499.

11. 앞의 책.

12. 최일붕, 〈전쟁과 근본적 사회 변혁〉,《월간 다함께》7호 (2001). (웹 자료: http://wspaper.org/article/274 참조).

13. 노르딕 모델의 성공과 파산에 관해서는 김어진, 〈지식기반경제와 노르딕 모델〉,《자본의 세계화와 축적체제의 위기》(서울: 한울, 2004) 참고.

14. 유승경, 〈불평등 심화가 불러온 '피케티' 열풍〉,《르 몽드 디플로마티크》69호 (2014). (웹 자료: http://www.ilemonde.com/news/articleView.html?idxno=2679)

15. 이언 버첼, 206쪽.

16. 알렉스 캘리니코스,《반자본주의 선언》, 정성진·정진상 옮김 (서울: 책갈피, 2003).

참고문헌

김공회. 〈토마 피케티의 『21세기 자본』의 이론적 의의와 한국에의 시사점〉,《사회경제평론》제44호 (2014), 235-249쪽

김어진. 〈지식기반경제와 노르딕 모델〉.《자본의 세계화와 축적체제의 위기》. 서울: 한울, 2004.

알렉스 캘리니코스.《반자본주의 선언》. 정성진, 정진상 옮김. 서울: 책갈피, 2003.

유승경. 〈불평등 심화가 불러온 '피케티' 열풍〉.《르 몽드 디플로마티크》69호 (2014). (웹 자료: http://www.ilemonde.com/news/articleView.html?idxno=2679)

이언 버첼.《서유럽 사회주의의 역사》. 배일룡·서창현 옮김. 서울: 갈무리, 1995.

최일붕. 〈전쟁과 근본적 사회 변혁〉.《월간 다함께》7호 (2001). (웹 자료: http://wspaper.org/article/274) 참조.

왜 우리는 더 불평등해지는가

토니 클리프·도니 글룩스타인.《마르크스주의에서 본 영국 노동당의 역사》. 이수현 옮김 (서울: 책갈피, 2008).

홍훈.〈피케티의 새로운 점과 오래된 점: 사상/이론사적인 조망〉.《2014년도 한국사회경제학회 여름 정기학술대회 자료집》(2014).

Piketty, Thomas. *Capital in the Twenty-First Century*. Cambridge Massachusetts: Belknap Press, 2014.

피케티는 누구인가

프랑스 사회당 정부의 조세 개혁과 피케티

오창룡

오창룡

서울대 미학과를 졸업하고, 서울대 정치학과 대학원에서 석사 및 박사 과정을 마쳤다. 2008년 프랑스 외무부 에펠장학생에 선발되어 사회과학고등연구원(EHESS)에서 1년간 수학했으며, 2012년 〈프랑스 대통령제하에서 권력의 인격화 현상에 관한 연구〉로 박사 학위를 받았다. 프랑스 정당정치와 국가 문제에 관한 연구를 진행하고 있으며, 현재 고려대학교 세계지역연구소 연구교수다.

2012년 5월 대선에서 프랑수아 올랑드(François Hollande)는 재임을 시도하던 니콜라 사르코지(Nicolas Sarkozy) 전 대통령을 누르고, 제5공화국 수립 이후 두 번째 사회당 출신 대통령이 되었다. 올랑드의 승리가 과연 자력에 의한 것이었는지, 사르코지의 실정에 따른 반사이익을 얻은 것이었는지 논란이 분분했지만, 사회당(PS)이 글로벌 신자유주의가 만들어낸 경제위기에 어떠한 처방을 내놓을지에 대한 기대가 작용했던 것도 사실이다. 그러나 2014년 사회당의 현실은 매우 처참하다. 정권 교체 이후에도 실업률은 계속 증가했으며, 올랑드는 10%대의 국정 수행 지지율로 최저 기록을 갱신해나가고 있다.

반면 극우정당으로 분류되어왔던 국민전선(FN)은 눈부신 성장을 거듭하고 있다. 2011년 아버지 장-마리 르펜(Jean-Marie Le Pen)으로부터 당권을 이어받은 마린 르펜(Marine Le Pen)은 각종 선거에서 두드러진 성과를 내며 지지층을 넓혀가고 있다. 마린 르펜은 소위 '탈악마화'로 불리는 이미지 쇄신 전략에 성공했으며, 엘리트 정치와 자유주의 시장경쟁에 지친 소외계층을 여성 리더십으로 포섭해 나가고 있다. 국민전선은 좌파정당보다도 더 많은 노동자의 지지를 받는 정당이 되었고, 20-30대 젊은 세대의 가장 열렬한 지지를 받는 정당이 되었다. 기존 패러다임으로 이해할 수 없는 이러한 변화를 어떻게 설명할 수 있을 것인가?

분명한 것은 프랑스 대중이 중도우파 정당의 신자유주의 개혁뿐만 아니라 사회당 정부의 무능에도 등을 돌렸다는 점이다. 최근 설문 조사에 따르면, 2017년 대선에서 마린 르펜은 어떤 후보와 조합을 하더라도 1차 투표에서 1위를 기록할 것으로 나타났다. 올랑드는 결선투표에서 누구와 경쟁하더라도 패배할 것으로 예측되는데, 달리 말하면 극우정당의 후보도 결선투표에서 올랑드와 맞붙으면 대통령에 당선될 수 있다는 충격적인 이야기가 된다. 마린 르펜을 상대로 대선 1차 투표에서 가장 경쟁력을 보이는 후보가 다시 사르코지라는 조사 결과는 현재의 프랑스가 어떠한 혼란에 빠져 있는가를 잘 드러내고 있다.[1]

올랑드는 부자 증세와 누진세 강화를 핵심 정책으로 내세워 왔다. 이 정책은 제라르 드파르디유(Gérard Depardieu)와 같은 국민배우를 러시아로 망명시키는 데에 성공(?)하기도 했다. 그러나 프랑스 국민은 여전히 실체가 없는 '부자 증오' 정책보다

왜 우리는 더 불평등해지는가

극우정당의 공공연한 '이민자 증오' 정책에 더 마음을 빼앗기고 있다. 피케티는 이처럼 특이한 부유세 나라의 한복판에서 '부유세'의 중요성을 먼저 외쳤던 연구자 중 한 명이다. 이하에서는 2012년 이후 사회당 정부의 부유세 개혁 현실을 배경으로 피케티의 이론적 함의를 재평가하는 시도를 하고자 한다.

사회주의자 피케티?

1971년생으로 22세에 박사 학위를 받고, 27세에 《리베라시옹(*Libération*)》의 논평자가 되고, 29세에 본인이 원하던 사회과학고등연구원(EHESS) 교수로 임용된, 성공한 경제학자 피케티는 무엇이 아쉬워서 불평등 문제에 관심을 갖게 된 것일까? 이와 관련하여 피케티의 성장 과정에 주목한 기사는 그의 부모가 68운동 세대였으며, 트로츠키주의 정당인 노동자 투쟁(Lutte Ouvriére, LO)의 활동가였다는 사실을 언급한다. 1970년대 초 피케티 부모는 도시에 환멸을 느끼고 양을 치며 사는 삶을 찾아 프랑스 남부 오드(Aude) 지방으로 귀농했다. 하지만 1980년대 부모의 실직으로 피케티는 넉넉하지 못한 10대를 보낸 것으로 추정된다.[2]

물론 이와 같은 성장 배경만으로 피케티의 개인적 연구 동기를 추적하는 것은 불가능하다. 그러나 그가 연구자로서 사회참여 의식을 밝혀왔다는 점은 주목할 만하다.《21세기 자본》첫 장에서 피케티는 사회과학자의 사명을 다음과 같이 강조한다.

"사회과학적 연구는 … 경제학, 사회학, 역사학을 정밀과학으로 변형해야 한다고 주장하는 것은 아니다. 사회과학적 연구는 끈기 있게 사실과 패턴을 관찰하여 그것들을 설명할 수 있는 경제적·사회적·정치적 메커니즘을 분석함으로써, 민주주의적 토론을 유도하고 올바른 질문에 집중할 수 있도록 한다. 이런 연구는 토론의 용어들을 끊임없이 재정의하고, 선입견이나 사기를 폭로하고, 모든 것을 비판적으로 검증하는 데 기여할 수 있다. 내가 보기에는 이것이 바로 사회과학 연구자를 비롯한 지식인들, 그리고 누구보다도 연구에 바칠 수 있는 시간을 더 많이 가진 (그리고 그 연구에 대한 보수까지 받는 귀중한 특권을 가진) 운 좋은 시민들이 할 수 있고 또 해야 하는 역할이다."[3]

여기에 더해 2014년 7월《르 몽드(Le Monde)》와의 인터뷰에서는 다음과 같은 견해를 밝혔다.

"나는 학문적 연구와 공적 참여에 일관성을 유지하려 노력했다. … 이 관점에서 나는 이념의 권력을, 책의 권력을 믿는다. 모든 의견과 지식의 표명은 사회적, 경제적, 정치적 동원의 기본 요소이다. 나에게 힘 관계란 정치적인 동시에 지적인 것이다. … 나는 20세기 불평등에 대한 이러한 정치사를 쓰려 시도한다. 내 과제는 누구나 접할 수 있는 책을 만드는 것이다. … 나는 불평등을 분석하기 위해 다듬어진 분석적이고 개념적인 도구들이 정치적 반향을 가져오리라 확신한다. 나는 우리를 통치하는 자들을 위한 책을 쓰지 않는다. 어찌되었건 그들은 책을 읽지 않는다. 나는 책을 읽는 자들을 위한 책을 쓴다. 시민들, 노조원들, 모든 성향의 정치 활동가를 위해서."[4]

"통치하는 자들을 위한 책은 쓰지 않겠다."는 신념은 사뭇 비장하게 다가온다. 프랑스 일부 언론들은 2012년 정권 교체 직후 피케티를 사회당 부유세 정책의 이론가이자 후원군으로 묘사했다. 한국 독자들 역시도 피케티의 '정치적 출신'에 먼저 관심을 갖는 듯하다. 하지만 필자는 "당신은 사회주의자입니까?" 혹은 "당신은 사민주의자입니까?"라는 가상의 질문을 던지고 이에 대한 대답을 예상해서 피케티를 평가하는 접근은 적절하지 않다고 본다. 경제학자 피케티가 스스로를 'OO주의자'로 규정하는 문헌은 당연히 찾기 힘들다. 《뉴욕 타임스》의 피케티 인터뷰 기사에는 이렇게 묘사되어 있다. "11세, 13세, 16세 된 세 딸을 둔 아버지 피케티는 전혀 혁명적이지 않다. 그는 어떠한 정당의 당원도 아니며, 특정 정치인의 경제자문으로 활동한 적이 전혀 없다고 밝힌다. 단지 그는 스스로를 데이터를 따르는 실용주의자라 부른다."[5] 피케티를 건전한 이론가로 포장하려 애쓴 흔적이 역력한 기사이지만, 어쨌든 기자가 강조하듯 피케티는 정치인이 아닌 사회과학 연구자이다.

그런데 독자들을 혼란시키는 것은 피케티가 2007년과 2012년 프랑스 대선 당시 사회당 후보를 지지하는 공식성명에 이름을 올렸다는 점이다. 2007년 3월 13일자 《르 누벨 옵세르바퇴르 (*Le Nouvel Observateur*)》는 〈너무 늦기 전에〉라는 제목으로 사회당 대선 후보였던 세골렌 루아얄(Ségolène Royal)을 지지하는 150인 지식인 성명을 발표했다.[6] 성명은 사르코지는 "금융귀족의 지지를 받으며 돈에 종속된 권력"의 후보라 규정하고, 참여민주주의를 수호하는 '희망의 후보' 루아얄을 지지할 것을 호소했다. 피케티는 이 성명에 경제학자로 이름을 올렸다. 그로부터 5년 뒤인 2012년 4월 17일, 《르 몽드》에는 사회당 후보 올랑드를 지지하는 경제학자들의 성명이 발표됐다. 미국, 프랑스 대학에 소속되어 있는 경제학자 40여 명도 함께했는데 피케티도 그중 하나였다. 이 성명은 유로존 위기에 직면한 긴축정책의 폐해를 지적하고, 올랑드가 제시한 대대적인 조세 개혁이 적절히 조정된다면, 사회정의와 경제 효율성 증대에 기여할 것이라 기대했다.[7]

하지만 피케티가 지지 성명을 발표한 것 이상으로 정치에 개입한 증거를 찾는 것은 쉽지 않다. 1995년부터 1997년까지 당원이 아닌 자격으로 사회당의 경제위원회에 참여했으며, 1997년 사회당 총선 승리와 함께 협력을 중단했다는 정도의 기사가 확인된다.[8] 정작 2007년과 2012년 대선 당시 사회당 정책에 직접

왜 우리는 더 불평등해지는가

적으로 개입했는지를 명료하게 밝히는 것은 힘들다. 루아얄의 경제 자문위원으로 참여했다는 정보가 있으나 그 활동 범위를 확인할 근거가 부족하며, 2012년 올랑드의 조세정책에 대해서는 "영감을 주었다." 정도의 이야기가 회자될 뿐이다.

피케티와 올랑드의 조우

피케티라는 이름이 사회당 부유세 정책의 제1순위 연관 검색어로 부상한 것은 2012년 대선 직전이었다. 여기에는 이유가 있었다. 피케티가 다양한 매체를 통해 사회불평등과 조세 개혁에 대해 지속적으로 논평해왔던 측면도 간과할 수 없지만, 사회당과 피케티가 '조세 혁명'을 키워드로 하는 정책 자료집과 단행본을 거의 동시에 발표해 언론의 주목을 받은 것이었다.

사회당은 2010년 5월 29일 전당대회에서 '새로운 경제, 사회, 환경 모델(Nouveau modèle économique, social et écologique)'이라는 대선 정책 공약을 최종 채택했다. 이 문건은 서론에서 2008년 경제위기를 우파 자유주의 정책의 산물이라 규정하고, 불평등의 폭발적인 증대가 '슈퍼부자'와 사회불안정을 동시에 등장시키고 있다고 보았다. 그리고 조세 개혁을 통한 부의 재분배가 이러한 불평등 심화를 막는 대안임을 명시했다. 사회당의 핵심 전략은 현행 소득세와 일반사회보장분담금(CSG) 제도를 통합하여 단일 누진세 제도를 도입하는 '조세 혁명'이었다. 사회당은 이 방식이 세수 확보에 기여할 수 있으며, 현행 제도보다 훨씬 누진적인 조세를 가능하게 할 수 있다고 보았다. 또한 기존 소득세 제도가 복잡한 탓에 국민이 느끼는 불편함과 불만을 해소할 수 있으며, 능동적 연대수당(RSA)과 취업촉진 장려금(PPE)과 같은 사회보장제도의 재편에도 기여할 것이라 예측했다.[9]

피케티는 2011년 1월 카미유 랑데(Camille Landais), 에마뉘엘 사에즈(Emmanuel Saez)와 공저로 《조세 혁명을 위하여(*Pour une révolution fiscale*)》라는 저서를 출판했다. 발표 순서로 본다면, 피케티 이론이 사회당 정책에 영향을 미쳤다기보다는 피케티 저술이 사회당 정책을 보완하는 형태를 띠고 있다. 피케티는 책 〈서론〉에서 기존 우파 정권이 조세제도를 매우 복잡하게 만든 탓에 조세 혁명이 좌우 모두의 화두가 되었으나, 2012년 대선 이후에도 개혁 부재 상태가 지속될 것이라 단정했다.[10] 사회당이 제안한 "소득세와 일반사회보장분담금 제도의 통합"안은 어떠한 합의도 도출할 수 없으며 별다른 조치가 취해지지 않을 것이 분명한데, 그 이유는 바로 왜 이러한 통합이 필요한지, 그리고 어떻게 진행될지 아무도 명료한 해답을 내놓지 않기 때문이라 지적했다. 피케티는 《조세 혁명을 위하여》의 목적이 분명하게 수치화된 해결책을 제시하는 것이라 밝히고, 이것이 조세 회피와 복잡함으로 얼룩진 현행 소득세를 개선할 수 있는 최선의 방법이라 강조했다.[11]

왜 우리는 더 불평등해지는가

《조세 혁명을 위하여》는 기존 프랑스 조세제도의 문제점과 누진세 강화의 필요성을 길게 논증하고 있다. 하지만 결론은 의외로 간단했다. 피케티는 아래 〈표1〉에 드러나는 새로운 소득세 계산 방식을 제안한다. 주의해야 할 것은 이 접근이 소득에 직접 적용되는 유효 세율을 기준으로 한다는 점이다. 피케티는 이 방식으로 1470억 유로를 확보할 수 있으며, 복잡한 현행 소득세를 대부분 대체할 수 있다고 본다. 지나치게 단순한 접근으로 보이지만, 사회 문제에 대해 낙관적이면서도 실현 가능한 해법을 제시해야 한다는 피케티 나름의 문제의식이 반영된 것으로 보인다. 저자들은 출간과 동시에 책의 부록을 포함한 웹사이트 (www.revolution-fiscale.fr)를 공개했는데, 독자들이 다양한 조합의 누진세율을 직접 시뮬레이션해보고, 자신의 소득세를 다양한 기준으로 비교할 수 있도록 했다.

월별 개인순소득 (Revenu brut mensuel individuel)	유효세율(평균세율) (Taux effectif d'imposition)	월별 세금 (Impôt mensuel)
1,100 €	2%	22 €
2,200 €	10%	220 €
5,000 €	13%	650 €
10,000 €	25%	2,500 €
40,000 €	50%	20,000 €
100,000 €	60%	60,000 €

표1. 피케티의 새로운 소득세 계산표[12]

앞에서 살펴볼 수 있듯, 사회당 공약과 피케티 저술에는 기본적인 공명이 있었다. 양자 모두 '조세 혁명' 수준의 소득세 개혁에 공감했으며, 소득세와 일반사회보장분담금 결합이라는 대안을 찾아낸 것도 동일했다. 하지만 2011년 1월 31일 독립 인터넷 언론매체 《메디아파르(Mediapart)》가 올랑드와 피케티의 토론을 취재하면서 이 부자 증세 동맹에 금이 가기 시작했다. 메디아파르의 당초 기획 의도는 참신했다. 부유세를 둘러싼 좌우의 입장 차이는 분명하므로, 좌파 내부의 이견을 확인해보겠다는 것이었다. 길지 않은 토론이었지만 올랑드와 피케티의 선명한 대립이 곧 확인됐는데, 주요한 쟁점은 다음과 같았다.

첫째, 피케티는 《조세 혁명을 위하여》에서 처방한 제도를 실현하기 위해 원천징수와 개인과세가 필수적이라 보았는데, 올랑드는 가족 단위로 부과되는 현행 조세 방식을 변경할 경우 맞벌이 중소득층, 저소득층에게 이중으로 과세하는 위험이 따른다고 반박했다. 둘째, 올랑드는 부자 증세를 통해 상류층 소득의 저소득층 이전을 분명히 해야 하는데, 단지 소수 납세자 몇천 명에게 60%를 중과세 하는 것은 효과가 없을 것이라고 비판했다. 이에 대해 피케티는 구체적인 다른 계산표를 대안으로 제시해보라며 응수했다. 셋째, 재산세 문제와 관련하여 올랑드는 상속세 확대를 강조하면서, 상속자가 생존 기간 납부한 연대자산세(Impôt de soliarité sur la fortune; ISF)[13]를 상속세에서 공제하는 방식을 제안했는데, 피케티는 상속 시 발생하는 소득세는 언

왜 우리는 더 불평등해지는가

급하지 않고 연대자산세 공제만을 논하는 것은 매우 피상적이라고 비판했다.[14]

그로부터 약 1년 뒤인 2012년 2월 27일, 올랑드는 TF1 채널의 대선 후보 간담회에서 새로운 과세 지표를 깜짝 발표했다. 소위 75% 부유세라는 사회당의 상징적인 공약이 등장한 순간이었다. 당시 이 정책이 피케티의 영향을 받은 것이라 평가하는 프랑스 신문 기사를 다수 발견할 수 있다.[15] 피케티의 대안과 유사하게 사회당은 〈표2〉처럼 기존 과세지표에 45% 및 75% 세율을 적용하는 2개의 구간을 추가했고, 가구별 과세가 아닌 개인별 과세 방식을 채택했기 때문이다. 하지만 조금 더 관찰하면 실제 내용이 크게 다르다는 것을 확인할 수 있다. 피케티의 60% 세율과 사회당의 75% 세율이 눈에 띄는 대비를 이루지만, 사회당의 소득세 개혁안은 기본적으로 한계세율(taux marginal)을 적용한 누

과세지표 (연소득)	한계세율
6,088 £까지	0%
12,146 £까지	5.5%
26,975 £까지	14%
72,317 £까지	30%
150,000 £까지	41%
1,000,000 £까지	45%
1,000,000 £ 초과	75%

표2. 사회당의 과세지표 개선안[16]

진세였다. 일례로 연소득 120만 유로인 사람의 소득세를 사회당 안으로 계산하면 약 58만 유로가 되며, 평균세율은 48% 정도이다.[17] 반면 피케티 개혁안을 따를 때 이 사람은 60%의 평균세율을 그대로 적용받아 72만 유로를 납세해야 한다. 따라서 최상위 소득계층 입장에서는 피케티 안보다 사회당 안을 따르는 것이 훨씬 이득이 된다.

부유세 도입의 어려움

2014년 9월호《르 몽드 디플로마티크》는 임기를 절반 정도 마친 올랑드 정권의 개혁 중간 평가를 다음과 같이 소개했다. 최저임금은 0.8% 인상되었으나, 인플레이션을 감안하면 1.5% 하락했다. 공무원 일자리를 6만 개 신설하겠다는 공약은 3분의 1 정도만 지켜졌으며, 공무원 임금은 계속 동결되고 있다. 일자리 보호 공약은 고용주가 근무시간을 늘리고 봉급을 줄이는 방식으로 현실화되었다. 과세지표를 추가하여 상위소득자에게 더 많은 과세를 한 것은 사실이나, 인플레이션을 반영하지 않은 탓에 과거에 세금을 내지 않던 다수의 저소득층이 과세 대상이 되었고, 납세자는 2010년 1700만 명에서 2013년 1920만 명으로 늘었다. 2013년 금융법 개정으로 자본소득에 대한 세금정액징수를 폐지하고 누진세를 강화했으나, 동시에 예외 조항을 크게 늘

왜 우리는 더 불평등해지는가

렸다. 2014년 3월 인구밀집도시의 집세 인상에 상한선을 두는 법이 통과됐으나, 총리는 다시 법을 개정해야 한다고 주장한다. 이를 요약하면, 올랑드가 사르코지 신자유주의 개혁을 백지화하고 과거 제도를 복원하고 있으나, 공약과 달리 민생이 전혀 나아지지 않고 있다는 것이다.[18]

비참한 성적표이지만, 더욱 심각한 것은 사회당 정부가 최우선으로 내세웠던 핵심 정책 '75% 부유세'가 2014년 중간평가 목록에 들어가 있지 않다는 점이다. '75% 부유세' 도입은 오랜 난항을 겪었다. 100만 유로 이상의 소득에 대해 적용되어야 했던 75%의 세율은 실제로 약 1500여 명이 평균 14만 유로를 추가 세금으로 내는 정도의 제한된 효과가 있었다고 한다. 그러나 제라르 드파르디유가 이 법을 문제 삼아 러시아로 이주하고 국적을 포기할 정도의 여파가 있었다. 프랑스 헌법재판소는 2012년 12월 20일 대중운동연합(UMP)의 제소로 75% 부유세의 위헌 여부를 검토했다. 헌재는 29일 최종적으로 위헌 판결을 내렸는데, 다음과 같은 이유를 제시했다. "소득세가 개인별로 계산되는 경우 똑같이 90만 유로를 버는 맞벌이 부부는 75% 과세 대상에서 제외되는 반면, 부부 중 한 명만 120만 유로를 버는 가구는 75% 과세를 물어야 한다." 헌재는 이러한 상황이 평등에 대한 몰이해를 반영하고 있으며, 조세 형평성에도 어긋난다고 판단했다.[19]

2013년 3월 21일 최고행정법원은 사회당에 75%가 아닌 66.66%의 세율을 적용할 것을 제안했다. 세율이 소득의 3분의 2

를 넘지 않으면 괜찮다는 판결이었다. 하지만 사회당 정부는 물러서지 않고 75%의 소득세를 기업 측에 과세하는 대안을 발표했다.[20] 이 수정안을 반영한 '2014년 예산안'은 고액 연봉자를 다수 고용하고 있는 스포츠 구단으로부터 큰 반발을 샀으나, 의회 표결을 거쳐 2013년 12월 헌법재판소로부터 합헌 판결을 받아내는 데에 성공했다. 사회당이 최종적으로 통과시킨 조세 개혁 법안이 2014년부터 어떤 효과를 가져올지 평가하려면 시간이 필요하다. 그러나 '75%'의 상징성을 지키기 위해 변형 추진된 조세 개혁안은 대중의 신뢰를 크게 잃은 것으로 보인다. 사회당과 올랑드의 자존심을 지키는 것 이상으로 초기 부유세 논의의 의미를 얼마나 유지하고 있는지 의문이다.

피케티는 이와 같은 현실에 어떤 입장을 취했을까? 그는 2012년 대선 직후부터 올랑드의 부유세 정책에 대해 신랄한 비판을 가해왔다. 피케티는 사회당이 골칫거리 공약을 서둘러 처리하려는 경향을 보이고 있으며, 최악의 정책이 되어가고 있다고 혹평했다. 사회당의 과세 방식이 오직 임금만을 대상으로 하기 때문에, 주식배당금이나 스톡옵션으로 보수를 받으면 쉽게 피해갈 수 있다는 점도 문제였다.[21] 2012년 10월에는 〈프랑스인들이 부자를 증오한다는 환상에서 벗어나야 한다〉는 제목의 인터뷰에서, 75% 부유세가 극히 소수의 고액 소득자를 타깃으로 하고 있을 뿐이라 지적했다. 피케티는 바람직한 조세제도는 가능한 중립적이고, 예측 가능하고, 효율적인 방식이 되어야 한다고 덧

왜 우리는 더 불평등해지는가

붙이면서, 사회당의 부유세 정책을 지극히 감정적인 동원 전략으로 평가하는 뉘앙스를 보였다.[22]

올랑드는 2006년 6월 TV방송에서 "나는 부자를 좋아하지 않는다"는 발언을 하여 논란을 일으킨 바 있는 정치인이었다. 이에 더해 2012년 대선 캠페인에서부터 부유세를 줄곧 추진해왔기 때문에, 올랑드가 부자에 대한 프랑스 국민의 반감을 몸소 대변하는 대통령으로 보이는 것이 당연할 수도 있다. 반면, 올랑드와 일찌감치 결별한 피케티는 '부자 증오'와는 다른 차원에서 자신의 조세정책을 정당화했다. 흥미롭게도 피케티가 여러 글에서 입버릇처럼 보일 정도로 시종일관 유지하는 논평 근거는 정책의 '효율성' 여부이다. 2013년 4월 제롬 카위작(Jérôme Cahuzac) 예산장관의 탈세 스캔들이 터졌을 때, 피케티는 그가 사회당의 우파적인 재정정책을 좌파적인 것으로 포장하는 거짓말도 했다고 비난하면서, 누진적인 일반사회보장분담금만이 구매력 향상을 이끌어낼 수 있는 효율적 정책이 될 것이라 강조했다.[23] 2014년 1월부터 사회당 정부가 사회적-자유주의(social-libéralisme) 혹은 '공급의 사회주의(socialisme de l'offre)'라는 모순어법을 내걸고 '경쟁력과 고용을 위한 세액공제(CICE)'와 같은 친기업 정책을 발표했을 때도 마찬가지였다. 피케티는 이 정책이 부자들을 위한 선물이기 때문이 아니라, 프랑스 현실에서 정당하지 않고, 효율적이지 않기 때문에 시급히 축소해야 한다고 비판했다.[24]

피케티 이론은 올랑드의 실정을 넘어설 수 있을까

올랑드의 5년 임기 중 단지 2년이 조금 지난 시점에서, 아직 실체가 드러나지도 않은 정책에 대해 전반적인 평가를 시도하는 것은 무리이다. 그러나 올랑드는 13%의 지지율만으로도 대통령직 유지가 가능하다는 것을 보여주는 실험적인 국정 운영을 이어가고 있다. 위기에 처한 자본주의로부터 세상을 구할 메시아인 듯, 세계적인 스타로 부상하고 있는 피케티가 사회당의 든든한 후원군으로 남아 있었다면 현실이 달라졌을까? 올랑드가 피케티의 정책안을 그대로 받아들였다면 60%의 유효세율은 헌법재판소의 3분의 2 상한선을 비껴갈 수 있었을까? 여러 상상과 가정은 흥미롭지만 현실의 혼돈을 극복하는 데에 도움을 주지는 않을 것이다. 피케티가 여러 현안에 대해 추가적인 대안을 제시할 수 있을지 지켜볼 필요가 있을 뿐이다.

그런데 우려스러운 지점은 피케티의 여러 저술을 관통하고 있는 '효율' 담론이다. 《21세기 자본》에서 피케티는 다음과 같은 내용을 담았다.

"사라질 것처럼 보였던 부의 불평등은 2010년 들어 역사적 최고치를 회복하거나 심지어 이를 넘어서는 수준에 다다랐다. 새로운 세계경제는 (빈곤 퇴치와 같은) 엄청난 기대와 (이미 몇몇 개인이 한 국가에 맞먹는 수준의 부를 축적한 것에서 볼 수 있듯이) 거대한 불

왜 우리는 더 불평등해지는가

평등을 동시에 가져다주었다. 21세기에는 자본주의가 더욱더 평화적이고 지속 가능한 방식으로 그 한계를 뛰어넘을 수 있을 것이라 상상할 수 있을까? … 혹은 이 책에서 밝혀낸 역사적 사실을 바탕으로 오늘날의 전 세계적 세습자본주의를 정당하고 효율적으로 통제할 만한 새로운 정치제도를 그려볼 수 있을까?"[25]

"1989년, 내가 열여덟 살이 되던 해는 프랑스혁명 200주년이었을 뿐만 아니라 베를린 장벽이 무너진 해이기도 하다. 나는 또한 공산주의 독재의 붕괴에 관한 뉴스를 들으면서 성년이 되었고 그런 체제나 소련에 대해 애정이나 향수를 털끝만큼도 느낀 적이 없는 세대에 속한다. 나는 반자본주의의 관습적이고 게으른 수사들에 속지 않을 만큼은 면역이 되어 있었다. 그런 수사들 중 일부는 공산주의의 역사적 실패를 무시하는 것이었고, 많은 부분은 그 실패를 넘어서는 데 필요한 지적 수단에 등을 돌렸다. 나는 불평등이나 자본주의 자체를 비난하는 데에는 관심이 없다."[26]

《21세기 자본》의 키워드 역시 자본주의에 대한 "정당하고 효율적인" 규제였다. 피케티는 극단적 불평등을 낳는 세습자본주의에 반대하지만 시장원칙과 자본주의에 근본적으로 반대하는 학자가 아니다. 이어지는 인용에서 보듯 그는 청년기에 반자본주의적인 게으른 수사에 속지 않을 수 있는 예방접종을 받았다. 그런데 피케티는 공산주의의 어떠한 측면에 회의를 느꼈던 것일까. 공산주의에 대한 비판에서 시장에 대한 그의 입장을 역으로 추론해볼 수 있지는 않을까. 피케티에게는 미안한 일이지만, 16년 전 20대의 피케티가 《리베라시옹》에 발표한 아래의 글에서 부분적인 해답을 찾을 수 있다.

"공산주의 지도자들은 그들의 경제시스템이 노동해방과 사회진보를 가져올 것이라 믿었다. 바로 이러한 특징이 공산주의의 붕괴와 나치즘의 붕괴를 비교하기 힘들게 만든다. 한편으로, 공산주의체제 때문에 수천만 명이 숨졌다. 다른 한편으로, 빈 가게 앞의 일상적 대기, 공동 주택에서의 잡거, 일반화된 비효율성과 동기 박탈로 수억 명의 삶이 부서졌다. 이 두 역사 사이에는 연속성이 있음을 알게 된다. … 공산주의자들의 지적, 정치적 영향력은 자본주의의 현명한 조절을 희망하는 모든 좌파에게 무거운 짐이 되고 있다."[27]

이 인용문은 피케티가 북한의 기아 문제를 언급하면서 공산주의가 왜 몰락했는가를 논평하는 기사였다. 그는 시장을 배척한 공산주의가 시스템의 비효율성으로 붕괴했다는 점을 강조하고 있다. 그런데 놀라운 것은 여기서 또다시 피케티의 '효율' 담론을 발견하게 된다는 사실이다. 1980년대 공산주의 몰락, 2010년대 사민주의 정책의 한계, 사회당의 친기업 행보를 모두 '효율'이라는 하나의 잣대로 동시에 비판하는 것은 지나치게 단순한 논리가 아닐 수 없다. 효율은 그 자체를 따르기에는 매우 모

왜 우리는 더 불평등해지는가

호한 가치이다. 우파의 효율이 이윤을 위한 것이라면, 좌파의 효율은 무엇을 위한 것인가? 독자의 입장에서 피케티가 '무엇을 위한' 효율을 말하고 있는지 매우 궁금해질 수밖에 없다. 피케티의 비판과 이론적 대안에는 박탈감과 분노의 감정이 전혀 반영되어 있지 않다. 그의 말처럼 경제이론가로서 "가능한 중립적이고, 예측 가능하고, 효율적인" 대안을 제시해야 한다. 그러나 가치를 배제한 효율의 객관성이 세상을 바꾸는 '힘'이 될 수 있을지는 의문이다.

모순으로 가득 찬 복잡한 현실을 '심플한' 정책으로 바꿀 수 있다는 것은 환상일지도 모른다. 현재 프랑스 사회당의 노선이 여전히 사민주의 정책인지, 블레어 유의 제3의 길인지, 우파정당의 2중대인지 의견이 분분하다. 형식상의 부유세를 유지하면서 사민주의 노선을 상당 부분 포기한 사회당 정부의 현실은, '부자 통제'와 '신자유주의 지속 발전'이 동시에 진행될 수 있다는 것을 암시하는 것이 아닐까. 필자는 부유세 도입을 정부의 의지 문제로 환원할 수 없으며, 사회당의 정책 난항이 헌법재판소의 위헌 판결 때문만은 아니라고 본다. 오히려 '시장'을 건드리지 않고 경제 분야의 철저한 민주화를 이루는 것이 과연 가능한 것인가라는 질문을 다시 던져야 한다고 본다. 피케티의 이론으로 침투할 수 없는 불평등의 영역이 분명히 존재한다. 세금 문제로 환원시킬 수 없는 신자유주의의 폐해를 어떻게 해결할 수 있을 것인가? 신자유주의 극복을 위해 다소 비효율적인 길로 돌아가야 한다면 어떻게 할 것인가? 피케티의 이론이 현실을 뛰어넘으려면 이러한 문제들을 역시 다뤄야 할 것이다.

각주

1. Jérôme Fourquet, "Les intentions de vote pour l'élection présidentielle de 2017," *Ifop/Le Figaro*, May 09, 2014.

2. Malingre Virginie, "Un scrutateur des inégalités," *Le Monde*, September 7, 2001.

3. Thomas Piketty, *Capital in the Twenty-First Century* (Cambridge Massachusetts: Belknap Press, 2014), 3.

4. Jean Birnbaum, "Thomas Piketty : Il faut miser sur la démocratie jusqu'au bout," *Le Monde*, July 10, 2014.

5. Steven Erlanger, "Taking On Adam Smith(and Karl Marx)," *The New York Times*, April 19, 2014.

6. "Avant qu'il ne soit trop tard," *Le Nouvel Observateur*, March 13, 2007.

7. "Nous, économistes, soutenons Hollande," *Le Monde*, April 17, 2012.

8. Virginie, "Un scrutateur des inégalités."

9. "Pour un nouveau modèle de développement économique, social et écologique," accessed September 1, 2014. (웹 자료: http://www.parti-socialiste.fr/static/3957/nouveau-modele-de-developpement-revivez-le-direct-19612.pdf).

10. Camille Landais, Thomas Piketty, and Emmanuel Saez, *Pour une Révolution Fiscale* (Paris: Seuil, 2011), 2.

11. 앞의 책, p. 12.

12. 앞의 책, p. 79.

13. 연대자산세(Impôt de solidarité sur la fortune, ISF) 역시도 '부유세'로 번역되어왔기 때문에 주의할 필요가 있다. 올랑드의 '75% 부유세'는 소득세이고, 연대자산세는 자본세이다. 전자가 최상위 소득자에 대한 과세 지표 구간을 새로 신설한 것이라면, 연대자산세는 1980년대에 이미 도입

된 최상위 자산보유자들에 대한 과세제도이다. '부자 대통령' 사르코지
는 퇴임 직전 대대적으로 연대자산세를 축소시켰으나, 올랑드는 집권하
자마자 연대자산세를 다시 확대했다(《표3》 참고). 반면, 피케티는《조세
혁명을 위하여》,《21세기 자본》에서 자본세 중요성을 지속적으로 언급했
지만,《조세 혁명을 위하여》의 정책 제안에 연대자산세 개혁을 포함시키
지는 않았다.

과세지표 (자산규모)	한계세율
800,000 £까지	0 %
1,300,000 £까지	0.5 %
2,570,000 £까지	0.75 %
5,000,000 £까지	1 %
10,000,000 £까지	1.25 %
10,000,000 £ 초과	1.50 %

표3. 사회당의 연대자산세(ISF) 개혁.
출처: http://vosdroits.service-public.fr/particuliers/F138.xhtml
(검색일 2014년 9월 1일).

14. Laurent Mauduit and Hugo Vitrani, "Hollande-Piketty: confrontation sur la révolution fiscale," *Mediapart*, January 31, 2013.

15. 예를 들어 인터넷 신문 《아틀랑티코(*Atlantico*)》는 2013년 〈이상한 나라의 피케티: 올랑드의 75% 부유세는 이론적 근거가 없다〉는 제목의 기사에서 피케티의 《21세기 자본》이 올랑드의 75% 부유세를 직접적으로 뒷받침한다고 평가한다. Nicolas Goetzmann, "Piketty au pays des merveilles : la taxe à 75% de Francois Hollande est sans fondement théorique," *Atlantico*, October 2, 2013.

16. 이해를 돕기 위해 계산식을 정리하면 다음과 같다.

왜 우리는 더 불평등해지는가

$(12,146-6,088) \times 5.5+(26,975-12,146) \times 14+(72,317-26,975) \times 30+(150,000-72,317) \times 41+(1,000,000-150,000) \times 45+(1,200,000-1,000,000) \times 75=333.19+2,076.06+13,602.6+31,850+382,500+150,000 =580,361.85$

17. Samuel Laurent, "Tranche d'imposition à 75% : ce que signifie la proposition de M. Hollande," *Le Monde*, February 28, 2012.

18. "Synthèse des mesures économiques et sociales prises depuis juin 2012," *Le Monde diplomatique*, September 2014.

19. "Le Conseil constitutionnel censure la taxe à 75 %, Matignon annonce un nouveau dispositif," *Le Monde*, December 29, 2012.

20. "Taxe à 75 % : Hollande fait payer les entreprises," *Les Echos*, March 28, 2013.

21. Pascal Riché, "Taxe de 75% : 'Le gouvernement a tout faux', selon Piketty," *Le Nouvel Obserbateur*, September 6, 2012.

22. Nicolas Truong, "Il faut sortir des fantasmes sur la haine de la France vis à vis des riches," *Le Monde*, October 19, 2012.

23. Thomas Piketty, "Les deux mensonges de Jérôme Cahuzac," *Libération*, April 23, 2013.

24. Thomas Piketty, "François Hollande, social cafouilleur à répétition," *Libération*, January 28, 2014.

25. Piketty, *Capital in the 21c*, p. 471.

26. 앞의 책, p. 31.

27. Thomas Piketty, "Communisme: les morts économiques," *Libération*, January 5, 1998.

참고문헌

Birnbaum, Jean. "Thomas Piketty : Il faut miser sur la démocratie jusqu'au bout." *Le Monde*, July 10, 2014.

Erlanger, Steven. "Taking On Adam Smith(and Karl Marx)." *The New York Times*, April 19, 2014.

Fourquet, Jérôme. "Les intentions de vote pour l'élection présidentielle de 2017." *Ifop/Le Figaro*, May 09, 2014.

Goetzmann, Nicolas. "Piketty au pays des merveilles : la taxe à 75% de François Hollande est sans fondement théorique." *Atlantico*, October 2, 2013.

Landais, Camille, Thomas Piketty, and Emmanuel Saez. *Pour une Révolution Fiscale*. Paris: Seuil, 2011.

Laurent, Mauduit, and H. Vitrani. "Hollande-Piketty: confrontation sur la révolution fiscale." *Mediapart*, January 31, 2013.

Laurent, Samuel. "Tranche d'imposition à 75% : ce que signifie la proposition de M. Hollande." *Le Monde*, February 28, 2012.

Piketty, Thomas. "Communisme: les morts économiques." *Libération*, January 5, 1998.

_____. "Les deux mensonges de Jérôme Cahuzac." *Libération*, April 23, 2013.

_____. *Capital in the Twenty-First Century*. Cambridge Massachusetts: Belknap Press, 2014.

_____. "François Hollande, social cafouilleur à répétition." *Libération*, January 28, 2014.

Riché, Pascal. "Taxe de 75% : 'Le gouvernement a tout faux', selon Piketty." *Le Nouvel Obserbateur*, September 6, 2012.

왜 우리는 더 불평등해지는가

Truong, Nicolas. "Il faut sortir des fantasmes sur la haine de la France vis à vis des riches." *Le Monde*, October 19, 2012.

Virginie, Malingre. "Un scrutateur des inégalités." *Le Monde*, September 7, 2001.

기타 자료

"Avant qu'il ne soit trop tard." *Le Nouvel Observateur*, March 13, 2007.

"Le Conseil constitutionnel censure la taxe à 75 %, Matignon annonce un nouveau dispositif." *Le Monde*, December 29, 2012.

"Nous, économistes, soutenons Hollande." *Le Monde*, April 17, 2012.

"Pour un nouveau modèle de développement économique, social et écologique." accessed September 1, 2014. (웹 자료: http://www.parti-socialiste.fr/static/3957/nouveau-modele-de-developpement-revivez-le-direct-19612.pdf.).

"Synthèse des mesures économiques et sociales prises depuis juin 2012." *Le Monde diplomatique*, September 2014.

"Taxe à 75 % : Hollande fait payer les entreprises." *Les Echos*, March 28, 2013.

왜 우리는 더 불평등해지는가

초판 1쇄 발행 | 2014년 9월 30일

지은이   김공회 외
기획이사   김성희
편집   여미숙, 박선진
디자인   김수정, 김한기

펴낸곳   바다출판사
발행인   김인호
주소   서울시 마포구 어울마당로5길 17(서교동, 5층)
전화   322-3885(편집), 322-3575(마케팅)
팩스   322-3858
E-mail   badabooks@daum.net
홈페이지   www.badabooks.co.kr
출판등록일   1996년 5월 8일
등록번호   제10-1288호

ISBN 978-89-5561-737-5 03320